新・光速マスター

上・中級公務員試験

社会科学

［改訂第２版］

政治／経済／社会

本書の特長と使い方

本書の特徴

大卒程度の国家総合職・専門職・一般職，地方上級（全国型・東京都・特別区），市役所で出題された最近の過去問を分析し，頻出事項を厳選してわかりやすく解説しています。その中でも特に公務員試験でねらわれやすいテーマは，ランキング形式で「重要テーマBEST10」としてまとめ，科目の冒頭に掲載しています。まずはここを読み，重要ポイントを頭にいれておきましょう。

本書のテーマ分類は，最新版「新スーパー過去問ゼミ」シリーズに準拠しており，併用して学習を進めることで一層理解を深めることができます。特に覚えるべき項目は赤字になっているので，付録の「暗記用赤シート」を使って赤字を隠し，スピーディーに何度も知識の定着度合いをチェックすることができます。

①テーマタイトル

各科目のテーマ分類は，「新スーパー過去問ゼミ」シリーズに準拠しています。

②テーマ別頻出度

出題頻度・重要度を**A**，**B**，**C**の３段階で表示

③試験別頻出度

国家総合職，国家一般職［大卒］，国家専門職［大卒］，地方上級（全国型・東京都・特別区），市役所（C日程）の各試験における出題頻度を★の数で表示

★★★→最頻出
★★☆→頻出
★☆☆→出題あり
———→出題なし

④学習のポイント

各テーマの全般的な出題傾向と学習に当たっての注意点をコンパクトに解説

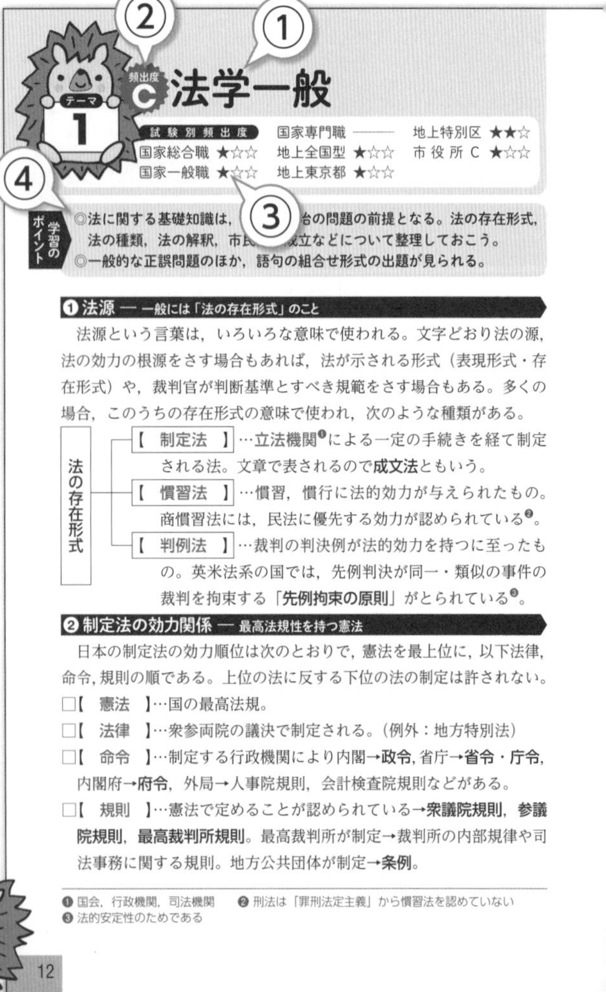

②
①
頻出度 C テーマ 1 **法学一般**

試験別頻出度		
国家総合職 ★☆☆	国家専門職 ———	地上特別区 ★★☆
国家一般職 ★☆☆	地上全国型 ★☆☆	市役所C ★☆☆
	地上東京都 ★☆☆	

④ ③

学習のポイント
◎法に関する基礎知識は，…台の問題の前提となる。法の存在形式，法の種類，法の解釈，市民…成立などについて整理しておこう。
◎一般的な正誤問題のほか，語句の組合せ形式の出題が見られる。

❶法源 — 一般には「法の存在形式」のこと

法源という言葉は，いろいろな意味で使われる。文字どおり法の源，法の効力の根源をさす場合もあれば，法が示される形式（表現形式・存在形式）や，裁判官が判断基準とすべき規範をさす場合もある。多くの場合，このうちの存在形式の意味で使われ，次のような種類がある。

法の存在形式
- 【 制定法 】…立法機関[1]による一定の手続きを経て制定される法。文章で表されるので**成文法**ともいう。
- 【 慣習法 】…慣習，慣行に法的効力が与えられたもの。商慣習法には，民法に優先する効力が認められている[2]。
- 【 判例法 】…裁判の判決例が法的効力を持つに至ったもの。英米法系の国では，先例判決が同一・類似の事件の裁判を拘束する「**先例拘束の原則**」がとられている[3]。

❷制定法の効力関係 — 最高法規性を持つ憲法

日本の制定法の効力順位は次のとおりで，憲法を最上位に，以下法律，命令，規則の順である。上位の法に反する下位の法の制定は許されない。

□【 憲法 】…国の最高法規。
□【 法律 】…衆参両院の議決で制定される。（例外：地方特別法）
□【 命令 】…制定する行政機関により内閣→**政令**，省庁→**省令・庁令**，内閣府→**府令**，外局→人事院規則，会計検査院規則などがある。
□【 規則 】…憲法で定めることが認められている→**衆議院規則**，**参議院規則**，**最高裁判所規則**。最高裁判所が制定→裁判所の内部規律や司法事務に関する規則。地方公共団体が制定→**条例**。

❶ 国会，行政機関，司法機関　❷ 刑法は「罪刑法定主義」から慣習法を認めていない
❸ 法的安定性のためである

12

使い方のヒント

「新スーパー過去問ゼミ」シリーズを解き進めるのと並行して本書を読み，知識を整理しながら覚えていくのも効果的ですが，はじめに「重要テーマBEST10」をざっと読んで，順位の高いテーマから取り組んでいくのもよいでしょう。また，試験別の頻出度を★の数で示しているので，本試験まで時間がない受験生は，自分が受ける試験の頻出度の高いテーマから取り組むことをお勧めします。

学習の締めくくりには1問1答形式の科目別「スコアアタック」を解き，間違ったところを中心に繰り返し解きなおしましょう。

過去問を解きながら，また，通学・通勤などのスキマ時間を活用し，本書を繰り返し学習して知識分野のマスターをめざしてください。

---

⑤

❸ 法の種類 — 社　　法と私法の中間領域の法

法は，形式，内容，効力などの観点からいろいろに分類できる。以下はその代表的な分類である。

法の分類

形式		成文法
		不文法
内容	国などが当事者	公法
	私人が当事者	私法
	個人主義的原理	市民法
	社会公共的原理	社会法
効力	普遍の法	自然法
	限定した範囲	実定法
	規定対象が一般的	一般法
	規定対象が特定	特別法

●**成文法と不文法**

□【　　　】…**制定法**ともいう。立法機関によって制定される法。文章形式で表される。

□【　　　】…**非制定法**ともいう。　　や　例法をさす。

●**公法と私法**

□【　　　】…国・地方公共団体と私人との関係を定める。**憲法**，**刑法**，**刑事訴訟法**，**民事訴訟法**など。

□【　　　】…私人間の関係を定める。**民法**，**商法**など。

●**市民法と社会法**

□【　　　】…近代市民社会における私法を中心とした法。自由・平等が最優先に扱われている。**ナポレオン法典**[5]はその先駆。

□【　　　】…市民法の形式的な自由・平等観の修正によって成立。生存権思想を基礎とする。**公法と私法の中間領域**の法。

●**自然法と実定法**

□【　　　】…時代，国家を問わずに適用される人類普遍の法。

□【　実定法　】…ある時代，国家で制定・適用される法。

●**一般法と特別法**

□【　一般法　】…法の効力が一般的に及ぶ。

□【　特別法　】…効力の対象が特定されている。**特別法は一般法に優先**する。民法に対する商法など。

⑥

プラス+α　法の支配とは

権力は権力者の気ままな意思によって用いられるものではなく，法に基づいて行使されなければならないという考え。16～17世紀にイギリスで発展。

---

⑤付属の赤シート

赤シートをかぶせると，赤字で記されている部分が見えなくなるので，穴埋め問題のように使うことも可能。
自分なりの書き込みを加える際も，赤色やピンク色のペンを使えば，同様の使い方ができる。

⑥プラスα

テーマの理解をさらに一歩深めるために挑戦してほしい問題や解説

社会科学の
出題傾向＆学習法

社会科学は，「政治」「経済」「社会」からなる。一般知識分野の中では，他の科目に比べ出題数が多く，また，一般行政系区分の専門試験と内容が重複する点が多いので，学習効率が高いといえよう。したがって，専門科目の学習進度に合わせて，対策を進めるとよい。また，全般的に時事知識を踏まえた出題が多いので，日常生活においても，新聞・テレビ等で社会情勢の変化に意識を向けておこう。

国家一般職・専門職・総合職で出題されている「時事」についても，政治事情や社会事情が出題されており，社会科学の時事問題とほぼ同様の出題傾向である。これに特化した対策は必要ないが，出題数が多い科目なので注意しておこう。

【政　治】　政治の出題は範囲が広く，「法学」「日本国憲法」「政治学」「国際関係」に大別される。高校の政治・経済の内容がベースとなるが，実際の試験では，専門の憲法，民法，政治学，国際関係などの基本的な知識が必要となる場合が多い。一般行政系区分を受験する人は，専門科目の学習を進めながら，試験直前期に教養科目の問題演習をすることで，知識・レベルの再確認をする，という学習法が一般的であろう。

【経　済】　経済は「ミクロ経済学」「マクロ経済学」「財政学」「経済事情」に大別される。学習に当たっては，試験ごとの出題傾向を把握したうえで，専門科目の対策とうまくリンクさせるようにしよう。理論問題は苦手意識を持つ人が多いが，専門科目に比べれば基礎的な内容のものが多く，また解法をマスターすれば確実な得点源ともなるので，特に地方上級を受験する人はあきらめないでほしい。

事情問題の対策で最も重要なのは，日本経済・世界経済の大きなトレンドを把握することである。『経済財政白書』『通商白書』『世界経済の潮流』の主要・特集記事や財務省の「日本の財政関係資料」は要チェック。

【社　会】　社会は「社会事情」が出題される。社会学・心理学の理論問題は，以前は出題されていたが近年は見なくなっているので，学習に多くの時間をかける必要はないだろう。

社会事情については，日々のニュースに気を配っておき，直前期には本書や時事用語集を読んで，知識を総ざらいしよう。余裕があれば，専門科目の対策も兼ねて『厚生労働白書』『労働経済白書』の内容を見ておきたい。

教養試験の科目別出題数（令和３年度）

科目＼試験	国家総合職［大卒］	国家一般職［大卒］	国家専門職［大卒］	地方上級（全国型）※	地方上級（東京都）	地方上級（特別区）	市役所（C日程）※
政治	2	2	1	4	2	3	2
経済	1	1	1	3	1	1	2
社会	0	0	1	5	0	0	5
時事	3	3	3	0	5	4	0
日本史	1	1	1	2	1	1	2
世界史	1	1	1	2	1	1	2
地理	1	1	1	2	1	1	1
思想	1	1	1	0	0	1	0
文学･芸術	0	0	0	0	1	0	0
数学	0	0	0	1	0	0	1
物理	1	1	1	1	1	2	1
化学	1	1	1	2	1	2	1
生物	1	1	1	2	1	2	2
地学	0	0	0	1	1	2	1
文章理解	11	11	11	8	8	9	6
判断推理	8	8	8	9	5	9	8
数的推理	6	5	5	7	7	6	4
資料解釈	2	3	3	1	4	4	2
計	40	40	40	50	40	40/48※	40

※地方上級（全国型）とは，地方公務員採用上級試験（道府県・政令指定都市）の共通問題のうち，広く全国的に分布しているタイプ。市役所（C日程）とは，市役所上級試験のうち，多くの市役所が実施する９月の出題タイプ。40/48は48問中40問選択解答。

CONTENTS

社会科学

政治

社会科学
政治

重要テーマ BEST 10

本試験の出題傾向から，重要と思われるテーマをランキングした。学習の優先順位の参考にしよう。

1 選挙

P.68

まず，小選挙区制・大選挙区制・比例代表制の特質と，二大政党制や多党制などの政党制の関係を把握しておこう。そして，衆議院議員選挙と参議院議員選挙の制度の違いにつき，対比しながら理解を進めよう。次いで重要なのは，選挙違反や議員定数の不均衡についてである。なお，特に地方上級では，試験前年に実施した選挙結果が問われることもある。投票率や女性の候補者数も要注目である。

2 各国の政治制度

P.82

特にアメリカとイギリスの政治制度に関する知識が重要である。両国の執政制度や議会制度の違いを対比しながら把握しておきたい。アメリカの大統領選挙や中間選挙は，制度に関してはもちろん，時事的な話題も出題されやすい。その他の国については，ドイツとフランスは大統領の権能，中国は権力集中制と国家主席が問われやすい。

3 国際連合

P.90

主要機関については，特に総会の権能や，安全保障理事会の議決方法，国際司法裁判所による紛争解決の仕組みについて理解しておこう。また，国連難民高等弁務官事務所など下部機関や専門機関の活動にも理解を広げておきたい。

4 国際政治

P.96

第二次世界大戦後の歴史の知識が問われることがある。また，さまざまな地域紛争，軍縮条約に関する知識が重要である。国際法や地域機構も出題される可能性が高い。

5 国会

P.42

「衆議院の優越」や衆議院の解散に関し，憲法の規定を理解しておこう。また，常会・臨時会・特別会や参議院の緊急集会の違いなど把握しておこう。

6 裁判所

P.56

三審制と再審制度，司法権の独立，最高裁判所裁判官の国民審査のほか，裁判員制度などの司法への市民参加，違憲判決の例などを押さえておこう。

7 基本的人権（各論）

P.36

日本国憲法が保障する各種の人権のほか，知る権利や環境権などの「新しい人権」も重要である。

8 行政に関する諸課題

P.74

立法国家から行政国家への変容と，その課題として生じた行政の民主化，世論と政治的無関心について把握しておこう。

9 内閣

P.50

内閣の権能と内閣総理大臣の権能，また内閣の「助言と承認」に基づいて行われる天皇の国事行為も覚えておこう。

10 地方自治

P.62

自治事務と法定受託事務の違い，直接請求，首長と議会の関係，各種の委員会などが問われやすい。

頻出度 C

法学一般

試験別頻出度		
国家総合職 ★☆☆	国家専門職 ――	地上特別区 ★★☆
国家一般職 ★☆☆	地上全国型 ★☆☆	市役所C ★☆☆
	地上東京都 ★☆☆	

学習のポイント

◎法に関する基礎知識は，憲法や政治の問題の前提となる。法の存在形式，法の種類，法の解釈，市民法の成立などについて整理しておこう。
◎一般的な正誤問題のほか，語句の組合せ形式の出題が見られる。

❶ 法源 ― 一般には「法の存在形式」のこと

法源という言葉は，いろいろな意味で使われる。文字どおり法の源，法の効力の根源をさす場合もあれば，法が示される形式（表現形式・存在形式）や，裁判官が判断基準とすべき規範をさす場合もある。多くの場合，このうちの存在形式の意味で使われ，次のような種類がある。

法の存在形式
- 【 制定法 】…**立法機関**[1]による一定の手続きを経て制定される法。文章で表されるので**成文法**ともいう。
- 【 慣習法 】…慣習，慣行に法的効力が与えられたもの。商慣習法には，民法に優先する効力が認められている[2]。
- 【 判例法 】…裁判の判決例が法的効力を持つに至ったもの。英米法系の国では，先例判決が同一・類似の事件の裁判を拘束する「**先例拘束の原則**」がとられている[3]。

❷ 制定法の効力関係 ― 最高法規性を持つ憲法

日本の制定法の効力順位は次のとおりで，憲法を最上位に，以下法律，命令，規則の順である。上位の法に反する下位の法の制定は許されない。

□【 憲法 】…国の最高法規。
□【 法律 】…衆参両院の議決で制定される。（例外：地方特別法）
□【 命令 】…制定する行政機関により内閣→**政令**，省庁→**省令**・**庁令**，内閣府→**府令**，外局→人事院規則，会計検査院規則などがある。
□【 規則 】…憲法で定めることが認められている→**衆議院規則**，**参議院規則**，**最高裁判所規則**。最高裁判所が制定→裁判所の内部規律や司法事務に関する規則。地方公共団体が制定→**条例**。

---

❶ 国会，行政機関，司法機関　❷ 刑法は「罪刑法定主義」から慣習法を認めていない
❸ 法的安定性のためである

❸ 法の種類 ― 社会法は公法と私法の中間領域の法

法は，形式，内容，効力などの観点からいろいろに分類できる。以下はその代表的な分類である。

法の分類

観点	基準	分類
形式		成文法
		不文法
内容	国などが当事者	公法
	私人が当事者	私法
	個人主義的原理	市民法
	社会公共的原理	社会法
効力	普遍の法	自然法
	限定した範囲	実定法
	規定対象が一般的	一般法
	規定対象が特定	特別法

●成文法と不文法

□【　成文法　】…**制定法**ともいう。立法機関によって制定される法。文章形式で表される。

□【　不文法[4]　】…**非制定法**ともいう。**慣習法**や**判例法**をさす。

●公法と私法

□【　公法　】…国・地方公共団体と私人との関係を定める。**憲法**，**刑法**，**刑事訴訟法**，**民事訴訟法**など。

□【　私法　】…私人間の関係を定める。**民法**，**商法**など。

●市民法と社会法

□【　市民法　】…近代市民社会における私法を中心とした法。自由・平等が最優先に扱われている。**ナポレオン法典**[5]はその先駆。

□【　社会法　】…市民法の形式的な自由・平等観の修正によって成立。生存権思想を基礎とする。**公法と私法の中間領域**の法。

●自然法と実定法

□【　自然法　】…時代，国家を問わずに適用される人類普遍の法。

□【　実定法　】…ある時代，国家で制定・適用される法。

●一般法と特別法

□【　一般法　】…法の効力が一般的に及ぶ。

□【　特別法　】…効力の対象が特定されている。**特別法は一般法に優先**する。民法に対する商法など。

---

❹ イギリス憲法が典型例　❺ 1804年公布のフランス民法

プラス+α 法の支配とは

権力は権力者の気ままな意思によって用いられるものではなく，法に基づいて行使されなければならないという考え。16～17世紀にイギリスで発展。

❹ 法の解釈 ― 事案に即した解釈であることが重要

法の解釈とは，一般的・抽象的に規定されている法の意味内容を，具体的事案に即して理解・判断すること。その方法には以下のようなものがある。そこでは，予見可能性と法的安定性が求められる。

法の解釈
- 立法解釈（法規解釈）
- 学理解釈
  - 文理解釈
  - 論理解釈
    - 拡張解釈
    - 縮小解釈
    - 反対解釈
    - 勿論解釈
    - 補正解釈
    - 類推解釈

□【　立法解釈　】…法文の意味内容を立法手段によって定める。**法規解釈**，**有権解釈**，**公権解釈**。実質的に法の制定である。

□【　学理解釈　】…学理的思考によって法の意味内容を明らかにする。通常，法の解釈というときはこれをさす。

□【　文理解釈　】…法文の字句や文章上の意味を中心にした解釈。**文言解釈**。

□【　論理解釈　】…法の文言以外の道理，条理（物事の筋道），論理に主眼を置く。法の趣旨・目的に重点を置き，結果の妥当性を考慮しながら解釈を進める場合は**目的論的解釈**ともいう。

□【　拡張解釈　】…法文の文言の意味を一般に使われている意味よりも広げて解釈。

□【　縮小解釈　】…法文の文言の意味が法の意図するところ以上の内容まで表現していると考えられる場合，これを狭く解釈。

□【　反対解釈　】…法が規定していることをもとに，その反対面から法的判断を導く。

□【　勿論(もちろん)解釈　】…規定に明記されていなくても，趣旨から見てその事項が含まれているのがもちろんであると解されるとき，それを含めて解釈。

□【　補正解釈　】…法文の字句が明らかに誤りで，それに従って解釈すると法の趣旨に反する結果になるとき，補正・変更して解釈。**変更解釈**。

□【　類推解釈　】…ある事項について明文規定がない場合，類似の規定に必要な修正を加えて行う解釈[6]。新たな法創造の効果を持つ。

---

❻ 刑法の解釈では「罪刑法定主義」の要請から禁止されている

❺ 法体系の変遷 ― 市民法での不具合の修正から社会法が成立

「人は自由かつ権利において平等なものとして出生し，かつ生存する」―1789年の**フランス人権宣言**の一節だが，ここに主張された個々人の自由・平等を人民は市民革命によって獲得し，それに伴って成立したのがナポレオン法典を先駆とする市民法である。

□【　**市民法の基本原則**　】…**権利能力の平等，私的自治（所有権絶対，契約の自由，過失責任）**。

個々人は対等・平等な関係にあり，自由な活動ができるという市民法の社会では，個人に制約を加えない小さな国家が望まれた。

□【　**夜警国家観**　】…国家は，その役割を最小限の夜警的な部分にとどめ，国民の生活に干渉すべきでないとする国家観。

しかし，自由・平等も，自由放任主義の形式的自由・平等では，やがて社会的・経済的弱者が出現・増大してしまった。そこから市民法での不都合を修正する動きが出てきた。

□【　**市民法の修正原則**　】…**公共の福祉の原則，権利濫用の禁止，信義誠実の原則**。

こうした動きは**形式的な自由・平等**でなく**実質的な自由・平等**を追求するものであり，市民法の自由競争の原理に一定の制限を加えるものでもあった。この動きの過程で，新しい思想が登場した。

□【　**生存権思想**　】…社会的・経済的弱者の個人としての尊厳＝人間らしさを保障しようとする思想。20世紀の初めには労働法や経済法などを内容とする**社会法**が成立（初出は1919年のワイマール憲法）。

社会法を認める社会では，次のような国家観がとられる。

□【　**福祉国家観**　】…国家が全国民の最低生活を保障。福祉増大のために，国家はある程度国民生活に介入・干渉すべきだとする国家観。

プラス+α ワイマール憲法

第一次世界大戦後の1919年にドイツ共和国で制定された憲法。生存権，教育を受ける権利，労働基本権など，社会権と呼ばれる新しい人権が保障された。

❻ 法律行為 ― 重視される「公序良俗」

当事者の意思を母体として，一定の法律効果を発生させるためになされる行為が「法律行為」。意思表示の態様によって次の3種がある。

□【　単独行為　】…一人が一方的に意思表示をするだけで法律効果が発生する。**契約の解除**（民法540条1項），**遺言**（同960条）など。

□【　契約　】…申込みと承諾という相対する2個の意思表示の合致によって成立する。最も一般的な態様である。

□【　合同行為　】…同一目的に向けられた多数の意思表示の合致によって成立する。**法人の設立**，**社員総会の決議**など。

●法律行為が有効とされる要件

法律行為は，次の要件が満たされて初めて有効と認められる。

・当事者の意思表示とその内容が確認可能であること。

・強行法規に違反しないこと。

・公序良俗に反しないこと。

強行法規に違反しない，公序良俗に反しないという観点では，次のような明文規定がある。

□【　未成年者の法律行為　】…**法定代理人**❼の同意が必要。ただし，自分の利益のために権利を獲得したり義務を免れたりすることなどに関しては，法定代理人の同意なしに法律行為を行うことができる（民法4条1項，5条，6条）。**婚姻**をした場合は成年に達したものとみなされる（同753条。ただし2022年4月1日の成年年齢引下げにより条文削除）。

□【　法律行為自由の原則　】…法律行為は当事者の自由意思に基づく。**任意規定**❽と異なる意思を表示したときは，その意思に従う（民法91条）。ただし，強行法規違反の場合は無効となる。

□【　公序良俗違反　】…公序良俗に反する法律行為は無効である（民法90条）。この規定は強行法規より広くとらえられ，強行法規に規定がない場合でも，これに反するとその法律行為は無効とされる。たとえば，殺人依頼契約や人身売買契約などは明らかに公序良俗に反する法律行為に当たるため，無効とされる。

❼ 親権者，未成年後見人　❽ 当事者の意思によって適用するかしないかが決められる法

❼ 意思表示 ― 強迫によるものは常に取消が可能

法律行為の有効要件の一つである意思表示では，あくまでも自由意思が尊重される。民法では，意思と意思表示の不一致，瑕疵のある意思表示の場合に規定がある。

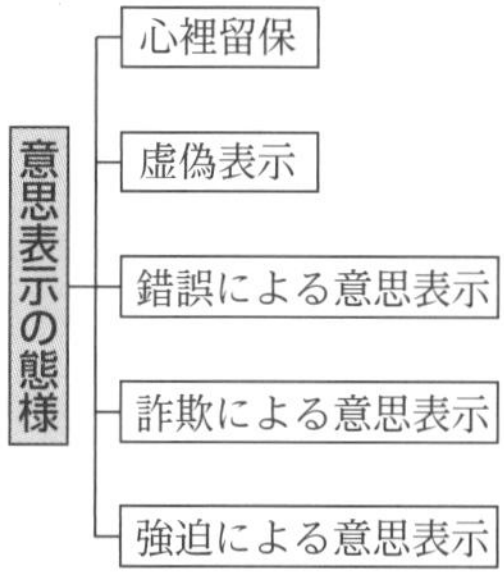

□【　**心裡留保**　】…その気のない意思表示をした場合をいう。冗談など。
意思表示は有効となる。ただし，相手が表意者の真意を知りえた場合は無効（民法93条）。

□【　**虚偽表示**　】…相手方と通じて虚偽の意思表示をした場合である。
当事者間は無効。ただし，その意思表示を信頼した善意の第三者に対しては無効を主張できない（同94条2項）。

□【　**錯誤による意思表示**　】…**法律行為の要素に錯誤があった意思表示**である。この場合，**意思表示は無効**となる。ただし，表意者に重大な過失があった場合は無効を主張できない（同95条3項）。

□【　**詐欺による意思表示**　】…詐欺によって意思表示をしてしまった場合である。**取消が可能**（同96条1項）。ただし，その詐欺に対して第三者が善意かつ無過失のときは取消を主張できない（同条3項）。

□【　**強迫による意思表示**　】…**常に取消が可能**（同96条1項）。

□【　**悪意**　】…その事柄につき知っていること。知らないときは「善意」という。日常での「悪意」は，法律上では「害意」という。

□【　**無効**　】…契約の始めより何ら効力を生じない。それに対して「取消」は，取り消された場合に限り，契約時までさかのぼって無効となる。

プラス＋α　意思表示の効力

Question その気がないのに意思表示をした場合，それは無効である。ただし相手が善意のときは有効である。この記述は妥当か。

Answer 誤り。その気がなくても，有効。

❽ 法律の名称と内容

法律の名称から，ある程度はその法律の内容がわかるようにしておきたい。六法全書などを参考に，どのような法律があるかつかんでおこう。

□【　国家賠償法　】…国または公共団体の公務員が，その職務を行うに当たって違法に他人に損害を与えた場合の国（公共団体）の賠償責任を規定。

□【　刑事補償法　】…無罪判決を受けた者に未決の抑留・拘禁があった場合，それに対する補償を定めている。

□【　人身保護法　】…法律上の正当な手続きを経ないで身体の自由を拘束されている者の自由回復を目的とした法律。

□【　刑事訴訟法　】…刑事事件について，公共の福祉維持と基本的人権の保障に留意しながら事件の真相を明らかにし，刑罰法令を適正・迅速に適用することを目的とした法律。

□【　公職選挙法　】…衆参両院の議員，地方公共団体の議員および**首長**[9]の選挙を公明かつ適正に行うことを目的とした法律。

□【　国籍法　】…日本国民である要件や，外国人の日本への帰化などを定めた法律。

□【　独占禁止法　】…正しくは**私的独占の禁止及び公正取引の確保に関する法律**。私的独占，不当な取引制限・不公正な取引方法を禁止して，事業の公正かつ自由な競争を促進することを目的とした法律。この目的を達成するために，内閣総理大臣の下に「公正取引委員会」が置かれている（同法27条）。

□【　法の適用に関する通則法　】…1898年（明治31年）に定められた法例が改正されたもので2007年（平成19年）１月より施行された。法律の施行時期，慣習法の効力，**国際私法**[10]の規定などを定めている。

□【　裁判所法　】…憲法第６章に基づいて制定された司法制度に関する基本法。

□【　少年法　】…犯罪を犯した，または犯すおそれのある少年（20歳未満）に対する保護処分，その犯罪に対する特別扱いなどを規定[11]。

---

❾ 都道府県知事，市町村長　❿ 外国との間に起こる私法事件の準拠法を指定する法律
⓫ 2022年改正予定（18～19歳を「特定少年」として対象とする）

❾用語解説

□【　規範としての法源　】…「法源」は，裁判官が審理を進める際に判断基準とすべき規範という意味でも使われる。この場合，制定法，慣習法，判例法のほかに**条理**（物事の道理，筋道）や**学説**なども法源に加えるべきかどうかについて，争いがある。ただ，太政官布告103号裁判事務心得３条には，「条理ヲ推考シテ裁判スヘシ」という定めがある。

□【　法的安定性　】…**先例拘束性**の意味で使われる。裁判官は**司法の独立**から，自己の良心に従い憲法と法律にのみ拘束されて裁判を行うが，裁判を受ける側からすると，同種の事件でばらばらの判決を受けることは耐えられない。そこで，事実上，判例法を採用している国と同様に，日本でも「**先例拘束の原則**」が判決に反映されている。ただし，先例にある程度従うが，必要に応じて判例変更がなされる。

□【　六法　】…「六法全書」はだれでも知っていよう。この六法とは，**憲法**，**民法**，**刑法**，**商法**，**刑事訴訟法**，**民事訴訟法**をさす。

●**刑罰の種類**

□【　生命刑　】…生命を奪う刑。死刑。

□【　自由刑　】…刑務所に収容される。**懲役**（無期と1か月以上30年以下。刑務作業を強制される），**禁錮**（刑期は懲役と同じ。刑務作業なし），**拘留**（1日以上30日未満）。

□【　財産刑　】…**罰金**（1万円以上），**科料**（1万円未満），**没収**（付加刑）。

刑罰の種類

- 生命刑 ― 死刑
- 自由刑 ― 懲役／禁錮／拘留
- 財産刑 ― 罰金／科料／没収

以上の刑罰は，その性質が人権の制約になっていることに注意。

□【　過料　】…行政上の義務違反者に対する金銭的制裁。刑罰ではない。

プラス+α　少年法の改正

2000年の法改正により，刑事罰の対象年齢が16歳から14歳に引き下げられた。2014年の法改正では，犯行時に18歳未満の少年に科す有期刑の範囲の上限が15年から20年に引き上げられた。

頻出度 **B**

各法律の基礎知識

試験別頻出度

国家総合職 ★★☆	国家専門職 ★★☆	地上特別区 ★★☆
国家一般職 ★☆☆	地上全国型 ★☆☆	市役所C ★☆☆
	地上東京都 ★★☆	

学習のポイント

◎総則を中心に民法の基本概念が問われる。専門試験の学習とからめて，効率的にポイントを押さえておくこと。

◎最近の重要な法改正や新法についても整理しておこう。

❶民法の大原則と指導原則 — 個人の自由・平等を尊重

民法は，私人間の関係を規定する私法の一般的・基礎的部分をなす法で，その底流に次のような大原則と指導原則が貫かれている。

□【　私的自治の原則　】…個人の自由・平等を重視し，個人の自由意思尊重の下に，自らのことは自らの責任においてなされるとする原則。

民法の指導原則

- 【　契約自由の原則　】…契約は当事者の自由意思に基づく。
- 【　過失責任の原則　】…自己に過失がある場合においてのみ責任を負う。
- 【　所有権絶対の原則　】…自己の所有権は絶対的なもので，他人から不当な侵害を受けることはない。

❷近代民法の修正原理 — 実質的な自由・平等の実現へ

日本の民法典はドイツ民法草案などを参考に起草され，1896年に総則，物権，債権，翌々年に親族，相続編が公布され，5編いずれも98年に施行された。第二次世界大戦後の新憲法が宣言する個人の尊重と両性の本質的平等の理念に従い，親族，相続編が大改正された。

近代民法の修正原理

- 【　信義誠実の原則　】…人は，社会生活の中で，その具体的事情の下で一般に期待されるとおりに誠実に権利の行使，義務の履行をしなければならない（民法1条2項）。
- 【　権利濫用禁止の原則　】…正当な範囲を逸脱して権利が行使されることを禁止する（同1条3項）。
- 【　公共の福祉の原則　】…**私権**の行使は，社会全体の利益と調和するものであるべきである（同1条1項）。

❸ 民法の構造①　行為能力

単独で法律行為を行うことのできる地位を行為能力という。これを有するためには自分のしていることを理解できる**意思能力**[1]が必要である。民法では，意思能力が十分でない者を**制限行為能力者**[2]として次の4者に類型化し，財産保護を図っている（民法5条，8条，12条，16条）。

制限行為能力者	法的保護に当たる者
未成年者	法定代理人（親権者・未成年後見人）
成年被後見人	成年後見人
被保佐人	保佐人
被補助人	補助人

□【　未成年者　】…単に権利を得たり，義務を免れる行為や**法定代理人**に許された範囲での財産処分は単独でできるが（同5条，6条），この例外を除き，法律行為には法定代理人の同意が必要。未成年者でも婚姻すると成年に達したとみなされ，行為能力を持つ[3]。

□【　成年被後見人　】…精神上の障害により事理を弁識する能力を欠く常況にある者で家庭裁判所による後見開始の審判を受けた者[4]（同7条）。単独では殆ど何もできず[5]，法律行為は**成年後見人**が代理する。

□【　被保佐人　】…精神上の障害により事理弁識能力が著しく不十分な者で家庭裁判所による保佐開始の審判を受けた者[6]（同11条）。だいたいのことは単独でできるが，不動産取引などの重要な財産上の法律行為は**保佐人**の同意を必要とする（同13条）。

□【　被補助人　】…精神上の障害により事理弁識能力が不十分な者で家庭裁判所による補助開始の審判を受けた者（同15条）。家庭裁判所が特定の法律行為に**補助人**の同意が必要と審判した場合，その範囲で行為能力が制限される。同意なしの法律行為は取り消しうる（同17条）。

❶ 精神能力ともいう　❷ 改正民法以前では「無能力者」　❸ 成年擬制（2022年4月改正予定）　❹ 改正民法以前では「禁治産者」　❺ 日用品の購入その他日常生活に関する行為は可能（同9条但書）。　❻ 改正民法以前では「準禁治産者」

プラス+α　成年後見人の取消権

Question 成年被後見人が成年後見人の同意を得て法律行為を行った場合，これを取り消すことができるか。

Answer 取り消すことができる（民法9条）。

❹民法の構造②　時効 ― 効力は期間の起算日にさかのぼって発生

時効とは，その真実の法律関係とはかかわりなく，時の経過を伴う事実関係に一定の法的効力を認めるもので，次の２つがある。

□【　**消滅時効**　】…一定期間に権利を行使しないことによって，権利が消滅してしまうというもの。

□【　**取得時効**　】…ある事実状態が一定期間経過することによって，権利が取得されるというもの。

□【　**時効の援用**　】…時効によって利益を受ける者が，その利益を受けると主張すること。裁判所は，当事者が時効を援用しなければ時効によって裁判することができない（民法145条）。

※時効の法的効力は，ただ時が経過すれば成立するのではなく，この援用を行うことによって確定する。

□【　**時効の放棄**　】…時効によって利益を受ける者が，その利益を受けないと主張すること。時効利益をあらかじめ（＝時効完成前に）放棄することはできない（同146条）。

●時効の完成猶予

□【　**裁判上の請求による時効の完成猶予・更新**　】…次の事由が終了するまでの間は時効は完成しない（同147条）。

・裁判上の請求
・支払督促
・和解または調停
・破産・再生・更生手続参加

これらの事由の終了時からまた新たに時効期間が進行する（同147条）。

□【　**その他の時効の完成猶予**　】…時効の完成を猶予する，つまり時効期間満了を延期すること。主な場合として次のような規定がある。

・夫婦間の権利は婚姻解消後６か月間は時効完成せず（同159条）
・相続財産に関しては，相続人が確定後も６か月間は時効完成せず（同160条）
・天災・事変により時効中断不可能の場合（同161条）

❺民法の構造③ 代理 ― 代理権は委任の終了で消滅

代理とは，他人（代理人）が本人に代わって意思表示し，それによって直接，本人に権利義務（契約関係）を取得させる制度で，次の２つがある。

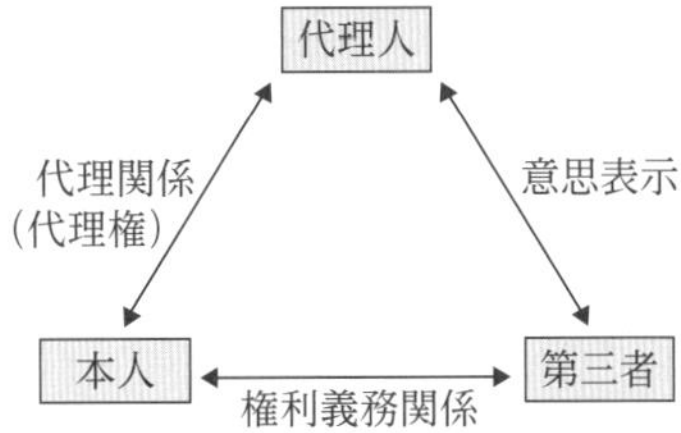

□【 **任意代理** 】…本人から依頼された者が代理人になる。

□【 **法定代理** 】…代理人を置くことが法で定められている。制限能力者制度の親権者，成年後見人は法定代理人である。

代理権を持たない**無権代理人**が行った法律行為は本人に効力が及ばないのが原則（民法113条１項）であるが，次のような場合には真正の代理行為とみなされ，本人に効力が及ぶ。

□【 **表見代理** 】…相手方が真正の代理人だと信じて疑わないような形でなされた代理行為。これには３つの場合がある。

・第三者に対して，ある者に代理権を与えたような表示をしたとき（同109条１項）
・代理人がその権限を超える行為をした場合（同110条）
・代理人の代理権が消滅した後に，あたかも代理権が存続しているかのように行為をした場合（同112条）

このいずれの場合も，善意の第三者（相手方）にとっては真正の代理人がその権限において代理行為を行っていると信じる正当な理由がある場合は，たとえ無権の行為であっても本人になんらかの責任（帰責性）があるためとされている。

プラス+α 時効の放棄

Question 時効の利益を受ける者が，時効完成前に意思表示をした場合には，時効の利益を放棄できるか。

Answer 時効の利益をあらかじめ放棄することはできない。

❻ 民法の構造④　親族 ― 夫婦間は別産制が原則

親族の関係図

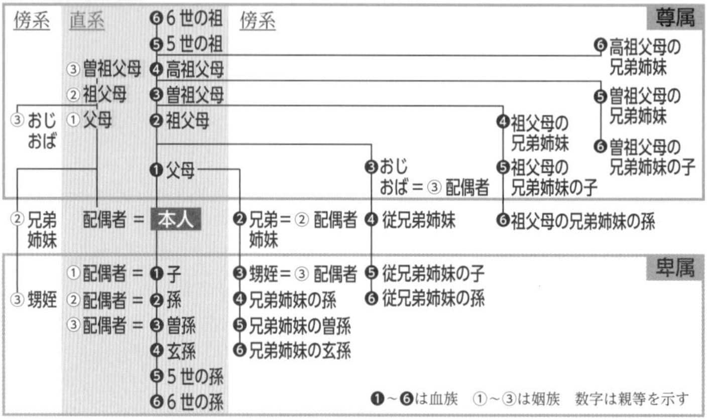

民法でいう親族とは，６親等までの血族，配偶者，３親等までの**姻族**❼のこと（民法725条）。

□【　**婚姻適齢**　】…男は18歳，女は16歳だったが，2022年４月からの成年年齢の18歳への引き下げに伴い，**男女とも18歳に統一**。18歳で「大人」なのだから，結婚にも親の同意は不要となる。

□【　**近親婚の禁止**　】…直系血族または３親等内の傍系血族間では，婚姻はできない（同734条）。直系姻族間も婚姻ができない（同735条）。

□【　**重婚禁止**　】…配偶者のある者は婚姻できない（同732条）。重婚状態が生じた場合，当事者の配偶者または前婚の配偶者が取消を請求できる（同744条２項）。失踪宣告の取消による重婚状態は，後婚の両当事者が善意であれば後婚の効力が尊重される。

□【　**夫婦別産制**　】…夫婦の一方が婚姻前から持っている財産や婚姻中に自分の名で得た財産は，特有の財産（同762条１項）。いずれのものか明らかでない財産は，共有のものと推定される（同762条２項）。

□【　**嫡出子**　】…婚姻関係にある男女の子。これに対して，婚姻関係にない男女の子を非嫡出子という。非嫡出子は親（多くの場合，父親）の**認知**❽によって親子関係が生じる（同779条）。

❼ 配偶者の血族　❽ 戸籍法の定めにより届け出が必要。効力は出生時にさかのぼる

❼民法の構造⑤　養子 ― 嫡出子と同一の権利を獲得

実の親子関係にない者の間に，嫡出子とその親との関係と同一の法律関係を発生させる法律行為が「**養子縁組**」である。

□【　**養子縁組をする能力**　】…20歳に達した者はだれでも養子をとることができる（民法792条）。

□【　**尊属養子・年長者養子の禁止**　】…**尊属**[9]または**年長者**を養子とすることはできない（同793条）。

□【　**未成年の養子**　】…未成年者を養子にする場合は，自分または配偶者の直系**卑属**[10]を養子にする場合を除き，**家庭裁判所の許可**を必要とし（同798条），自分に配偶者がいるときは配偶者とともにしなければならない（同795条）。

□【　**配偶者のある者の縁組**　】…配偶者のいる者を養子とする場合は，その配偶者とともに縁組をする場合を除き，**配偶者の同意**がなければならない（同796条）。

養子縁組をしても，**実方**[11]の血族との親族関係が断たれるわけではない。養子は縁組の日から養父母の嫡出子と同じ親子関係になるが，同時に実方の親の遺産を相続する権利も持つ。このような縁組に対して，次の制度も設けられている。

□【　**特別養子縁組**　】…実方の血族との親族関係が終了する縁組。養親が夫婦共同縁組であること，養親のどちらかが25歳以上であること，養子になる者が６歳未満であること，養子になる者の特別な利益が認められ，父母の同意があることなどの要件を満たしていることを家庭裁判所が認めることによって成立する（同817条の２～７）。父母の同意は虐待，悪意の遺棄などがある場合は必要とされない。

---

❾ 父母と同列以上にある血族　❿ 子と同列以下にある血族　⓫ 実家側

プラス+α　近親婚の禁止

Question ４親等内の傍系血族間では，婚姻することができない。この記述は正しいか。

Answer 誤り。３親等内間までは禁止だが，４親等以上は許される。

❽ 民法の構造⑥　相続 ― 法定相続分，相続放棄を理解しておこう

被相続人の死に伴う一切の財産的権利・義務の承継が「相続」である。消極財産（負債）も相続の対象となる（民法896条）。

□【　**相続開始原因**　】…旧民法では生前相続が認められていたが，現行民法では相続開始原因は**被相続人の死亡**だけである（同882条）。

□【　**相続欠格**　】…相続に当たり不正の利を得ようと不法な行為をしたり，しようとした者は相続人となることができない（同891条）。

□【　**推定相続人の廃除**　】…被相続人は生前，自分に対して虐待や重大な侮辱を加えた者などを推定相続人から廃除することを家庭裁判所に請求できる(同892条)。遺言による廃除も認められている(同893条)。

□【　**法定相続分**　】…遺言があるときは，原則として遺言に従って相続が行われる。ない場合は，相続は次の規定に従う（同900条）。

・配偶者と子が相続人→1/2ずつ
・配偶者と直系尊属
　→配偶者2/3，直系尊属1/3
・配偶者と被相続人の兄弟姉妹
　→配偶者3/4，兄弟姉妹1/4
・配偶者がいなく，子が相続人
　→子がすべて相続
・配偶者も子もいない
　→直系尊属が相続
・配偶者も子も直系尊属もいない
　→被相続人の兄弟姉妹が相続

主なケースの相続分(例)

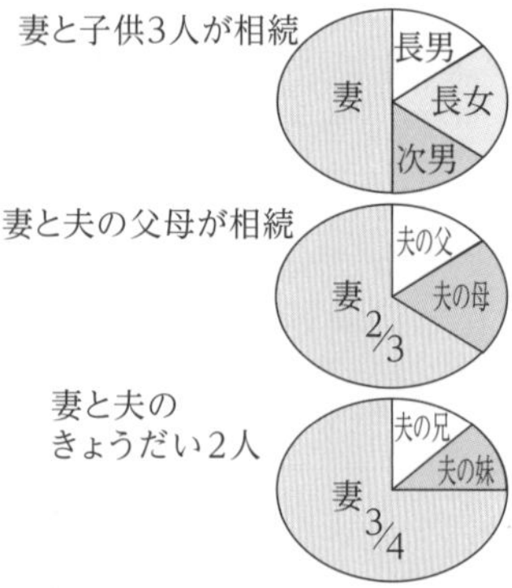

・被相続人の子，直系尊属，兄弟姉妹がそれぞれ数人いるときは，相続分は均等。ただし，父母の一方のみを同じくする兄弟姉妹は**双方同じくする者の1/2**。

□【　**相続の放棄**　】…被相続人の負債を相続するかどうかは，相続人の意思により，債権者が被害を受ける場合でも，相続放棄は可能（同915条以下）。相続開始から３か月以内に家庭裁判所に申述する。この熟慮期間内でも一度決めた放棄は撤回できない（同919条１項）。

⑨ 物権と債権の相違 ― 原則として物権は債権に優先

物権は，物を直接・排他的に支配する財産権。債権は，人が人に対して一定のことを要求する財産権。債権には排他性はなく，その効力は相対効で，その内容も自由に決めることができる（契約自由の原則）。

□【　**一物一権主義**　】…一つの物には一つの権利しか成立しない。物権の排他性を示す原則。

□【　**物権的請求権**　】…物権が侵害されているとき，どんな者に対しても主張できる権利。**妨害予防請求権，妨害排除請求権，返還請求権**。

□【　**物権の優先的効力**　】…同一内容の物権相互の間では先に成立したもの，**物権と債権では物権が原則として優先する**。

□【　**公示の原則**　】…公示は物権に対してのみ要請される。公示方法は，不動産については**登記**，動産については**占有**。

□【　**物権法定主義**　】…物権の種類と内容は，法律で定められたものに限定される。

□【　**担保物権**　】…他人の物を債権の担保のために利用する権利。**留置権**，**抵当権**のほか，**質権**，**先取特権**がある。

⑩ 最近の重要な法改正 ― 大きな動きのある民法の改正に着目

□【　**非嫡出子の相続差別の解消**　】…平成25年の民法の改正により，「非嫡出子の法定相続分は嫡出子の２分の１」と定めていた部分を削除し，**非嫡出子と嫡出子の相続分は同等**となった。

□【　**女性の再婚禁止期間の短縮**　】…従来の民法では，女性に係る再婚禁止期間は離婚の日から６か月であったが，平成28年の改正により，これが**100日に短縮**された。また，離婚のときに女性が妊娠していない場合などは100日の再婚禁止期間を適用しないと規定した。

□【　**刑事訴訟法等の改正**　】…平成28年５月，改正刑事訴訟法等が成立した。改正内容は次のとおり。**取調べの録音・録画制度の導入，協議・合意制度（司法取引）等の導入，通信傍受の対象犯罪を拡大**，被疑者国選弁護制度の対象事件を拡大，証拠開示制度の拡充，犯罪被疑者等・証人の保護方策としてビデオリンク方式による証人尋問の拡充など。

テーマ 3 頻出度 C

日本国憲法（総論）

試験別頻出度

国家総合職 ★☆☆	国家専門職 ★☆☆	地上特別区 ★★☆
国家一般職 ★☆☆	地上全国型 ★☆☆	市役所C ★☆☆
	地上東京都 ★☆☆	

学習のポイント
◎本テーマの直接の出題は少ないが，政治の基本概念を理解するうえで重要。
◎現行憲法と大日本帝国憲法との相違点，特に天皇の地位について理解する。
◎近年話題となっている「憲法改正」について，その手続きを押さえておく。

❶日本国憲法の基本原理 — 国際協調主義も重要

日本国憲法は，大日本帝国憲法の改正の形で1946年11月3日に公布，翌年5月3日に施行され，以来改正されることなく今日に至っている。日本国憲法では次の3つの基本原理が掲げられている。

□【　国民主権　】…「主権が国民に存することを宣言」(憲法前文) して，大日本帝国憲法の天皇主権を否定するとともに，次のような点で国政のあり方を決するのは国民であることを明確にしている。

・**象徴天皇**…天皇は日本国および日本国民統合の象徴であり（同1条），国政に関する権能を持たず，内閣の助言と承認の下で国事行為のみを行う（同4条1項，7条)。

・**間接民主制**…国民には選挙権が保障され（同15条3項），直接・間接に国民が選任した機関が国政に責任を持つ（同41条，43条）

・**直接民主制**…憲法改正には国民投票が必要（同96条1項），最高裁判所裁判官は国民の意思で罷免できる（同79条2項，3項）など。

□【　基本的人権の尊重　】…「国民に保障する基本的人権は，侵すことのできない永久の権利」(同11条）であり，「人類の多年にわたる自由獲得の努力の成果であって」「現在及び将来の国民に託されたもの」(同97条）としている。

□【　平和主義　】…「国権の発動たる戦争と，武力による威嚇または武力の行使は（中略）永久にこれを放棄」(同9条1項)，戦力の不保持・交戦権の否定をうたった同9条2項，さらには総理大臣・国務大臣は文民でなければならない（同66条2項）などから，日本国憲法は**世界に類のない平和憲法**といわれる。なお，侵略戦争だけを禁止した憲法には西ドイツ基本法（1949年)，韓国憲法（1987年）などがある。

❷日本国憲法下での天皇 ― 国政に関する権限なし

大日本帝国憲法から日本国憲法への改正で，天皇の地位および権限は大転換を遂げた。

□【　**象徴天皇制**　】…天皇は日本国および日本国民統合の象徴（憲法1条）。

□【　**天皇の権限**　】…**国政に関する権限（権能）を有しない**。その地位に基づいて儀礼的・形式的行為として国事行為のみを行う（同4条）。

□【　**内閣の助言と承認**　】…天皇の国事行為（同6条，7条）には内閣の助言と承認が必要（同3条）。→内閣に実質的決定権。

●天皇の国事行為

□【　**天皇の意思行為としての外形を持つ行為**　】…天皇自らの意思によるものでないことは，内閣の助言と承認によって確認される。

・内閣総理大臣・最高裁判所長官の任命（同6条）
・国会の召集（同7条2号），衆議院の解散（同7条3号）
・栄典の授与（同7条7号）

□【　**他の機関が行った行為について，その存在の事実を公に確認・証明し，または広く知らしめる行為**　】

・憲法改正，法律，政令および条約を公布（同7条1号）
・国会議員の総選挙の施行を公示（同7条4号）
・国務大臣および法律の定めるその他の官吏の任免並びに全権委任状および大使および公使の信任状の認証（同7条5号）
・大赦，特赦，減刑，刑の執行の免除および復権の認証（同7条6号）
・批准書および法律の定めるその他の外交文書の認証（同7条8号）

□【　**純然たる形式的・儀礼的性格を持つ事実行為**　】

・外国の大使および公使の接受（同7条9号）
・儀式を行うこと（同7条10号）

プラス+α　最高裁判所裁判官の罷免

Question 最高裁判所裁判官の国民審査は，任命後初めて行われる衆議院選挙の際に行われる。そのとき信任されると，あとは審査されないのか。

Answer 10年経過後の初の総選挙でも国民審査が行われる。

❸ 憲法改正手続き（96条）— 国民の過半数の賛成が必要

日本国憲法は，敗戦後の占領下でGHQ（連合国軍最高司令官総司令部）の草案を基に幣原内閣が起草し，第一次吉田内閣の下で，第90帝国議会でいくつかの修正が加えられた後に制定された。大日本帝国憲法が欽定憲法であるのに対し，日本国憲法は**民定憲法**[1]であり，改正については，その最高法規性を確保するために，一般の法律の改正よりも厳格な改正手続きを必要とする**硬性憲法**[2]の性格が付されている。近年，**新しい人権**[3]や９条関係での改正論議が盛んになってきているが，改正には次の手続きを踏まなければならない。

□【　**国会の発議**　】…各議院の総議員の３分の２以上の賛成。衆議院の優越はなく，両院は対等。

□【　**国民投票**　】…過半数の賛成（主権者たる国民の承認）。

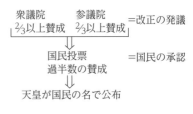

衆議院　$\frac{2}{3}$以上賛成　参議院　$\frac{2}{3}$以上賛成　＝改正の発議
⇩
国民投票　過半数の賛成　＝国民の承認
⇩
天皇が国民の名で公布

□【　**天皇による公布**　】…国民投票で改正が承認されたら，天皇は**国民の名で直ちに**これを公布する。

❹ 違憲審査制 — 最高裁判所に最終判断権限

憲法の最高法規性を守るために，日本はアメリカ型の違憲審査制を採用している。

□【　**終審裁判所**　】…憲法は，最高裁判所に一切の法律，命令，規則または処分が合憲か否かを決定する最終的な権限を与えている（憲法81条）。最終的な権限は最高裁判所にあるが，**違憲立法（法令）審査権**はすべての裁判所が有する。

□【　**付随的審査制**　】…合憲か否かは一つの具体的な事件とのかかわりでのみ判断が示される。違憲判決となっても，争われた法律その他が直ちに無効とはならない。

---

❶ 国民の総意に基づいて制定される　❷ 大日本帝国憲法も硬性憲法　❸「知る権利」など

❺ 大日本帝国憲法と日本国憲法の比較

事　項	大日本帝国憲法	日本国憲法
形　式	欽定・硬性・成文憲法	民定・硬性・成文憲法
主　権	天皇主権	国民主権
天皇の地位	神聖不可侵・統治権の総攬者・国の元首	日本国と日本国民統合の象徴
戦争と戦力	天皇に陸海軍の統帥権 国民に兵役の義務	絶対平和主義 戦争放棄 戦力不保持 交戦権否認
人　権	恩恵的な臣民の権利 法律による制限あり 自由権的基本権が主	永久不可侵の権利 「公共の福祉」による制限 生存権的基本権まで含む 国政上，最大限に尊重
国　会	天皇の協賛機関 二院制で，貴族院は特権階級の代表 国政調査権なし	国権の最高機関 唯一の立法機関 二院制でともに全国民の代表 衆議院の優越 国政調査権あり
内　閣	内閣について条文なし 天皇の輔弼機関 首相は元老などの推薦で天皇が任命 天皇に対して直接・個別の責任	行政権の最高機関 議院内閣制 国会に対し，連帯して責任 首相は国会の指名による
裁判所	天皇の名において裁判 違憲立法審査権なし 特別裁判所あり (行政裁判所・軍法会議)	司法の独立 違憲立法審査権あり 特別裁判所なし 最高裁判所裁判官の国民審査あり
財　政	予算不成立の場合，前年度予算の執行が可能 緊急処分により課税・支出が可能	国会で予算不成立の場合，支出は不能 国会の議決なしでは課税・支出などは不能
地方自治	規定なし 県・市町村は中央政府の単なる下請機関	地方自治の本旨を尊重 自治体の長・議員は直接選挙で選出 特別法に対する住民投票
憲法改正	天皇の発議→国会の議決	国会の発議→国民投票

頻出度 C

基本的人権（総論）

試験別頻出度

国家総合職 ★☆☆	国家専門職 ―――	地上特別区 ★☆☆
国家一般職 ★☆☆	地上全国型 ★☆☆	市役所C ★☆☆
	地上東京都 ★☆☆	

学習のポイント

◎自由権・平等権から社会権,「新しい人権」へと至る人権拡大の歴史がポイント。
◎人権と公共の福祉との関係についてはよく問われるので，制約の種類を確認しておくこと。

❶ 人権概念の変遷 ―「個人の尊厳」を基礎とする現代の人権

人権[❶]に対する考え方は，国の統治形態などによって大きく変わる。

●大日本帝国憲法

□【 **臣民の権利** 】…人権は，天皇の恩恵によって与えられた。

□【 **自由権** 】…与えられた人権は，**自由権**[❷]的なものが多かった。

□【 **法律の留保** 】…人権は後になって剥奪することもできたし，法律を改正することでどのようにも制限することができた。

●日本国憲法

□【 **前国家的権利** 】…人権は，「人間が人間である」というただそれだけで当然に認められる権利で，国家以前の権利とされている。

□【 **永久不可侵性** 】…人権は，「侵すことのできない永久の権利」（憲法11条）で，「現在及び将来の国民（中略）に信託されたもの」（同97条）。

❷ 基本的人権の性格 ―「公共の福祉に反しない」が前提

日本国憲法では,基本的人権は次の性格を持つものと表現されている。

□【 **権利の保持義務** 】…人権は「人類の多年にわたる自由獲得の努力の成果」（憲法97条）で，不断の努力で保持すべきもの（同12条）。

□【 **権利濫用の禁止** 】…国民はこの権利を濫用してはならず，常に**公共の福祉**[❸]のためにこれを利用する責任を負う（同12条）。

□【 **国政の上での最大の尊重** 】…公共の福祉に反しない限り，人権は国政の上で最大の尊重を必要とする（同13条）。

---

❶ 基本的人権，基本権ともいう　❷ 国家からの自由を確保する権利　❸ 人権を制約する唯一の基準

❸ 人権の拡大 — 自由権から「知る権利」まで

現代において，人権は人間がただ人間であるだけで当然に認められる基本的な権利である。しかし，一口に人権といっても，その内容は18世紀市民革命の過程で初めて確立されて以来，さまざまな形で拡大してきた。その拡大の歴史をたどってみよう。

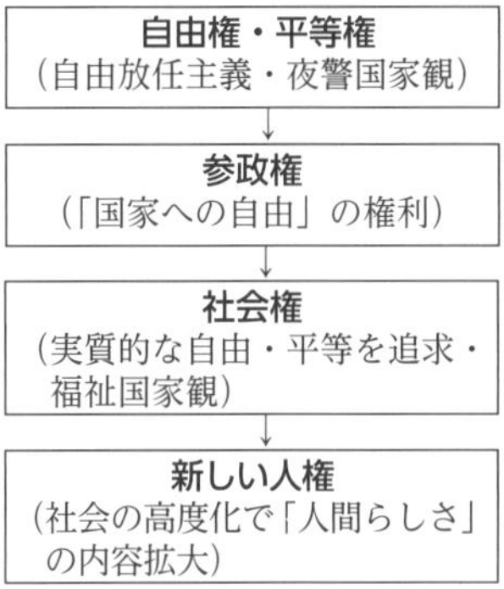

□【　自由権・平等権　】…18 ～ 19世紀における人権の中核。**国家からの自由・平等**を内容とする。自由放任思想，国家の任務は国防と社会秩序維持のみとする夜警国家（消極的国家）観の下に，この権利がまず保障された。

□【　参政権　】…19世紀中頃以降発生・確立した人権。自由権・平等権を確保するための権利として，「**国家への自由**」として保障されるようになった。

□【　社会権　】…自由権・平等権の保障が経済的・社会的弱者の増大などの弊害をもたらし，**自由・平等の実質的保障**が必要とされたところから，20世紀になって確立した人権。人間らしい生活をすることを国家が国民に保障するもの。これを保障する国家観は福祉国家（積極的国家）観。社会権を世界で最初に規定した憲法は1919年の**ワイマール憲法**（1919年ドイツ憲法）であった。

□【　新しい人権　】…日本国憲法の幸福追求権（憲法13条），生存権（同25条）を根拠に，近年，明文規定にないが，**知る権利**，**プライバシーの権利**，**環境権**などが新しい人権として認められるようになった。

プラス+α　精神の自由と経済の自由

Question 18世紀には自由権の中でも精神の自由が重要視されたが，19世紀になると経済の自由がより高い位置に置かれた。この記述は正しいか。

Answer 誤り。「精神の自由」と「経済の自由」の順序が逆。

❹人権の享有主体性 ― 第一義的には「国民」

本来,人権は「人間であるがゆえに当然に認められる権利」であるが,日本国憲法では,人権の享有主体を第一義的に「国民」としつつ,次の「人」についてはその人権保障に一定の制約を設けている。

●天皇(皇族)

□【　**天皇の人権**　】…天皇(皇族)には,象徴たる地位(憲法1条)や国事行為のみを行い,国政に関する権能を有しない(同4条)などから,参政権・社会権は認められない。政治的発言(表現の自由)も許されない。

●外国人

「権利の性質上,日本国民を対象としていると解されるものを除き,わが国に在留する外国人に対しても等しく及ぶ」(マクリーン事件)として,適用を特に排除すべき合理的理由がない限り,外国人にも一般に人権は保障される。

□【　**政治活動の自由**　】…日本の政治的意思決定またはその実施に影響を及ぼす活動などは**認められない**が,それ以外は認められる。

□【　**入国の自由**　】…入国・再入国・引き続き在留することを求める権利を含め,**認められない**。

□【　**参政権**　】…選挙権,被選挙権,憲法改正の国民投票など,国政・都道府県レベルの参政権は認められない。**市町村レベル**では定住外国人に選挙権を与えることを憲法は**禁じていない**(選挙権を与えることは可能)としている。

外国人の人権制約

国政に影響を及ぼす政治活動	×
上記以外の政治活動	○
入国の自由	×
国政・都道府県レベルの参政権	×
市町村レベルの参政権	△
労働基本権	○
上記以外の社会権	×

□【　**社会権**　】…勤労権(同27条)を含め,社会権は認められない。ただし,団結権・団体交渉権・**団体行動権**[4]の労働基本権(同28条)は認められる。

❹争議権ともいう

●内国法人

国民の権利および義務の各条項は，性質上可能な限り，内国法人にも適用されるとしている（八幡製鉄政治献金事件）。

□【　**法人に認められない人権**　】…選挙権，奴隷的拘束および苦役からの自由など。

□【　**法人に認められる人権**　】…請願権，適法手続きの保障，精神的自由，経済的自由，裁判を受ける権利，国家賠償請求権など。

●在監者

かつては特別権力関係にあったが，現在ではできる限り人権が保障される（たとえば，未決拘禁者の閲読の自由など）。

●公務員

□【　**政治活動の自由**　】…選挙権の行使以外の活動は認められない。

□【　**労働基本権**　】…地位・職務の性格から厳しく制約されている。

・**団体行動権**…すべての公務員に認められない。

・**団結権・団体交渉権**…警察官，消防官など実力行動に関係する公務員には認められない。

⑤自由権における「二重の基準」―「公共の福祉」と自由権

日本国憲法において，人権保障を制約する基準は「**公共の福祉**」である（憲法12条，13条，22条，29条）。自由権の中でも，精神的自由権は経済的自由権に対して優位に位置するものとみなされている。

□【　**精神的自由権**　】…「**個人の尊厳**」と直結しており，その制約は直接的な制約となる。制約が認められにくい。

□【　**経済的自由権**　】…経済的基盤を介して「個人の尊厳」と間接的に結びついていることから，福祉国家理念に基づく政策的制約が認められやすい。

プラス+α　天皇の人権

Question 天皇，皇族は，基本的人権の享有主体として社会権，参政権はないが，自由権は保障されているのか。

Answer 自由権も制約されている。

頻出度 A

基本的人権（各論）

試験別頻出度		
国家総合職 ★★☆	国家専門職 ★☆☆	地上特別区 ★☆☆
国家一般職 ★★☆	地上全国型 ★★★	市役所C ★★☆
	地上東京都 ★☆☆	

学習のポイント

◎基本的人権の体系と，それぞれの具体的権利規定が保障しようとしているものを確認しておく。

◎「法の下の平等」について，条文と判例をチェックしよう。

❶ 基本的人権の体系

基本的人権はその内容により，**包括的基本権**，**平等権**，**自由権**，**社会権**，**参政権**，**請求権**に分類される（カッコ内は憲法の条項）。

基本的人権の前提となる諸原則	●基本的人権の永久不可侵性（11条，97条） ●基本的人権を保持利用する責任（12条） ●個人の尊重の原則（13条）

包括的基本権 ――― 幸福追求権（13条）

平等権		●法の下の平等（14条） ●男女の本質的平等（24条） ●選挙権の平等（44条）
自由権	**精神的自由権**	●思想・良心の自由（19条） ●信教の自由（20条） ●言論・出版その他表現の自由（21条1項） ●集会・結社の自由（21条1項） ●検閲の禁止・通信の秘密（21条2項） ●学問の自由（23条）
	身体的自由権	●奴隷的拘束・苦役からの自由（18条） ●法の正当な手続きの保障（31条） ●不当逮捕の禁止（33条） ●抑留・拘禁の制限（34条） ●住居の不可侵（35条） ●拷問・残虐刑の禁止（36条） ●刑事被告人の証人審問・弁護権（37条） ●黙秘権・自白効力（38条） ●刑罰の不遡及・二重処罰の禁止（39条）
	経済的自由権	●居住・移転・職業選択の自由（22条1項） ●外国移住・国籍離脱の自由（22条2項） ●財産権の不可侵（29条1項）
社会権		●生存権（25条） ●教育を受ける権利（26条） ●勤労の権利（27条） ●勤労者の団結・団体交渉・団体行動権（28条）
参政権		●公務員の選定・罷免権（15条1項） ●普通選挙・秘密投票（15条3項，4項） ●選挙権・被選挙権（15条，44条，93条） ●最高裁判所裁判官の国民審査権（79条） ●特別法制定同意権（95条） ●憲法改正国民投票権（96条）
請求権		●請願権（16条） ●損害賠償請求権（17条） ●裁判を受ける権利（32条，37条） ●刑事補償請求権（40条）

❷ 幸福追求権（憲法13条）― 抽象的・包括的権利

基本的人権のうちの包括的基本権に当たるのが「幸福追求権」である。

□【　**個人の尊重**　】…日本国憲法13条では，幸福追求権の規定に先立ち，人権思想の核心をなす「個人の尊重」を定めている。

□【　**幸福追求権**　】…「幸福追求に対する国民の権利については，公共の福祉に反しない限り，立法その他の国政の上で，最大の尊重を必要とする」（憲法13条）。この抽象的内容から，包括的・一般的基本権と解される。

□【　**過去の反省に立つ人権規定**　】…憲法14条以下40条までの各人権規定は，過去において国家その他の権力により弾圧が行われた過去があることからわざわざ規定されている。→**それぞれの規定は「幸福追求権」に優先して適用される**。

□【　**新しい人権**　】…個人の尊重，幸福追求権は，憲法14条から40条までの人権規定に包摂されない人権の根拠の１つとなる。憲法に明文規定がないものの，いわゆる「新しい人権」として社会的に認められるようになったものには次のようなものなどがある。

- **人格権**…プライバシーの権利（私生活をみだりに公開されない権利），肖像権など
- **健康に生きる権利**…環境権，日照権，通風権など
- **知る権利**…情報入手権，情報利用権，情報修正権，アクセス権など
- **平和に生きる権利**
- **尊厳死ないし安楽死の権利**
- **嫌煙権**（他人の喫煙によって自己の健康を害されない権利）
- **宗教上の人格権**（静かな宗教的環境の下で信仰生活を送ることを妨げられない権利）

プラス+α　幸福追求権

Question 憲法13条の幸福追求権は憲法14条～40条の各人権規定に優先する。この記述は正しいか。

Answer 誤り。それぞれの規定は幸福追求権に優先する。

❸ 平等権 — 違憲とならない「合理的区別」

基本的人権は「人間は生来自由かつ平等」ということから導かれるものである。平等権は自由権と並んで人権保障の主軸をなす。

平等権の明文規定 (カッコ内は憲法の条項)
・法の下の平等(14条1項) ・人種・信条・性別・身分などによる差別禁止(14条1項) ・貴族制度の否認(14条2項) ・栄典に伴う特権の否認(14条3項) ・選挙権・被選挙権の平等(15条3項,44条) ・男女の本質的平等(24条2項) ・教育を受ける権利の平等(26条1項)

□【　**法の下の平等**　】…「すべて国民は,法の下に平等であ」る(憲法14条1項)。法を不平等に適用することを禁止するだけでなく,不平等な扱いを内容とする法律の制定を禁止する趣旨も含まれると解されている❶。

□【　**差別の禁止**　】…「人種,信条,性別,社会的身分又は門地により,政治的,経済的又は社会的関係において,差別されない」(同14条1項)。これらの列挙事由はあくまでも例示列挙にすぎず,合理的根拠のない差別はすべて禁止されるものと解される。

□【　**実質的平等**　】…法の下の平等が要求する平等は,形式的・絶対的な平等ではなく,相対的・実質的な平等である。合理的根拠のある**合理的区別は「法の下の平等」違反とならない**。

□【　**法の下の平等違反**　】…最高裁判所が法の下の平等に反するとして違憲判決を下したものには次の2件がある。

・**議員定数不均衡訴訟**…衆議院のかつての選挙制度(中選挙区制)下において争われたもの。議員1人当たりの有権者数が選挙区によって最大と最小で4倍以上の開きがあるのは法の下の平等,投票価値の平等に反するとして違憲と判断された。

・**尊属殺訴訟**…一般の殺人罪は法定刑が懲役3年(2004年の改正により現在は懲役5年)から死刑までなのに,尊属を殺すと無期懲役か死刑のみであるのが法の下の平等に反するのかが争われ,最高裁は違憲判決を下した。なお,1995(平成7)年の刑法改正において,尊属殺人罪(および尊属傷害致死罪)に関する規定は削除された。

❶ 立法者拘束説

❹自由権 — 内心にとどまる限り精神的自由権は絶対保障

基本的人権のうち，国家権力の介入・干渉を排除し，国民の自由を確保する権利のことを自由権という。その内容から次の３つに大別される。

□【　**精神的自由権**　】…**思想・良心の自由**（憲法19条），**信教の自由**（同20条），**表現の自由**（同21条），**学問の自由**（同23条）などがこれに当たる。思想・良心の自由が核で，内心にとどまる限り，絶対保障。「事前の抑制」は許されず，事後の制裁を加える場合にも，規制の基準が明文化されていること，また規制できるのは社会の重大な利益に「明白かつ現在の危険」があるときに限られるなどの優越性が認められている。

精神的自由権の一部として**「検閲の禁止」**（同21条２項）があるが，これとの関係で争われたものについて説明する。

・**税関検査**…行政権が主体となって，表現物の全部または一部の発表禁止を目的に網羅的・一般的に発表前に対象表現物を審査するのが検閲。これに対して税関での検査は「発表禁止」を目的としていないので**合憲**とするのが判例である。

・**教科書検定制度**…検定不合格であっても一般書籍として販売可能で，「検閲」の発表禁止の効果がないことを理由に**合憲**とされる。

□【　**身体的自由権**　】…**法の正当な手続きの保障**（同31条），**不当逮捕の禁止**（同33条）など，人身が不当な拘束を受けないことを保障する権利。

□【　**経済的自由権**　】…国民が経済生活を営むのに必要な自由を保障する権利。**居住・移転・職業選択の自由**（同22条１項），**財産権の不可侵**（同29条１項）。正当な補償の下に公共のために利用できる（同29条３項）など，**「公共の福祉」による制約を受けることが多い。**

プラス+α　自由権

Question　本質的に一切の制限が認められない権利であり，国家権力が立ち入ることのできない絶対自由といえる権利は何か。

Answer　思想・良心の自由（憲法19条）

❺ 社会権 ― 使用者に対する労働者の権利を確保

基本的人権のうち，社会権は個人の生存，生活の維持・発展に必要な諸条件の確保を国家に要求する権利である。18～19世紀の形式的自由・平等の実現へ向けての動きに対応するものとして，20世紀になって確立された権利で，国家の積極的な関与と配慮によって「人間らしさ」の保障を実現せしめる。

□【 **生存権** 】…「すべて国民は，健康で文化的な最低限度の生活を営む権利を有する」(憲法25条1項)。この規定は具体的権利性のない**プログラム規定**と解されている❷。

□【 **教育を受ける権利** 】…「すべて国民は，法律の定めるところにより，その能力に応じて，ひとしく教育を受ける権利を有する」(同26条1項)。

□【 **教育を受けさせる義務** 】…「すべて国民は，(中略) その保護する子女に普通教育を受けさせる義務を負ふ。義務教育は，これを無償とする」(同26条2項)。

□【 **勤労権** 】…「すべて国民は，勤労の権利を有し，義務を負ふ」(同27条1項)。ただし，これは個々の国民に対して，就労の機会を保障するという趣旨ではない。

□【 **勤労条件の基準** 】…「勤労条件に関する基準は，法律でこれを定める」(同27条2項)。

□【 **児童酷使の禁止** 】…「児童は，これを酷使してはならない」(同27条3項)。

□【 **労働基本権** 】…憲法28条は次の**労働三権**を保障している。

・**団結権**…組合の結成・運営・日常活動，組合への加入の権利など。
・**団体交渉権**…使用者の正当な理由なしの交渉拒否は不当労働行為。
・**団体行動権**…争議行為を行う権利。

□【 **正当な争議行為** 】…争議行為には，労働者の使用者に対する行為とその逆のものがある。前者には**ストライキ**，サボタージュ，ボイコット，生産管理，工場占拠など，後者には**ロックアウト**などがある。

---

❷ ただ，法的性格は法律により具体化された場合に権利性を持つ抽象的権利と解しうる

❻ 参政権 ― 主権者たる国民の民意を反映させる権利

公務員の任免権を国民が持つことによって，人権の保障が実質的に裏づけられるという，「国民主権＋代表民主制」の下で重要な意味を持つ権利である。

□【　**公務員の選定罷免権**　】…公務員の選定・罷免は「国民固有の権利」(憲法15条1項)。

□【　**普通選挙・平等選挙の保障**　】…公務員の選挙について「成年者による普通選挙を保障」(同15条3項), 議員・選挙人の資格について「人種, 信条, 性別, (中略) 収入によって差別してはならない」(同44条)。

□【　**最高裁判所裁判官の国民審査**　】…任命後初の衆議院総選挙の際に国民審査に付され，投票者の多数が裁判官の罷免を可とするときは，罷免される（同79条2項，3項)。

□【　**憲法改正の国民投票**　】…憲法の改正は，「国民に提案してその承認を経なければならない」(同96条1項)。

❼ 請求権 ― 自由権とは正反対の性質

国民の自由や権利が侵害されたときに，国や地方公共団体に対して積極的にその救済を求める権利[3]である。

□【　**請願権**　】…損害の救済，公務員の罷免，法律などの制定・改正・廃止その他を国や地方公共団体に請願する権利（憲法16条)。

□【　**損害賠償請求権**　】…公務員の不法行為による損害について国や地方公共団体に対して賠償を要求する権利[4]（同17条)。外国人にも認められている。

□【　**裁判請求権**　】…裁判を受ける権利（同32条)。

□【　**刑事補償請求権**　】…抑留または拘禁の後，無罪判決を受けた場合に抑留・拘禁によって生じた損害の補償を国家に求める権利（同40条)。

---

❸ 国務請求権ともいう　❹ 国が相手の場合は国家賠償請求権という

頻出度 B

国会

試験別頻出度
国家総合職 ★☆☆　国家専門職 ★★☆　地上特別区 ★☆☆
国家一般職 ★☆☆　地上全国型 ★★☆　市役所C ★★☆
地上東京都 ★☆☆

学習のポイント
◎国会の地位，会期制，権限などについてしっかりと押さえておくこと。
◎二院制，とりわけ衆議院の優越については頻出事項なので，権能面，議決面に分けて整理しておこう。

❶国会の地位 ― 国権の最高機関

大日本帝国憲法下では，衆議院・貴族院からなる帝国議会は主権者である天皇の協賛機関にすぎなかったが，日本国憲法は，国会に重要な地位と権能を与えている。

□【　**国権の最高機関**　】…憲法41条に規定がある。「最高」とは主権者である国民と国会がつながっていることを意味し，内閣や裁判所の上位に国会が位置づけられるという意味ではない。

□【　**国の唯一の立法機関**　】…同41条に規定。この「唯一の」には2通りの内容が含まれる。

・**国会中心立法の原則**（権限についての原則）…立法権は国会のみ。
・**国会単独立法の原則**（立法手続きについての原則）…立法は国会のみでなされ，成立や発効について他の機関の関与を必要としない。

●国会中心立法の例外
・**議院の規則制定権**…各議院に立法権が認められている（同58条2項）。
・**最高裁判所の規則制定権**…最高裁判所に認められる（同77条）。
・**政令制定権**…内閣に認められる（同73条6号）。
・**条例制定権**…地方公共団体の議会に認められる（同94条）。

●国会単独立法の例外
・**特別法の住民投票**…一地方公共団体にのみ適用される特別法は，住民投票で過半数の住民の賛成を得なければ国会で制定することができない（同95条）。

●憲法改正の発議…各議院の総議員の3分の2以上の賛成で国会が改正を発議し，国民の承認を経なければならない（同96条）。

❷ 二院制 ― 多様な民意を反映

日本国憲法は42条で,「国会は,衆議院及び参議院の両議院でこれを構成する」と二院制を規定している。この規定は次のことを意味する。

□【　原則両院対等　】…衆参両院は対等が原則。
この原則がはっきりと打ち出されている憲法規定には次のものがある。

> **二院制採用の趣旨**
> ●慎重な審議
> ●異なる選挙制による多様な民意の反映
> ●一院による専制化の防止

□【　法律案の議決　】…「法律案は,この憲法に**特別の定のある場合を除いて**は,両議院で可決したとき法律となる」(憲法59条1項)。

□【　憲法改正の発議　】…衆参両院がそろうことが条件(同96条1項)。

両院はそれぞれ対等の原則の下に活動を行うが,活動については次の原則がとられている。

□【　同時活動の原則　】…両院は同時に召集され,開会・閉会される。衆議院が解散されたときには,参議院は同時に閉会となる(同54条2項)。

□【　独立活動の原則　】…両院はそれぞれ独立して審議・議決を行う。

このように,憲法は二院での国会審議を原則としているが,二院制の例外として次のものがある。

□【　参議院の緊急集会　】…厳密には「国会」ではない。衆議院の解散中に緊急に国会の議決を要する事態が起こった場合に,内閣が参議院に要求できる集会(同54条2項)。この緊急集会でとられた措置には,二院制の原則に近づけるために,次の国会召集後10日以内に衆議院の同意を必要とし,不同意の場合はその効力を失う(同54条3項)。

プラス+α　条例制定権

Question 地方公共団体の立法である条例は,法律で具体的・個別的に委任されなければ制定することができないのか。

Answer 法律の授権・委任がなくとも,独立に制定が可能。

❸ 会期制 ― 各会期ごとに独立

国会には，二院制の例外である「参議院の緊急集会」（P.43参照）を除き，次の3つの種類・形態があり，それぞれ会期制の原則の下に運営される。

種類	召集❶	会期	主な議題
常会 （通常国会） （憲法52条）	毎年1回，1月中	150日間（1回延長可）	次年度予算の審議
臨時会 （臨時国会） （同53条）	内閣，またはいずれかの議院の総議員の4分の1以上の要求による（なお，衆議院議員の任期満了に伴って行われる**総選挙**❷後，召集される国会はこの臨時会である）	両議院一致の議決による（2回延長可）	予算，外交，その他国政上緊急に必要な議事
特別会 （特別国会） （同54条1項）	衆議院解散後の**総選挙**の日から30日以内	両議院一致の議決による（2回延長可）	内閣総理大臣の指名

会期に関しては，次のような規定がある。

□【　**会期の議決についての衆議院の優越**　】…臨時会，特別会の会期，およびすべての国会の会期延長について，両議院の議決が一致しないとき，または参議院が議決しないときは，衆議院の議決したところに従う（国会法13条）。

□【　**休会**　】…国会は，両議院一致の決議により，休会とすることができる（同15条1項）。各議院の休会は10日以内であることを要する（同15条4項）。

□【　**会期不継続の原則**　】…国会は各会期ごとに独立しており，会期中に議決に至らなかった案件は次国会に継続しないのが原則（同68条）。

□【　**継続審議**　】…各議院の議決で特に付託された案件は国会閉会中も審査することができ，後国会に継続する（同47条2項，68条）。

---

❶ 決定は内閣の責任。国事行為として天皇が表示

❷ 衆議院議員の任期満了または解散に伴って行われる選挙

❹ 国会の権限 ― 内閣総理大臣の指名は最優先案件

●立法に関する権限

□【　**法律の制定**　】…国会は「**唯一の立法機関**」である（憲法41条）。法律案は両議院で議決したときに法律となる（同59条1項）。

□【　**条約の承認**　】…内閣が外国と条約を締結するときは，原則として事前に，時宜によっては事後に，国会の承認が必要（同61条，73条3号）。

□【　**憲法改正の発議**　】…国会は，衆参各議院の総議員の３分の２以上の賛成で，日本国憲法の改正を発議できる（同96条1項）。

●財政に関する権限

□【　**財政の監督**　】…財務処理は行政権の作用だが，国民の利害に直接影響することが大きいので，国会の議決が必要（同83条）。

□【　**課税に対する議決**　】…租税法律主義の原則によって，租税の変更や新設には国会の議決が必要とされる（同84条）。

□【　**予算の議決**　】…国家財政（歳入・歳出）は，予算という形式で国会の審議・議決を経なければならない（同86条）。

□【　**決算の議決**　】…会計検査院の検査を経た歳入・歳出を国会が審査する（同90条1項）。

□【　**財政状況の報告処理**　】…国会は，財政状況の報告を少なくとも年に1回は受ける権限を持つ（同91条）。

●一般国務に関する権限

□【　**内閣総理大臣の指名**　】…国会は，**国会議員の中**から国会の議決で，内閣総理大臣を指名する。これは他のすべての案件に先立って行う（同67条1項）。

□【　**弾劾裁判所の設置**　】…国会は，罷免の訴追を受けた裁判官を裁判するため，両議院の議員で組織する弾劾裁判所を設ける（同64条1項）。

プラス＋α　継続審議

Question 国会の会期は独立したものとして扱われ，会期中に議決されなかった法案はすべて廃案となる。この記述は正しいか。

Answer 誤り。継続審議の制度が準備されている。

❺ 議院の権限 ― 議院規則制定権などは独立の権限

国会を構成する衆参両院には，それぞれ独立の権限と，広く国政に関する事項を調査する権限が認められている。

□【 議院の自律権 】…各議院が他の国家機関や他の議院から干渉を受けることなく，組織構成や議院の運営に関して自主的に決定できる権限。

大きく，次の２つの権限に分類できる。

●組織構成に関する自律権

□【 釈放要求権 】…会期前に逮捕された議員の釈放を要求する権限（憲法50条）。

□【 議員資格争訟の裁判権 】…「両議院は，各々その議員の資格に関する争訟を裁判する」（同55条）。議員の資格を失わせるには，出席議員の３分の２以上の多数による議決が必要。

□【 役員選任権 】…「両議院は，各々その議長その他の役員を選任する」（同58条１項）。

●運営に関する自律権

□【 議院規則制定権 】…「両議院は，各々その会議その他の手続き及び内部の規律に関する規則を定め」ることができる（同58条２項）。

□【 議員懲罰権 】…院内の秩序を乱した議員に懲罰を加える権限。ただし，議員を除名するには，出席議員の３分の２以上の多数による議決が必要とされる（同58条２項）。

各議院は，さらに次の権限も有している。

□【 国政調査権 】…立法・財政などに関する権限を有効・適切に行使するために，広く国政に関する事項を調査する権限（同62条）。各議院は，証人の出頭や証言，ならびに記録の提出を求めることができる。

・**議員の派遣**…各議院は，議案その他の審査もしくは国政に関する調査のために，または議院において必要と認めた場合に，議員を派遣できる（国会法103条）。

・**報告・記録の請求**…内閣，官公署その他は，各議院から必要な報告・記録の提出を求められたときには，その求めに応じなければならない（同104条）。

❻衆議院の優越①　━　権能面での衆議院の優越

日本国憲法は二院制，衆参両院の対等を原則として掲げているが，その例外として権能面・議決面での「衆議院の優越」を認めている。

権能面における衆議院の優越は，次の２つである。

衆議院の優越の根拠
・任期が４年。解散がある。 ↓ ・選挙の頻度が高く， 民意が反映されやすい。

□【　**予算先議権**　】…「予算は，さきに衆議院に提出しなければならない」(憲法60条１項)。議案は衆参いずれかの議院で先に審議・議決され，他の議院に送られるが，予算案だけは必ず衆議院で先に審議・議決されなければならないというもの。

□【　**内閣不信任決議権**　】…内閣不信任決議案を可決，あるいは内閣信任決議案を否決できるのは衆議院のみの権能（同69条）。内閣不信任案が可決，あるいは内閣信任案が否決されると，内閣は**10日以内**に総辞職するか，衆議院を解散しなければならない（同69条）。

●衆議院の解散・総選挙

□【　**衆議院の解散**　】…衆議院議員を全体として任期満了前にその地位を失わしめる行為。**参議院には解散はない**。衆議院が解散されたときには，参議院は同時に閉会となる（同54条２項）。

□【　**解散権の主体**　】…解散宣示権は天皇に属するが，実質的な解散権（解散決定権）は**内閣の権能**に属する。

□【　**総選挙**　】…衆議院が解散されたときには，解散の日から**40日以内**に衆議院議員の総選挙を行わなければならない（同54条１項）。

□【　**特別会の召集**　】…総選挙の日から**30日以内**に，国会（特別会）を召集しなければならない（同54条１項）。

プラス+α　内閣不信任決議権

Question 参議院で内閣の不信任決議案が可決された場合には，内閣は道義的責任を負うにとどまり，総辞職する必要はない。この記述は正しいか。

Answer 正しい。法的な効果を伴わない議決。

❼衆議院の優越② — 議決面での衆議院の優越

議決面では，次の４つの議決について，衆議院と参議院で議決の不一致が起こった場合に衆議院の優越が認められている。

□【　法律案の議決　】…衆議院で可決した法案について，参議院で異なった議決をした場合，あるいは衆議院で可決した法案を受け取った後，国会休会中の期間を除いて**60日以内**に参議院が議決をしない場合には，衆議院で出席議員の**３分の２以上**の多数で再可決をしたとき，**衆議院で可決された法案が法律となる**（憲法59条２項，４項）。この際，両議院間の意見調整のために**両院協議会**[3]を開くこともできる（裁量的・同59条３項）。

□【　予算の議決　】…予算について，参議院で衆議院と異なった議決をした場合には，両院協議会が必要的に開催され，そこでも意見が不一致の場合，あるいは参議院が衆議院の可決した予算を受け取った後，国会休会中の期間を除いて**30日以内**に議決しない場合には，**衆議院の議決が国会の議決になる**（同60条２項）。この場合，法律案でのような衆議院での再可決は不要。

□【　条約の承認　】…条約の締結は内閣の権限に属し，**事前に，時宜によっては事後**に国会の承認を経る必要があることが規定されているが（同73条３号），その承認について衆参両院で異なった議決をした場合，あるいは国会休会中の期間を除いて30日以内に参議院が議決しない場合は，「予算の議決」の規定が準用される（同61条）。

□【　内閣総理大臣の指名　】…衆議院と参議院とが異なった指名の議決をした場合，必要的に両院協議会が開催され，そこでも意見が一致しない場合，あるいは衆議院が指名の議決をした後，国会休会中の期間を除いて**10日以内**に参議院が指名の議決をしない場合には，**衆議院の指名が国会の指名になる**（同67条２項）。この場合も，衆議院での再可決は不要。

---

❸ 衆参両院からそれぞれ10名ずつの議員が出席して，意見調整を図るための会議

❽ 国会議員の特権 ― 重責に対する保障

国会議員は，全国民の代表であり，立法権を単独で担う国会の構成員であるという地位と重責から，種々の特権を与えられている。

国会議員の権能
- 発議権
- 質問権
- 質疑権
- 討議権
- 表決権

□【　歳費特権　】…一般職の国家公務員の最高の給与額より少なくない歳費を保障（憲法49条，国会法35条）。

□【　不逮捕特権　】…国会への出席確保が趣旨。国会議員は，国会の会期中は逮捕されず，また会期前に逮捕された議員は，その議院の要求があれば，会期中は釈放される（憲法50条）。

●不逮捕特権の例外（国会法33条）
- ・院外における現行犯。
- ・会期中でも議員の所属する議院の許諾がある場合。

□【　免責特権　】…議院で行った演説・討論・表決については院外で責任を問われないという特権（憲法51条）。国会での発言をはじめとする意見表明の保障が趣旨。民事責任，刑事責任について免責される。

●免責特権が適用されない場合
- ・**会議の秩序保持違反**…議場の秩序を乱し，または議院の品位を傷つけるようなヤジや私語。
- ・**懲戒・除名処分など**…議員の発言などについて，所属政党や団体から懲戒・除名処分などを求められた場合。

●議員特権の受権主体
- ・**国会議員**…あくまでも主体は国会議員である。国会議員であっても，**大臣としての職務に対してはこの特権は適用されない。**

プラス+α　法律案の議決

Question 衆議院で可決した法案について，参議院が異なった議決をしたので，両院協議会を開催したが，不一致であった。この場合には衆議院の議決が直ちに国会の議決になる。この記述は正しいか。

Answer 誤り。衆議院で出席議員の3分の2以上の多数で再可決が必要。

頻出度 B

内閣

試験別頻出度		
国家総合職 ★☆☆	国家専門職 ★☆☆	地上特別区 ★☆☆
国家一般職 ★☆☆	地上全国型 ★★☆	市役所C ★☆☆
	地上東京都 ―――	

学習のポイント

◎内閣と国会との関係，議院内閣制の趣旨をよく理解しておくこと。
◎内閣の権限について，また，内閣総理大臣のみの持つ権限について，ポイントを押さえておこう。

❶ 大日本帝国憲法下の内閣 ― 天皇に対して個別・直接の責任

大日本帝国憲法には「内閣」についての条文はなく，統治権の総攬者である天皇にすべての権力が集中していた。

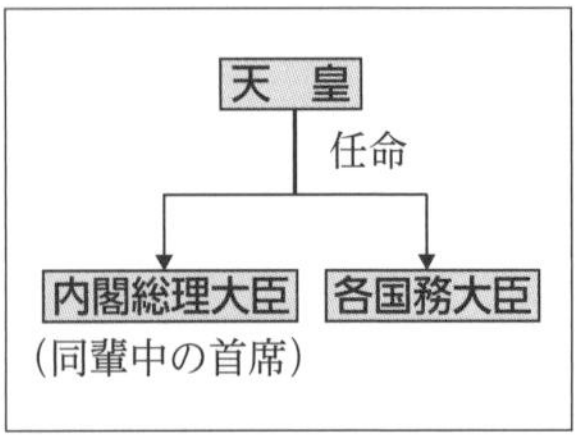

□【　**内閣の地位**　】…天皇の**輔弼機関**。行政権は天皇に。

□【　**内閣総理大臣の任命**　】…天皇が元老などの推薦に基づき任命。

□【　**国務大臣の任命**　】…天皇が直接的に任命。

□【　**内閣の責任**　】…天皇に対して直接・個別の責任を負う。

□【　**内閣総理大臣と国務大臣**　】…この両者の**関係は対等**。

❷ 日本国憲法下の内閣 ― 国会に対して連帯して責任

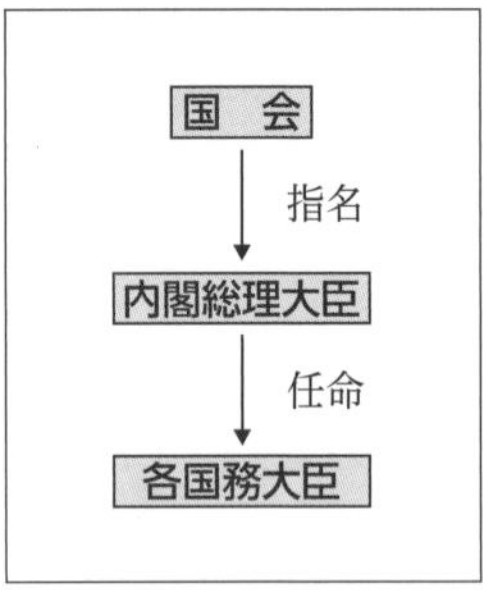

□【　**内閣の地位**　】…「**行政権**は，内閣に属する」(憲法65条)。内閣自らが行政権を担当。

□【　**内閣の責任**　】…「内閣は，行政権の行使について，**国会**に対し，**連帯して責任**を負ふ」(同66条3項)。

□【　**内閣総理大臣の地位・権限**　】…内閣総理大臣に**国務大臣の任免権**が与えられ(→**一体性・統一性を内閣に要請**。同68条)，大日本帝国憲法に比べ，内閣総理大臣の地位と権限が強化された。→国会に対する内閣の責任が担保されるようになった。

❸ 議院内閣制 ── 憲法は内閣と国会との連動を予定

日本国憲法は，国会の信任の下に内閣が存立するという議院内閣制を予定している。

□【　**内閣総理大臣の指名**　】…「内閣総理大臣は，国会議員の中から国会の議決で，これを指名する」（憲法67条1項）。**国会議員は衆議院議員，参議院議員を問わない**。死亡や国会議員でなくなった場合などにより内閣総理大臣が欠けたときでも，副総理が昇格することは許されず，新しく内閣総理大臣が指名されることになる。ただ，行政の空白を避けるため，あらかじめ指定した国務大臣が臨時にその職務を代行することは認められている（内閣法9条）。

□【　**国務大臣の任命**　】…内閣総理大臣の任命する国務大臣は「その過半数は，国会議員の中から選ばれなければならない」（憲法68条1項）。国務大臣は**原則14名以内**（特別の場合，最大17名まで。内閣法2条2項）[❶]で，行政事務を分担管理しない，いわゆる**無任所大臣**の存在も認められている（同3条2項）。なお，国務大臣の**民間人登用は義務づけられていない**。

□【　**国会に対する責任**　】…「内閣は，行政権の行使について，国会に対し，連帯して責任を負ふ」（憲法66条3項）。

□【　**衆議院の内閣不信任の決議**　】…衆議院が内閣不信任の決議をしたときには，10日以内に**総辞職**か**衆議院の解散**かのいずれかを選択しなければならない（同69条）。

□【　**国会に対する報告義務**　】…内閣が法律に基づいて行政権を行使している限り，国会の承認を求める必要はないが，「内閣総理大臣は，一般国務・外交関係について国会に報告する」義務がある（同72条）。

❶ ただし，東京オリ・パラ競技大会推進本部と復興庁が置かれている期間は，原則16名以内で最大19名まで。

プラス+α 内閣総理大臣の指名

Question 内閣総理大臣は，衆議院議員の中から衆議院の議決で，これを指名する。この記述は正しいか。

Answer 誤り。国会議員の中から国会の議決で指名する。

❹ 内閣の権限 ― 内閣の権限は拡大傾向

□【　一般行政事務　】…行政権は内閣に属する（憲法65条）から，行政権に属する作用は，原則としてすべて内閣の権限とされる（同73条）。

□【　法律の執行と国務の総理　】…国会の意思を尊重して，法律に正しく準拠した行政を行い，また国の最高行政機関として行政事務一般を統括処理する（同73条1号）。

□【　外交関係の処理　】…重要な外交関係の処理は，外務大臣に一任せず，内閣が行う（同73条2号）。

□【　条約の締結　】…全権委員に全権を委任したり，条約を締結する。事前，あるいは事後に，国会の承認を必要とする（同73条3号）。

□【　官吏に関する事務の掌理　】…国家公務員法に従って，政府職員の職階制，試験・任免・給与などの事務を行う（同73条4号）。

□【　予算の作成　】…予算を作成して国会に提出する（同73条5号）。

□【　政令の制定　】…憲法や法律の規定を実施するために，内閣は政令を発することができる（同73条6号）。

□【　恩赦の決定　】…恩赦法に従って，恩赦を決定できる（同73条7号）。

□【　天皇の国事行為への助言と承認　】…国事行為の実質的決定権は内閣にあり，その責任は内閣が負う（同3条，7条）。

□【　臨時会の召集　】…内閣の専権として，臨時国会の召集を決定できる（同53条）。

□【　参議院の緊急集会を求める　】…衆議院の解散中で，国に緊急の必要があるときには，参議院の緊急集会を要求できる（同54条2項）。

□【　衆議院の解散の決定　】…衆議院で内閣不信任案が可決，あるいは内閣信任案が否決された場合，10日以内において衆議院の解散を決定できる（同69条）。内閣の政治的決断でも解散を決定できる。

□【　裁判官の指名と任命　】…最高裁判所と下級裁判所で異なる。

- **最高裁判所長官**…内閣が指名，天皇が任命（同6条2項）。
- **最高裁判所裁判官**…内閣が任命（同79条1項）。
- **下級裁判所裁判官**…最高裁判所の指名した者の名簿から内閣が任命（同80条1項）。

❺ 内閣総理大臣の権限 ― 国務大臣の任免は専権

内閣は，その首長である内閣総理大臣と国務大臣によって構成される合議制の機関であり，その意思決定は閣議で行われる。

□【　**閣議**　】…**内閣総理大臣を主宰者**とし，すべての国務大臣で組織。内閣総理大臣は，重要政策に関する基本的な方針その他を発議することができる(内閣法4条2項)。また，各大臣はいかなる案件でも内閣総理大臣に提出して閣議を求めることができる（同4条3項)。内閣の一体性の要請から，閣議は全会一致の原則，非公開で行われているが，明文規定はない。

> **内閣の構成要件**
> ・内閣総理大臣は国会議員。
> ・国務大臣の過半数は国会議員。
> ・内閣総理大臣・国務大臣ともに文民であること。

内閣は合議制の機関とはいうものの，その首長である内閣総理大臣には，各国務大臣とは異なる次のような権限が与えられている。

□【　**国務大臣の任免**　】…国務大臣を任命するとともに，任意に罷免することができる（憲法68条1項，2項)。罷免に当たっては，閣議の了承は必要としない。

□【　**行政各部の指揮監督**　】…内閣を代表して議案を国会に提出したり，一般国務・外交関係について国会に報告したりする権限のほか，行政各部を指揮監督する権限を持つ（同72条)。

□【　**大臣間の権限の疑義の裁定権**　】…内閣総理大臣は，主任大臣間で権限についての疑義が生じた場合，閣議にかけてこれに裁定を下すことができる（内閣法7条)。

□【　**法律・政令に連署**　】…法律・政令には主任の国務大臣が署名し，内閣総理大臣の連署を必要とする（憲法74条)。

□【　**国務大臣の訴追同意権**　】…国務大臣は，その在任中，内閣総理大臣の同意がなければ訴追されない（同75条)。

□【　**自衛隊の最高指揮監督権**　】…内閣を代表して，自衛隊を指揮監督する（自衛隊法7条)。

❻ 国務大臣の権限 ― 内閣総理大臣の臨時代理も権限

国務大臣は内閣総理大臣によって任命されたのち，天皇の国事行為の一つとして天皇の認証を受ける。内閣の構成員である各国務大臣には，それぞれ次のような権限が与えられている。

□【　**法律・政令の署名**　】…法律および政令には，すべて主任の国務大臣の署名がなければならない（憲法74条）。

□【　**議院出席**　】…両議院のいずれかに議席を有すると有しないとにかかわらず，国務大臣はいつでも議案について発言するために議院に出席することができる（同63条）。なお，答弁または説明のために議院から出席を求められたときは出席しなければならない（同63条）。

□【　**閣議を求める権利**　】…国務大臣は，案件のいかんを問わず，内閣総理大臣に提出して，閣議の開催を求めることができる（内閣法４条３項）。

□【　**内閣総理大臣の臨時代理**　】…内閣総理大臣に事故のあるとき，または内閣総理大臣が欠けたときは，あらかじめ指定する国務大臣が臨時にその職務を代行する（同９条）。

□【　**国務大臣の臨時代理**　】…主任の国務大臣に事故のあるとき，または主任の国務大臣が欠けたときは，内閣総理大臣の指定する国務大臣が臨時にその職務を行う（同10条）。この場合，内閣総理大臣が兼務することもできる。内閣総理大臣は，国務大臣の職務を複数兼務することもできる。

●内閣総理大臣臨時代理が置かれる主なケース

- **内閣総理大臣の外遊中**…内閣総理大臣が外遊に出かける前に一国務大臣を指定する。
- **内閣総理大臣の病中**…内閣総理大臣が病床から一国務大臣を指定する。

いずれにしても，内閣総理大臣が**あらかじめ指定する**ことが必要で，これを欠いては内閣総理大臣臨時代理とは認められない。このことについては，2000年春，小渕総理大臣が急病で倒れたときに，青木官房長官（当時）が総理大臣から病室で内閣総理大臣臨時代理の指定を受けたかどうかで大きな問題となった。

❼ 内閣の総辞職 — 内閣と国会とが連動しなくなったときの修正

内閣は，次のようなときに総辞職しなければならず，国会はすべての案件に先立って，国会議員の中から内閣総理大臣を指名しなければならない。

□【　**総辞職**　】…内閣の構成員が一体となって辞職すること。内閣の一体性と国会に対する連帯責任を確保する制度。議院内閣制の下で内閣と国会とが連動しなくなった場合の修正でもある。

●総辞職しなければならない場合

- 内閣総理大臣が辞意を表明したとき（憲法70条）
- 衆議院で内閣不信任案が可決，あるいは内閣信任案が否決された後，10日以内に衆議院を解散しなかったとき（同69条）
- 衆議院議員総選挙後の国会召集のとき（同70条）
- 内閣総理大臣が欠けた（死亡あるいは国会議員でなくなった）場合（同70条）
- 政策の変更などについて，改めて民意を問う必要があると内閣が判断したとき

□【　**総辞職後の内閣の職務**　】…総辞職した場合には，その旨を直ちに両議院に通知しなければならず，また，内閣は，次の内閣が成立する（新たに内閣総理大臣が任命される）まで，引き続きその職務を行わなければならない（同71条）。

□【　**新内閣の成立**　】…国会で内閣総理大臣を指名→指名に基づく天皇による内閣総理大臣の任命→内閣総理大臣による国務大臣の任命→これを天皇が認証。

内閣の成立

国会で内閣総理大臣を指名
↓
天皇による内閣総理大臣の任命
↓
内閣総理大臣が国務大臣を任命
↓
天皇による国務大臣の認証

プラス+α 内閣不信任

内閣に対する不信任案の提出は衆議院だけに認められた権利。50人以上の賛成者が連署して発議する。憲法第69条には，「内閣は，衆議院で不信任の決議案を可決し，又は信任の決議案を否決したときは，10日以内に衆議院が解散されない限り，総辞職をしなければならない」と規定されている。

頻出度 B

裁判所

試験別頻出度		
国家総合職 ★☆☆	国家専門職 ★☆☆	地上特別区 ★☆☆
国家一般職 ★★☆	地上全国型 ★★☆	市役所C ★★☆
	地上東京都 ★★☆	

学習のポイント

◎裁判官の国民審査の方法と，そのねらいについてよく理解しておく。
◎司法権の及ぶ範囲とその限界について，司法権が及ばない理由とともに整理しよう。

❶ 司法権 — 厳しく要求される「中立・公正」

司法権とは，個別具体的な紛争を，法を適用することによって解決する国家作用のこと。国民の人権保障の観点からとりわけ中立・公正が要求され，日本国憲法や法律はその実現のために種々の規定を定めている。裁判所の目的は，この司法権の中立・公正な行使にあるといえる。

□【 **司法権の帰属** 】…憲法は司法権が裁判所のみにあることを明らかにしている（憲法76条1項)。

□【 **最高裁判所** 】…司法権の最高機関。終審裁判権，規則制定権，司法行政監督権，下級裁判所裁判官の指名権などの権限を持つ。大法廷または小法廷で審理・裁判を行うが，大法廷は全員の裁判官の，小法廷は3名以上の裁判官の合議体。

・**最高裁判所長官**…内閣が指名→天皇が任命。

・**最高裁判所裁判官**[1]…内閣が任命→天皇が認証。

□【 **下級裁判所** 】…高等裁判所，地方裁判所，家庭裁判所，簡易裁判所からなる。

・**下級裁判所裁判官**…最高裁判所の指名した者の名簿により，内閣が裁判官を任命。任期は10年。再任もある。

裁判所の構成

最高裁判所
（終審裁判権）
↑
高等裁判所
↑
地方裁判所
家庭裁判所
簡易裁判所

＊上級審の裁判所は，「その事件について」のみ下級審の裁判所を拘束する。**→裁判官の独立**

---

❶ 最高裁判所判事。14人で構成。小法廷は通常は5人で構成。

□【　**特別裁判所の禁止**　】…「特別裁判所[2]は，これを設置することができない」（憲法76条2項）。→国民の裁判を受ける権利を保障。

□【　**行政機関による終審裁判の禁止**　】…準司法的行政機関を設置し，裁判を行うことは憲法上認められているが，そこでの終審裁判は禁止されている。そこでの裁判に不服の者は最高裁判所で争える。

□【　**裁判の公開**　】…「裁判の対審及び判決は，公開法廷でこれを行ふ」（憲法82条1項）。判決は絶対に公開しなければならないが，対審は裁判官全員一致で，公の秩序または善良の風俗を害するおそれがあると決した場合には，非公開で行うことができる（同82条2項）。

・**対審絶対公開**…政治犯罪，出版に関する犯罪，憲法第3章で保障する国民の権利が問題になっている事件（同82条2項但書）。

□【　**三審制**　】…原則として，裁判は第一審から終審まで3回受けることができる。

・**通常の事件**…地方裁判所（第一審）→控訴→高等裁判所（第二審）→上告→最高裁判所（終審）

・**家庭内の事件・少年事件など**…家庭裁判所（第一審）→控訴→高等裁判所（第二審）→上告→最高裁判所（終審）

・**軽微な事件**…簡易裁判所（第一審）→控訴→高等裁判所（第二審）→上告→最高裁判所（終審）

・**軽微な民事事件**…簡易裁判所（第一審）→控訴→地方裁判所（第二審）→上告→高等裁判所（終審）

□【　**再審制**　】…確定判決後に裁判のやり直しを求める例外的なもので，民事事件でも刑事事件でも認められている（民事訴訟法338条以下，刑事訴訟法435条以下）。ただし，刑事事件の再審は冤罪の救済のためにあり，無罪が確定した人を再審で有罪にはできない。

---

[2] 通常裁判所の組織系列に属さない裁判所

プラス+α　民事訴訟の上訴

Question 民事訴訟では，控訴や上告は被告からはできるが，原告からはできないのか。

Answer 原告からもできる。

❷ 司法権の独立 ― 裁判官は良心と法律にのみ従う

司法権の行使に際しては，いかなる国家機関や社会的権力からも干渉・介入されず，中立・公正が貫かれなければならないという原則が「司法権の独立」である。この原則を保障・確立するために，日本国憲法には次のような規定が置かれている。

□【 裁判官の独立 】…「すべて裁判官は，その良心に従ひ，独立してその職権を行ひ，この憲法及び法律にのみ拘束される」（憲法76条3項)。裁判官は，個々の裁判に当たって「憲法と法律に拘束される」以外は，たとえば最高裁長官からも指揮監督されることはない。下級裁判所は裁判を行うに当たって上級裁判所の支配を受けない。

□【 裁判官の身分保障 】…裁判官は，原則として罷免されない。**懲戒処分**[3]は行政機関が行うことはできない（憲法78条)。

●裁判官が罷免される場合

□【 分限裁判 】…裁判官が心身の故障のために職務を執ることができなくなった場合などに裁判官分限法に基づき開かれる。この決定で罷免となる。

□【 弾劾裁判 】…憲法64条に基づいて国会に組織される衆参両院各7名からなる弾劾裁判所で，公開で裁判が行われ，罷免が宣告されると，**裁判官は罷免される**。宣告に不服を申し立てて，最高裁判所に上告することは認められない。

□【 国民審査 】…国民投票によって裁判官の資格を問うもので，最高裁判所裁判官についてのみ行われる。衆議院議員の総選挙と一緒に実施され，有効投票の過半数が罷免を可とした場合，その裁判官は罷免される。

> 弾劾裁判
>
> **●弾劾の事由**
>
> ・職務上の義務に著しく違反し，または職務をはなはだしく怠ったとき
>
> ・職務の内外を問わず，裁判官としての威信を失うような非行があったとき
>
> **●弾劾の手続き**
>
> 衆参両院から各10名，計20名の国会議員からなる訴追委員会を組織（国民も訴追委員会に訴追を請求できる）
>
> ↓
>
> 3分の2以上の多数決で訴追，訴追猶予，不訴追を決定
>
> ↓
>
> 訴追と決した場合は，衆参両院議員各7名からなる弾劾裁判所を設置
>
> ↓
>
> 3分の2以上の多数決による罷免の宣告で裁判官は資格を喪失
>
> ＊対審と裁判の宣告は公開

---

❸ 職務上の義務違反，職務怠慢，不品行などについて裁判によって決定

❸ 司法権の限界 ―「統治行為」は審査から除外

裁判所の司法審査権は，次のような内容の事柄に対しては及ばないものとされている。

□【　事件性のない事柄　】…司法権の行使には，「具体的な法律関係ないし権利・義務の存否に関する争いであること」，「法律の適用により終局的に解決できるものであること」という「事件性」が要求される。この事件性を欠いた場合，一般的・抽象的に司法権を行使することはできない。

司法権の及ばないもの

- 非事件性
- 裁量行為
- 統治行為
- 自律権
- 部分社会の法理
- 外交使節

□【　裁量行為　】…憲法や法律で認められた枠内での国家機関の判断あるいは行為については，当・不当の問題は生じても，適法・違法の問題は生じない。裁量行為は法的判断の対象とはならない。

□【　統治行為　】…「**高度の政治性**」を有する国家行為については，その判断が可能であっても裁判所はあえて判断をせず，民主的過程による判断にゆだねる。

□【　自律権　】…国会・内閣・裁判所などの内部的意思形成にかかわる議事手続きや，内部規律に関する決定などについては自律権が尊重され，司法権の行使が及ばないものがある（たとえば議員の資格争訟）。

□【　部分社会の法理　】…ある団体とその構成員との間で「法律上の係争」があるとき,「係争」の原因が団体内部の問題にとどまる場合には，裁判所の司法審査権は及ばない。「係争」の原因が一般市民社会の問題にまでかかわる場合に審査権が及ぶ。

□【　外交使節　】…治外法権により，司法審査権は及ばない。外交使節の家族についても治外法権が認められる。

プラス+α　資格回復の裁判

Question 弾劾裁判所で罷免を宣された裁判官は，最高裁への上告が認められないため，資格回復は一切できないのか。

Answer 弾劾裁判所で資格回復の裁判が受けられる。

❹ 違憲審査権 ― 憲法の最高法規性確保が目的

日本国憲法は，その98条で「憲法の最高法規性」を規定している。裁判所の目的の第二は，この最高法規性を手続き的に保障しようとする違憲審査である。議院内閣制をベースに置きながら，違憲審査権を持つのが日本の裁判所の特徴といえる。

□【 **違憲審査制** 】…アメリカの制度をとり入れ，日本国憲法で初めて確立されたもの。

□【 **違憲審査権** 】…「最高裁判所は，一切の法律，命令，規則又は処分が憲法に適合するかしないかを決定する権限を有する終審裁判所である」（憲法81条）と規定している。

●違憲審査の目的と主体

・**違憲審査の目的**…憲法の最高法規性の確保。→憲法に反するものはどのようなものも認めない（法律に限らない）。

・**違憲審査の主体**…最高裁判所のみならず，**すべての裁判所**が違憲審査を行うことができる。→最高裁判所は違憲審査の「終審裁判所」。

□【 **終審裁判** 】…最高裁判所には，長官を含む15名の裁判官で組織される大法廷と3名以上の裁判官で組織される小法廷があるが，違憲審査は以前と同じ合憲判決をするときを除き，必ず**大法廷**で行う。

□【 **違憲審査の対象** 】…憲法81条で「一切の法律，命令，規則又は処分」とあるが，これらは例示的な列挙であり，あらゆる国家行為が違憲審査の対象となる。

□【 **具体的付随的審査制** 】…違憲審査権は具体的事件とのかかわりでのみ行使される。具体的事件と無関係に，つまり抽象的・一般的に憲法判断だけを行うことは許されない。

□【 **違憲審査の効力** 】…違憲と判断された法令の扱いについては2説がある。

・**一般的効力説**…違憲とされた法令そのものが一般的に無効になる。

・**個別的効力説**…争われた当該事件に限り，法令の適用が排除される。

日本では**「個別的効力説」が通説**とされ，違憲と判断された法令の改廃は立法府の権限とされている。

❺ 違憲判決の例

最高裁が違憲判決を下した主な例は，次のとおりである。

□【　**尊属殺重罰規定**　】…1973年4月，尊属殺の法定刑が普通殺に比べて重いのは，不合理な差別的取扱いとして**憲法14条1項（法の下の平等）**に反し違憲であるとした。→1995年，刑法改正で削除。

□【　**薬局適正配置規制**　】…1975年4月，薬事法の薬局開設の距離制限は，**憲法22条1項（職業選択の自由）**に違反。→薬事法6条削除。

□【　**衆議院議員定数配分**　】…総選挙の1票の重みが選挙区によって大幅に異なる定数不均衡は，**憲法14条1項（法の下の平等）**，**同44条（選挙人資格の平等）**に反するのではないかが争われた。1972年と85年の総選挙について2つの裁判があり，最高裁は76年4月と85年7月にそれぞれ違憲判決。

□【　**共有林分割制限**　】…1987年4月，森林法の共有林の分割制限は，**憲法29条（財産権）**に反する。→森林法186条を廃止。

□【　**愛媛玉串料公費支出**　】…1997年4月，愛媛県が宗教上の祭祀に公費を支出したのは，**憲法20条3項（政教分離原則）**に違反。

□【　**郵便法免責規定**　】…2002年9月，郵便法の郵便配達のトラブルによる損害賠償責任の免除は，**憲法17条（国及び地方公共団体の国家賠償責任）**に違反。→2002年に改正郵便法成立。

□【　**在外邦人選挙権制限**　】…2005年9月，在外邦人の選挙権を一部に限るのは，**投票を国民固有の権利として保障する憲法15条1・3項ほか，同43条1項，同44条**に違反。→2006年に公職選挙法改正。

□【　**非嫡出子国籍取得制限**　】…2008年6月，非嫡出子の国籍取得に両親の婚姻が必要な国籍法は，**憲法14条1項（法の下の平等）**に違反。

□【　**非嫡出子法廷相続分規定**　】…民法の非嫡出子の法定相続分を嫡出子の2分の1とする規定は，**憲法14条1項（法の下の平等）**に違反。→2013年に民法改正により，非嫡出子の相続分は嫡出子と同等に。

□【　**女子再婚禁止期間事件**　】…2015年12月，女性の再婚禁止期間を6か月間とする民法の規定は，100日を超える期間については**憲法14条1項（法の下の平等）24条1項（両性の本質的平等）**に反する。→2016年6月，改正民法で女性の再婚禁止期間は100日に短縮。

頻出度 C

地方自治

試験別頻出度		
国家総合職 ★☆☆	国家専門職 ★☆☆	地上特別区 ――
国家一般職 ★☆☆	地上全国型 ★☆☆	市役所C ★☆☆
	地上東京都 ★☆☆	

学習のポイント

◎「地方分権」の流れの中で，地方公共団体の果たす役割がどう変わったか，どう変わりつつあるか，しっかりと押さえておく。

◎地方政治への住民の直接参加の制度について，整理しておこう。

❶ 地方自治の本旨 ― 地方自治は団体自治と住民自治の２つの原理に基づく

大日本帝国憲法には地方自治の規定はなく，都道府県・市町村にしても中央政府の意思を地方に伝える下部機関に過ぎなかった。地方制度は，中央の統一的・画一的支配を受けていた。これに対して，日本国憲法は第８章に「地方自治」の章を設け，全国基準の国政と異なった，その地方の個性・特色を生かそうとする政治のあり方を明確にしている。

□【　地方自治の基本原則　】…「地方公共団体の組織及び運営に関する事項は，**地方自治の本旨に基いて**，法律でこれを定める」（憲法92条）。

□【　地方自治の本旨　】…次の２つの意味が含まれると解される。

・団体自治…地方の行政は，地方公共団体の機関が行い，国から独立してなされること。

・住民自治…地方公共事務は，住民が直接にまたはその代表を通じて行うこと。

●憲法の保障する地方自治

憲法は，次のような点で団体自治，住民自治を保障している。

・**団体自治**…地方公共団体は，「その議事機関として議会を設置する」（憲法93条１項）。「その財産を管理し，事務を処理し，及び行政を執行する権能を有」する（同94条）。「法律の範囲内で条例を制定することができる」（同94条）。

・**住民自治**…地方公共団体の長，地方議会の議員，法律の定めるその他の吏員は，「その地方公共団体の住民が，直接これを選挙する」（同93条２項）。「公務員の選挙については，成年者による普通選挙を保障する」（同15条３項）。公務員の罷免その他について，何人も「平穏に請願する権利を有」する（同16条）。

❷地方公共団体の権能 ― 法律より厳しい条例制定も可能

前述の「憲法の保障する地方自治」で明らかなように，日本国憲法は地方公共団体に次の権能を与えている（憲法94条）。

□【　**自治行政権**　】…財産の管理，事務の処理，行政の執行など。

□【　**条例制定権**　】…自治立法の権限。法律の範囲内で制定が可能。その違反者に刑罰を科す条例も認められる。

❸地方公共団体の仕事 ― 地方分権一括法で地方の自主性拡大

本来，国と地方公共団体は対等の関係に立つべきものであるが，長年次の２つが自立的な地方行政を阻む要因とされてきた。

□【　**三割自治**　】…地方税を主とする自主財源が３割程度しかなく，国からの地方交付税交付金，国庫支出金に頼らざるをえない財政状況。

□【　**機関委任事務**　】…法令に基づき，首長などの地方公共団体の機関に委任された国の事務。首長は国の指揮・監督を受けた。

●改正地方自治法

地方分権推進法（1995年）に基づく地方分権推進委員会の勧告を受け，国の機関委任事務全廃などを内容とする改正地方自治法を含む**地方分権一括法**が99年に成立し，2000年４月から施行された。

□【　**地方公共団体の自主性**　】…１条の２として新たな条項が加わり（従来の１条の２は１条の３に），地方の「住民の福祉の増進を図ることを基本として，地域における行政を自主的かつ総合的に実施する」役割を規定するとともに，国の役割は①「国家としての存立にかかわる事務」，②「全国的に統一して定めることが望ましい（中略）基本的な準則に関する事務」，③全国的な規模・視点で行われるべき施策・事業の実施の３つに限定されることが明示された。

□【　**機関委任事務廃止**　】…機関委任事務は廃止され，そのうえで地方公共団体の仕事が①地域における事務（**自治事務**），②その他の事務（**法定受託事務**）に再区分された。

□【　**国の権限縮小**　】…国の指揮監督権（改正前150条），知事の取消・停止権（同151条），職務執行命令（同151条の２）は廃止された。

□【　**関与の三原則**　】…法定主義の原則，一般法主義の原則，公正・透明の原則。

❹ 地方公共団体の組織 ― 議会と執行機関は協同が原則

地方自治の関係図

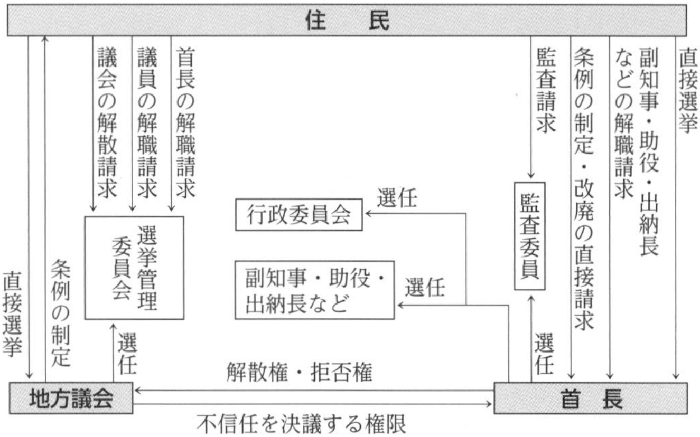

●**地方公共団体の種類**

□【　普通地方公共団体　】…都道府県・市町村。都道府県と市町村の間に特別な上下関係は規定されていない。

・**大都市に関する特例**…**政令指定都市**。→人口50万人以上が要件。実際にはおよそ100万人前後の市が指定されている。政令指定を受けた市は，社会福祉・厚生・教育・衛生・建設などの権限を府県から移譲され，財政面でも道路管理のための特定財源が交付され，宝くじ発行などの特別収入の途が開かれる。「区」が置かれる。2021年10月現在，大阪・京都・名古屋・横浜・神戸・北九州・札幌・川崎・福岡・広島・仙台・千葉・さいたま・静岡・堺・新潟・浜松・岡山・相模原・熊本の20市がある。

・**中核市に関する特例**…**中核市**。→人口20万人以上が要件で，政令指定都市に準じた権限特例が認められる。

□【　特別地方公共団体　】…特別区，財産区，地方公共団体の組合，地方開発事業団。

・**特別区**…東京都の区。→市に準ずるものとされる。区長は公選制。

・**組合**…複数の地方公共団体が協力して1つの団体を作り，事務を行う。→一部事務組合，広域連合。

●**地方公共団体の議決機関**

□【　**地方議会**　】…都道府県議会，市町村議会。→一院制。議員は住民の直接選挙で選出。任期4年。解散がある。

●**地方公共団体の執行機関**

□【　**首長**　】…都道府県知事, 市町村長。→住民の直接選挙により選出。任期4年。

・**首長の被選挙権**…長としての人材を広く求める趣旨に基づき，その地方の住民であることを要件としない。国会議員との兼職は禁止。

□【　**副知事と出納長／助役と収入役**　】…都道府県では**副知事と出納長**，市町村では**助役と収入役**。首長が地方議会の同意を得て任命。

□【　**行政委員会**　】…首長からはある程度独立して，相対する利害の調整など，必要とする行政を行う。合議制の機関。

・**普通地方公共団体に置かなければならない行政委員会**

教育委員会…教育機関の管理・組織編成など。

選挙管理委員会…地方議会が選任。委員は4名。任期4年。

人事委員会または**公平委員会**…人事行政。

・**上の三者のほか，都道府県に置かなければならない行政委員会**

公安委員会…首長が地方議会の同意を得て民間人を任命。

地方労働委員会…労働者委員・使用者委員・公益委員で構成。

収用委員会…土地の収用または使用の決裁など。

・**市町村に置かなければならない行政委員会**

農業委員会…農地利用その他について建議・答申。

□【　**協同の原則**　】…議決機関と執行機関の関係は，協同が原則。両者の間に対立が生じた場合には，**議会には不信任を決議する権限，首長には拒否権・解散権**が与えられている。

プラス+α　特例市制度の廃止

1999年の地方自治法改正で特例市（人口20万人以上の市）が創設されたが，中核市との区別をなくそうとの意見が特例市・中核市の双方から出され，2015年に特例市制度が廃止。特例市は中核市に統合され，中核市の要件が人口30万人以上から人口20万人以上へと緩和された。

❺ 直接請求権 ― 地方政治に住民の意思を直接反映

地方自治法は，地方政治への住民の直接参加の権利＝直接請求権を認め，制度化している。一定数以上の署名を集めることで，住民の意思を反映させる制度で，代表民主制の仕組みを補完している。

□【 イニシアティブ（住民発案） 】

・**条例の制定・改廃の直接請求**…**有権者の50分の１以上**の署名を集めて，**首長に請求**する。→首長は20日以内に議会を招集してこれを図り，結果を公表しなければならない。

□【 リコール（住民罷免，住民解職） 】

・**首長・議員の解職請求**…**有権者の３分の１以上，ただし，有権者数が40万を超え80万以下の場合は，40万を超える数の６分の１と40万の３分の１を合算した数以上，80万を超える場合は，80万を超える数の８分の１と40万の６分の１と40万の３分の１を合算した数以上**の署名を集めて，**選挙管理委員会**に請求する。→住民投票を行い，過半数が解職に賛成の場合は，解職される。

・**副知事・助役・出納長などの解職請求**…**有権者の３分の１以上（ただし，40万を超える場合は「首長・議員の解職請求」と同様に算出した数）**の署名を集めて，**首長に請求**する。→議会に付議され，３分の２以上の出席で，その４分の３以上が賛成の場合，解職される。

・**議会の解散請求**…**有権者の３分の１以上（ただし，40万を超える場合は「首長・議員の解職請求」と同様に算出した数）**の署名を集めて**選挙管理委員会**に請求する。→住民投票を行い，過半数の賛成で解散となる。

□【 事務監査請求 】（地方公共団体の事務の監査）…**有権者の50分の１以上**の署名を集めて，**監査委員**に請求する。→監査結果を公表し，議会・首長に報告する。

□【 住民監査請求 】…地方公共団体に違法な公金の支出があると認められる場合，監査委員に監査を求め，是正や損害の補償を求めることができる。住民訴訟の前審手続きとして地方自治法242条で認める住民の権利で，**選挙権の有無にかかわらず**，すべての住民に認められ，**１人でも請求**できる。ただし請求対象は財政・会計上の不正行為のみ。

直接請求

請求の種類	必要署名数	請求先	請求成立後
条例の制定・改廃（イニシアティブ）	有権者の1/50以上	首長	首長が20日以内に議会にはかり，結果を公表。
首長・議員の解職（リコール）	有権者の1/3以上 ただし，有権者数が40万を超え80万以下の場合には，40万を超える数の6分の1と40万の3分の1を合算した数以上，80万を超える場合は，80万を超える数の8分の1と40万の6分の1と40万の3分の1を合算した数以上	選挙管理委員会	住民投票。過半数の賛成で解職。
副知事・助役・出納長などの解職（リコール）		首長	2/3以上出席の議会。その3/4以上の賛成で解職。
議会の解散（リコール）		選挙管理委員会	住民投票。過半数の賛成で解散。
事務監査	有権者の1/50以上	監査委員	監査し，結果を公表。

❻ 住民投票権 ― 投票による直接の意思表示

国民（住民）の意思の尊重という観点から，住民投票権も憲法で認められている。

□【　レファレンダム（住民投票）　】

- **特別法の住民投票**（一地方公共団体のみに適用される特別法の是非を問う投票）…住民投票においてその過半数の同意を得なければ，国会は法律とすることができない（憲法95条）。
- **首長・議員の解職請求成立後の住民投票**…過半数の賛成で解職。
- **議会の解散請求成立後の住民投票**…過半数の賛成で解散。
- **住民投票条例に基づく住民投票**（憲法や地方自治法に規定のある住民投票ではなく，地方公共団体が独自に制定した条例による住民投票）…地方公共団体（執行機関，議会）は，投票の結果に対して法的に拘束されない。

プラス+α　活発化する住民投票

住民投票条例を制定して住民投票を実施した地方公共団体は，多数に上る。吉野川可動ぜき計画の賛否を問う徳島市（2000年1月），全国で初めて投票資格年齢を12歳まで引き下げた長野県平谷村（2003年5月）などの住民投票が知られている。

頻出度 C

選挙

試験別頻出度		
国家総合職 ★☆☆	国家専門職 ★☆☆	地上特別区 ★☆☆
国家一般職 ★☆☆	地上全国型 ★★☆	市役所C ★☆☆
	地上東京都 ★☆☆	

学習のポイント

◎選挙制度の種類と，それぞれの特徴をしっかりと押さえよう。

◎日本の選挙において問題とされている議員定数の不均衡や参議院比例区の非拘束名簿式について，要点を整理しておくこと。

❶ 選挙の5原則 ― 民主的な選挙制度を支える原則

選挙は，代表民主制の下で主権者である国民の意思を政治に反映させる重要な手段である。

大日本帝国憲法下では，「制限選挙」が衆議院議員選挙で行われていたが，現在では，次の５原則を内容とした民主的選挙が施行されている。

□【 **普通選挙** 】…一定の年齢に達した，男女を問わない，すべての国民が選挙権を持つ。→対義語は**制限選挙**[1]。

□【 **平等選挙** 】…個人は平等であるのだから，**１票の価値**はすべて等しい。１人１票が保障される。→現実の選挙では，１票の価値の平等は保障されていない。このことから，選挙が行われるたびといってよいほどに議員定数訴訟が起こされている。

□【 **秘密選挙** 】…投票の自由を保障。無記名投票。有権者が投票用紙に署名をしたり，候補者以外の名前を書いたりした場合は，その投票は無効となる。

□【 **直接選挙** 】…有権者自らが直接，候補者に投票する。投票日に仕事やレジャーで投票所に行けない者は，期日前投票ができる。選挙期間中に仕事などで選挙区外にいる者や指定病院に入院中の者は不在者投票ができる。→対義語は**間接選挙**[2]。

□【 **自由選挙** 】…自由に候補者を選択できる。投票を強制によって妨げられないことのほかに，投票を強制されないことも含まれる。

---

❶ 選挙権に制限が加えられる選挙。日本では，1925（大正14）年に，第２次護憲運動の結果として男子普通選挙が認められるまでは，納税額等による制限があった

❷ 国民が中間選挙人を選出し，中間選挙人が候補者に投票する。例：アメリカ大統領選挙

❷各国の選挙制度

国　名	議　会	定数	任期	選出方法	選挙権	普通選挙
イギリス	上　院（貴族院）	不定	終身	すべて非民選議員	—	男子 1918年 女子 1928年
	下　院（庶民院）	650	5年	小選挙区制。無記名単記投票制。	18歳以上	
アメリカ	上　院（元老院）	100	6年	各州より2名選出。2年ごとに3分の1改選。	18歳以上	男子 1870年 女子 1920年
	下　院（代議院）	435	2年	各州の人口に比例した小選挙区制。		
フランス	上　院（元老院）	348	6年	国民が選出した地方議員など元老院選挙人団による間接選挙。3年ごとに半数改選。	18歳以上	男子 1848年 女子 1945年
	下　院（国民議会）	577	5年	小選挙区制。2回投票制。		
中　国	全国人民代表大会	約 3,000	5年	省・直轄市・自治区の地方人民代表大会の間接選挙による代表と人民解放軍より選出。	18歳以上	男女とも 1953年

❸日本の選挙制度 — 今後も進むと考えられる制度改革

□【　**衆議院の選挙制度**　】…任期は4年だが，任期途中での解散総選挙もある。**小選挙区比例代表並立制**により，小選挙区選挙で289名，全国を11のブロックに分けた比例代表選挙で176名を選出。小選挙区選挙と比例代表選挙に**重複立候補**できる。比例代表選挙は拘束名簿式だが，重複立候補した候補者を比例名簿の同一順位に並べ，小選挙区での**惜敗率**で当選者を決めることが可能。

□【　**参議院の選挙制度**　】…3年ごとに，全国1区の比例代表選挙で50名，都道府県単位（鳥取と島根，徳島と高知は合区）の選挙区選挙で74名を改選。重複立候補は不可。比例代表選挙は**非拘束名簿式**であり，有権者は政党名でも候補者の個人名でも投票でき，各政党内で個人名での得票が多かった候補者から順に当選となる。ただし，2019年から各政党の判断で「**特定枠**」を設定し，特定の候補者を個人名での得票数と無関係に優先的に当選させることができるようになった。

❹選挙制度とその特徴 ― それぞれに一長一短

選挙制度にはさまざまなものがあり，どの制度を採用するかによって民意の反映のされ方も変わってくる。どの制度が最も優れているかについては，それぞれに一長一短があり，これといった絶対的なものは見いだされていない。

□【　**大選挙区制**　】…広い１選挙区から複数の議員を選出。

▶長所

・少数政党候補も当選可能。少数意見を国政に反映することができる。

・**死票（落選者に投じられた票）が少ない**。

・有権者にとって人物選択の範囲が広い。

・候補者間での政党の公認争いが生じにくい。

・情実投票や，選挙干渉・買収などの不正行為が減少する。

▶短所

・**小党分立**になりやすく，政局の不安定を招く可能性が高い。

・選挙費用がかさむ。

・選挙区が広いので，有権者が候補者を身近に感じられず，判断しにくい。

・同一政党の候補者間の争いもあり，政党内で派閥形成を促す要因に。

□【　**小選挙区制**　】…狭い選挙区から１名の議員を選出。

▶長所

・**大政党に有利**で，政局の安定をもたらす可能性が高い。

・有権者が候補者をよく知ることができ，投票しやすい。

・同一政党内の同士討ちの弊害が少なくなる。

・選挙区が狭いので，選挙費用が比較的少額ですむ。

▶短所

・**大量の死票**が出て，多様な民意を反映しない。

・買収などの不正行為が行われやすい。

・地方的小人物の輩出の危険性が高い。

・**ゲリマンダー**[3]の危険性が高い。

---

❸ 選挙区の境界線を特定の候補者または政党に有利なように不自然に定める不正行為

□【　**比例代表制**　】…得票数に応じて，政党に議席を比例配分。

▶**長所**

・社会の各集団の意思をほぼ正確に国政に反映することができる。

・各党への公平な議席配分で，**死票を最小限**に抑えることができる。

・地域利害にとらわれない人物を国会に送ることができる。

▶**短所**

・当選者が多数の政党に分散され，**小党分立**で政局が不安定に。

・拘束名簿式では，有権者が個人（候補者）を選択できない。非拘束名簿式では個人＋政党＝政党の総得票数となり，著名人を候補者にして議席数を確保しようとする傾向がみられる。

□【　**中選挙区制**　】…原則として1選挙区から3～5名の議員を選出。大選挙区制の一種であるが，各選挙区の定数が比較的少ないため，日本の衆議院議員選挙の制度に対する独特の呼称として用いられていた。1925（大正14）年の**普通選挙法**での導入以来，第22回総選挙（46年。大選挙区制で実施）を除き，94年の公職選挙法改正まで衆議院議員選挙で採用。

□【　**小選挙区比例代表並立制**　】…一部の議員を小選挙区選挙で選び，残りの議員を比例代表選挙で選ぶ制度。現在の日本の衆議院などに採用されている。

□【　**小選挙区比例代表併用制**　】…**小選挙区併用型比例代表制**。ドイツ下院議員選挙で採用。有権者は2票を持ち，比例区は政党に，小選挙区は候補者に各1票を投票する。まず，比例代表選挙で得られた政党の得票数に応じ，各政党の議席数を決定する。次に，小選挙区で当選した候補者は優先的に当選人になる。各党に配分された議席数からその小選挙区の当選人の数を引き，残りを比例代表名簿から順次選ぶ。

プラス＋α　日本の比例代表選挙

Question 日本の比例代表選挙で用いられている，各政党の得票数を自然数で順に割っていき，各政党の獲得議席数を決定する方式を何というか。

Answer ドント式

❺ 政党 ― 目的は政策実現，政権獲得

政党は，その掲げる政策を実現するために政権を獲得・維持することを目的に行動する政治集団である。国民の多種多様な意見や利害を統合・調整して綱領や政策に吸収し，それを選挙の際などに国民に訴えることによって国民の支持を求める。

●政党の機能・存在理由

・国民の統一的な意見を国政の場に反映させる。

・反対勢力として政権運営を批判・監督。

・政府と世論との間の連絡環を代表する。

□【　**政党制**　】…各国の歴史，政治的背景の違いから今日の形となったもので，絶対的といえる制度はない。

政党制	長　所	短　所
二大政党制 アメリカ (共和党・民主党) イギリス (保守党・労働党)	・政局安定→強力な政治が可能。 ・政権交代が容易。 ・政党間の競争により，政党の健全な発展が図れる。 ・責任ある政党政治が行える。	・国民の多様な意見を反映できない。 ・極端に異なる政策が出にくい。→政策は似る傾向。 ・政権交代で，一貫性喪失。
多党制 フランス ドイツ イタリア 日本　など	・多様な民意の反映が可能。 ・連立政権により，政策の弾力化と腐敗防止が可能。 ・世論の変化により，政権交代が可能。	・連立政権になりがちで，政局が不安定。 ・強力な政策の実行が不可能。 ・政治責任の所在が不明確となり，国民も政党に対して的確な批判を下しにくい。
一党制 旧ソ連 中国　など	・政局が安定し，政権が長期化。 ・強力な政治の実現が可能。 ・長期的に政策を継続できる。	・少数幹部による独裁のおそれ。 ・政策が固定化し，柔軟な対応ができにくい。 ・民主的な政権交代が不可能。 ・官僚主義化，腐敗の発生。

❻ 日本の政党政治の問題点 ― 多い二世議員，タレント議員

□【　**党組織の弱体**　】…特に地方組織が弱体。

□【　**少ない党員数**　】…党員数が少なく，組織の末端に行くに従って，政党意識が希薄。→浮動票の存在。

□【　**世襲議員・転身議員**　】…二世議員，タレント議員，官庁・組合からの転身組が多い。

□【　**政治資金の弱体**　】…政党としての財政基盤が脆弱(ぜいじゃく)。

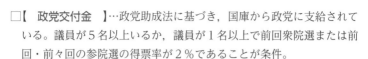

□【　**政党交付金**　】…政党助成法に基づき，国庫から政党に支給されている。議員が５名以上いるか，議員が１名以上で前回衆院選または前回・前々回の参院選の得票率が２％であることが条件。

⑦わが国の選挙の問題点 ― 解決されない「1票の格差」

●議員定数の不均衡

有権者人口は絶えず変化している。国勢調査の結果でほぼ10年に１度，議員定数が是正されたが，１票の重みの格差は存在している。

１票の格差の許容範囲…一般には，**１：２**を超えたら平等でないとされている。

衆議院選挙の違憲格差…以前の中選挙区制では4.00倍を超えると違憲，3.18倍，3.94倍で違憲状態，現行の小選挙区制では2.30倍で違憲状態と判断。

参議院選挙の違憲格差…１：6.59の格差を違憲状態と判断した。

ただし，衆院選・参院選のいずれについても，「一票の格差」を理由に最高裁判所が選挙結果を無効とした前例はない。

●選挙違反

□【　**選挙運動の制限**　】…運動期間中の戸別訪問禁止，裁判官・公安委員など特定公務員の選挙運動の禁止，公務員などの地位利用の禁止，事前運動の禁止，教育者の地位利用の禁止，有権者への飲食物提供の禁止，署名運動の禁止，選挙運動の費用制限など。

□【　**ネット選挙**　】…インターネットを利用した選挙運動は，すでに解禁済。ただし，**電子メール**を用いた選挙運動は，なりすましを防ぐため，候補者や政党などに限って認められており，一般の有権者には禁止されている（転送も不可）。

□【　**連座制**　】…例えば選挙運動の総括主宰者らが選挙違反を犯し刑に処せられると，候補者は当選を取り消され，しかも当該選挙区からの立候補も**５年間禁止**される。

●女性候補の少なさ

□【　**政治分野における男女共同参画推進法**　】…2018年制定。議員候補者数をできる限り男女均等にするよう，政党に努力義務を課す。**数値目標や罰則規定はない**。

テーマ 11 頻出度A

行政に関する諸問題

試験別頻出度
国家総合職 ★★☆
国家一般職 ★☆☆
国家専門職 ★★☆
地上全国型 ★★★
地上東京都 ★★☆
地上特別区 ★★★
市役所C ★☆☆

学習のポイント
◎国政に国民の意思を反映させる手段には，政党による働きかけのほかどのようなものがあるか理解しておく。
◎行政権の肥大化がもたらす弊害について，しっかりと押さえること。

❶代表民主制 — 議会制民主主義，間接民主制

地方政治においては首長の選出，条例の制定・改廃請求など多くの点で直接民主制がとられている。しかし，国政においては，人口の多いこと，専門的知識の欠如，政治的無関心などのために直接民主制の実現は難しい。この状況において国民主権を保障する政治形態，それが代表民主制である。

□【 **代表民主制** 】…主権者たる国民は自由意思に基づく選挙によって代表者（国会議員）を選び，国会議員は国会活動などを通じて国民の付託に応える。→**議会制民主主義**，**間接民主制**。

□【 **代議政治** 】…代表民主制は，形のうえで代議政治の形をとる。代議政治の確立とともに発展してきたのが政党，政党制である。

□【 **国政における直接民主制** 】…国政においても，直接民主制に基づく制度がある。→**憲法改正の国民投票**（憲法96条），**最高裁判所裁判官の国民審査**（同79条2項），特別法の住民投票（同95条）。

□【 **代表民主制下の国民主権** 】…代表民主制において国民主権が実現されるためには，**代表の原理**，**審議の原理**，**多数決の原理**が必要とされる。

□【 **多数決の原理** 】…すべての問題について，すべての人の意見が常に一致することはありえない。代表民主制においては，真理の有無（正しいか正しくないか）ではなく，同価値の複数意見の多寡によって議事の決定を行う。とはいえ，近代民主主義においては，**少数意見の尊重**もその基礎に置かれている。

□【 **権力分立制** 】…代表民主制では，国家権力の集中を防止するために**立法・司法・行政の分立**を基本としている。

❷ 民意の反映①　世論 ― 政治的支配に正当性を付与

国民主権＋代表民主制の下で民意を国政に反映させる手段としては，選挙権・被選挙権の行使や，国民投票・国民審査のほかにもいろいろな「働きかけ」がある。「民主主義は世論の政治」ともいわれる。世論も，国の政策決定や執行などに大きな影響力を発揮する。

●世論の機能

□【　**社会的統合の促進**　】…世論とは政治的問題について大衆の抱く共通の意見である。問題への共通認識によって，社会的統合を促進させる。

□【　**政治的支配に正当性を付与**　】…世論に沿った政治を行っている限り，その政治的支配は正当なものとみなされる。

□【　**代表者に対する指示**　】…いかなる意見が集合的・支配的意見であるかを明らかにすることによって，代表者たちになすべきことを指示する。

> **民意の反映**
> ・選挙権・被選挙権の行使
> （憲法15条）
> ・直接民主制に基づく権利行使
> （国民投票，国民審査）
> ・政党による働きかけ
> ・世論による働きかけ
> ・圧力団体による働きかけ

●世論形成の問題点

□【　**世論の組織化**　】…さまざまな社会集団や市民運動を通じて，組織化されて世論がアピールされるようになってきた。

□【　**マス・メディア依存**　】…現代における世論はマス・メディアの存在を抜きにしては語れない。豊富な情報を持つマス・メディアによる世論操作の可能性も否定できない。

□【　**政治的無関心**　】…この拡大が世論形成を根本的に脅かしている。

プラス＋α　eデモクラシー

インターネットのような情報通信技術の発達を利用し，広く意見を発信したり政治的な討論を繰り広げたりして世論を形成する活動。
ツイッターやフェイスブックを利用した民主化運動の例として「アラブの春」がある。

❸ 民意の反映② 圧力団体 — 地域を超えた職能の意思を反映

代表民主制を補完する重要な政治的機能を担うものとして圧力団体がある。圧力団体は，当初は政治に不当な影響を与えるものとして忌避されたが，現代では民主政治の不可欠なファクターとして，積極的にその存在が評価されている。

□【　**圧力団体**　】…自己の特殊利益を追求するために結成された社会集団。**利益集団**，**利益団体**ともいう。広域な組織力を背景に，特定の立法や行政問題の決定に際して議会や内閣などに対して政治的圧力を加え，自己の意思を実現させようとする。アメリカで最初に発達。

□【　**政党との違い**　】…**政権の獲得ではなく**，団体とその構成員の特殊利益の実現が目的。そのために政党の枠を超えて結びつくことも多い。

□【　**日本の主な圧力団体**　】…日本経団連，日本商工会議所，連合，農協，日本医師会，環境保護団体や消費者保護団体など。

●圧力団体の機能

□【　**民主代表制を補完**　】…職能の面で地域を超えて多様化・細分化した国民の意思を国政に直接的に反映させることができる。

□【　**専門的な知識・情報を提供**　】…圧力団体は，自己の関係する分野に関しては専門的で高度な知識・情報を持っており，諸活動を通じてこれらを国の政策決定者に提供することができる。

●日本の圧力団体の問題点

□【　**政党と密着**　】…特定政党との持ちつ持たれつの関係が強いものもある。選挙の際の資金提供，集票マシンとしての役割などが問題。

●圧力団体の日米比較

アメリカ	日　本
・上院・下院に次ぐ第三院と呼ばれる ・ロビイストを雇い，ロビイストが圧力団体の代理人として活躍する ・働きかけの対象は，立法府から行政府に移行している ・グラス・ルーツ（草の根）ロビイング	・組織が共同体基盤に依拠した「丸抱え方式」で一元化 ・政党別に系列化 ・働きかけの対象は主として行政部 ・議員がアメリカの圧力団体のロビイスト的役割を果たしている

❹民主的統制 — 公務員の法遵守を監察

裁判官・行政官などの公務員が法を遵守しているかどうかを監視する制度にオンブズマン制度がある。1809年に**スウェーデン**に初めて設置され，現在北欧3国のほかイギリス，フランスなどで採用されている。日本でも，一部の地方公共団体で導入されている。

□【　**オンブズマン制度**　】…**行政監察専門員制度**。立法府・行政府・司法府から独立して行政監察を行い，違法裁量の行為者，職務上の義務違反者を訴追する。

・**オンブズマンの意義**…代表民主制の機能を第三者の目から厳しく管理・監督。

・**日本のオンブズマン制度**…1990年に**神奈川県川崎市**で導入されたのが初の例で，他の地方公共団体でも導入例が見られる。公的なオンブズマンだけでなく，「市民オンブズマン」を名乗って活動している市民運動もある。

●各国におけるオンブズマン制度

スウェーデン 議会型	・行政監察の機関が議会の付属機関として設置されている。 ・一般私人から苦情を受理すると，行政機関に対し行政事務の改善，公務員の懲戒などについての勧告を行う。
イギリス 議会型	・行政監察の機関が議会の付属機関として設置されている。 ・一般私人から直接ではなく，議員を通じて苦情を受理する。 ・調査の結果は議員に回答する。一般私人は行政監察機関と直接接触しない。
アメリカ 行政型	・行政府の首長によって，市民の苦情処理を主たる任務とするオンブズマンが任命される（地方公共団体でのみ採用されている）。 ・議会による行政統制ではなく，行政手続きの一環として行われている。

プラス+α　アメリカのロビイング活動

ロビイングが盛んなことはアメリカ政治の大きな特色といえる。
ロビイストの活動が政治に与える影響が過大になってきたことから，現在は，ロビイストの登録，活動報告の義務づけなどを内容とする「ロビイング公開法」によってその活動に制限が加えられている。

⑤拡大する行政 ― 行政権の肥大化とその弊害

19世紀から今日に至る資本主義の発展，社会の複雑化の流れの中で，国家の役割は大変革を遂げた。

●国家の変遷

近代の国家 消極国家・夜警国家（自由国家） （立法国家）
⇓
現代の国家 積極国家・福祉国家（社会国家） （行政国家）
⇓
行政権の肥大化が問題

●19世紀（近代）の国家

□【 **消極国家** 】…国家の国民生活へのかかわり方が希薄なほうがよいとする国家。

□【 **夜警国家** 】…**自由国家**。国民生活は国民各自の自由な活動・努力にゆだねられるべきで，国家は国民の生命・安全を守るだけの夜警的存在でよい。**ラッサール**が批判的に述べた言葉。

●20世紀（現代）の国家

□【 **積極国家** 】…国家は国民生活のさまざまな領域にまで積極的にかかわっていくべきだとする。

□【 **福祉国家** 】…**社会国家**。国家は社会政策・経済政策の実施によって，国民の福祉向上に努める必要がある。

こうした福祉国家化（社会国家化）は，行政機能，行政機関の拡大をもたらし，相対的に行政権を肥大化させた。

●行政権肥大化の弊害

□【 **三権分立制の形骸化** 】…立法権・司法権・行政権のバランスが崩れ，「法による支配」の原則も後退。

□【 **官僚支配** 】…選挙によって選ばれたのではない行政官僚の地位を高め，議会政治を官僚政治に変質させてしまうおそれ。

□【 **大きな政府** 】…国民から多種多様な行政サービスを求められる結果，機構面でも財政面でも拡大し，国民負担を増大化。

□【 **中央集権** 】…権限の中央集中。地方公共団体の権限弱体化。

□【 **情報の閉鎖性** 】…許認可・行政指導など行政部の自由裁量を増大させるのに対し，国民への情報開示は不足・不徹底。

❻ 立法国家から行政国家へ ― 社会の高度化・複雑化が要因

19世紀（近代）から20世紀（現代）にかけての変化では，議会の果たす役割も大きな変貌を遂げた。

●近代の議会

□【　**討論による政治的統合**　】…議員は，制限選挙によって選ばれるほぼ同質の人間であり，消極国家のため議会が処理すべき課題も少なかったこともあって，話し合いによる政治的統合が比較的スムーズに行われた。→**立法国家**。

●現代の議会

□【　**複雑・多岐にわたる利害対立**　】…普通選挙制採用による大衆の政治参加と積極国家への転換により，議会は国民各層の利害が複雑に対立する場と化し，議会の政治的統合機能は低下した。議会は複雑・多岐にわたる課題に対応不可能になった。→相対的に**行政部の優位**を招き，現代は「**行政国家**」といわれる。

●議会の機能低下が生んだ行政機能の拡大

□【　**官僚による法案作成**　】…高度化・複雑化した社会に対応する法案を作成するには高度な専門的・技術的知識が必要であり，国会議員だけでは作成できない。そこで，こうした専門的知識を持つ官僚が法案を作成するようになった。

□【　**委任立法**　】…議会は原則だけを法律で規定し，運用は専門的知識を持つ行政官僚に任される。

□【　**行政指導**　】…勧告・助言・警告などの方法で行政部が私人や団体を誘導・同調させる。

□【　**自由裁量の拡大**　】…法の認める範囲内で，自由な判断で行政行為が行える。行為の当否は司法権の外に置かれる。

プラス+α　委任立法

Question 現代福祉国家においては，行政権の肥大化が指摘されているが，その弊害を防ぐには委任立法を促進すべきである。この記述は正しいか。

Answer 誤り。肥大化をさらに進める。

❼行政権肥大化の弊害を防ぐ方策 ― 国民主権原理の回復

□【　国政調査権の積極運用　】…議院の国政調査権を積極的に運用。

□【　財政民主主義の徹底　】…国の財政処理は国会の議決に基づく（憲法83条）という規定の活用。

□【　情報公開制度の確立　】…1999（平成11）年成立・2001（平成13）年4月1日に施行した**情報公開法**を実効性のあるものにする。

□【　地方分権の推進　】…中央に集中していた権限を地方に分散して，地方自治を一層充実させる。

❽行政の民主化 ― 進む行政改革

憲法では，公務員を選定・罷免することは国民固有の権利であり，すべて公務員は全体の奉仕者であって，一部の奉仕者ではない（15条1，2項）としている。このことはまた，公務員に政治的中立を要請する。

●公務員任用制度の民主化

□【　スポイルズ・システム　】…**猟官制**。選挙で選ばれた行政の長が自分の意思で公務員を任用する。

□【　メリット・システム　】…**資格任用制**。試験による任用，成績に応じての昇進制度。現在，先進国はどこもこの制度を基本に据えている。

●行政改革による民主化

1962年の第一次臨時行政調査会以来，行政の煩雑さ，非効率性などを改善するとともに，行政組織の再編・簡素化を図ることを目的に，いわゆる「**臨調**」が数次にわたって開かれてきた。その結果を受けて決まった主な事項には次の2つがある。

□【　行政手続法　】…1993（平成5）年に成立，94（平成6）年10月1日施行。行政運営の公正化が目的。許認可，不利益処分，行政指導などの手続きを規定している。→**規制緩和**。

□【　中央省庁再編　】…2001（平成13）年1月から新省庁体制に移行。

・1府22省庁を再編。→1府12省庁。

・国務大臣は原則14人。→最大でも17人。

・国立病院，農業試験場などの**独立行政法人化**。

⑨官僚制 ― 厳しく求められる公私の分離

巨大な行政組織を支える公務員は，次のような制度の下に公務に当たっている。

□【 **服務規定** 】…法令および上司の命令に従う義務，信用失墜行為の禁止，守秘義務，政治行為の制限，私企業からの隔離など。

□【 **成績主義** 】…任用に当たっての公開試験，合理的な昇進制度，給与の基礎としての職階制度，不利益処分に対する人事機関による準司法手続きによる審査制度。

□【 **人事院** 】…給与，勤務時間，その他勤務条件に関しては人事院が国会と内閣に勧告し，それに基づき決定される。人事院は，人事行政の政治的中立性を確保するとともに，合理的・能率的・公正な人事を実現するために設立された。

●官僚制の組織原理

□【 **権限の分割・分配** 】…どこからどこまでが管掌の範囲と決められ，職務ごとに権限が定められている。→縄張り主義の弊害。

□【 **ヒエラルヒー** 】…**階層制**。官庁と官庁，役職と役職の間に暗黙のうちに強い上下関係が存在する。→タテの人間関係の中に個人の意思が埋没。

□【 **公私の分離** 】…役所と自宅との間では，金銭関係・人間関係などで完全分離が求められる（情実の排除）。

□【 **文書主義** 】…構成員全体の共通理解の上に職務を展開するために，仕事の経過をすべて文書化。→形式主義（杓子定規）・ハンコ主義・**繁文縟礼**（はんぶんじょくれい）。

□【 **高度の専門性** 】…法律面・技術面で専門的知識が必要。→他部門への無関心。

プラス+α　国家公務員の区分

Question 国家公務員は特別職と一般職に分けられ，国会議員，裁判官，検察官，内閣総理大臣は特別職公務員である。この記述は正しいか。

Answer 誤り。検察官は一般職。

頻出度 B

各国の政治制度

試験別頻出度

国家総合職 ★★☆
国家一般職 ★☆☆
国家専門職 ★☆☆
地上全国型 ★★☆
地上東京都 ★☆☆
地上特別区 ★☆☆
市役所C ★☆☆

学習のポイント

◎議院内閣制と大統領制の相違点をしっかりと押さえておくこと。
◎最頻出のアメリカ，イギリスはもちろん，主要国の政治制度については最近のトピックも含めて知識を広げよう。

世界の主要国の政治制度は，三権分立制を採用しているか，民主集中制を採用しているかで大きく二分できる。そのうち，三権分立制でも，立法と行政を調和的な関係で連動させるのが**議院内閣制**，立法・行政両者の独立を強調して厳格な三権分立制をとるのが**大統領制**である。

政治制度は国の歴史その他の事情と深い関連があるため，実際の各国の政治形態にはかなりのばらつきがある。イギリス，日本は議院内閣制，アメリカは大統領制，中国は民主集中制をとる典型的な国である。

❶ 議院内閣制 ― イギリス

イギリスは議院内閣制の母国とされている。この制度の始まりは18世紀中葉にまでさかのぼる。

□【 **行政権** 】…合議体である**内閣**にある。

□【 **内閣の首班** 】…下院（庶民院）の**第一党の党首**が国王により任命される。→日本の場合は，国会が指名し，天皇が任命。

□【 **内閣の構成** 】…首相，国務大臣はすべて**議員**でなければならない。各国務大臣は，実質的に首相が任免。→日本の場合は，首相は国会議員，国務大臣の過半数は国会議員。

□【 **内閣の信任** 】…内閣は下院の信任の上に立つ。下院が内閣不信任を議決すると，内閣は**総辞職**するか，**下院を解散**するかのいずれかを選ばなくてはならない。

□【 **ウォルポール** 】…イギリスの初代首相。第一大蔵卿として内閣を率いていた。だが，1741年の下院選挙で自身の支持勢力が敗北すると，国王の慰留を固辞し，辞任した。

□【 **立法権** 】…**議会**にある。内閣にも法案提出権はある。

□【　二院制　】…上院（貴族院），下院（庶民院）。ただし，多くの二院制の国と異なり，上院は議会の運営にはほとんどかかわりを持たない。→**下院優位の原則**。

□【　院の構成　】…上院→定数不定。任期不定。貴族・高級僧侶などの非民選議員からなる。
下院→定数650。任期５年。650の小選挙区から選出。

□【　二大政党　】…第二次世界大戦後，**保守党**と**労働党**が政権交代を重ねたが，2010年には保守党と自由民主党による連立政権が誕生した。2015年以降は保守党政権が続いている。

イギリスの政治機構

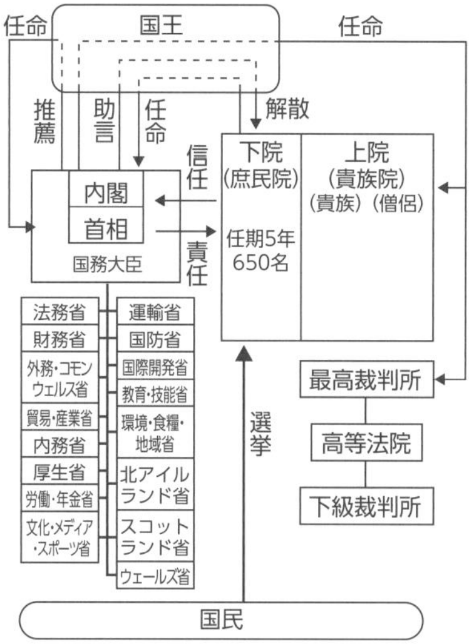

□【　司法権　】…上院（貴族院）に属していたが，2009年の改革で，上院から司法機能を分離して，最高裁判所が設置されることになった。

□【　不文憲法　】…イギリスは政治制度の根本を規定した憲法典を持たず，慣習や法律が憲法の役割を果たしている。この意味で成文憲法を持たない不文憲法国といわれる。

□【　違憲審査権　】…裁判所に違憲審査権はない。

□【　議会における法律制定　】…慣習法（コモン・ロー）に違反した法律の制定はできない。

プラス+α　イギリスの二院制

Question イギリスの上院（貴族院）と下院（庶民院）の地位は平等であり，重要法案が上院でしばしば廃案となる。この記述は正しいか。

Answer 誤り。下院の優越が確立。上院で廃案とはならない。

❷ 大統領制 ― アメリカ

大統領，連邦議会，連邦裁判所の間の厳格な権力分立制。

□【　**行政権**　】…元首である**大統領**にある。大統領は，このほか軍の統帥権，各省長官・大公使・連邦最高裁判所判事の任命権，条約締結権，連邦議会への教書送付権，法案拒否権などの強大な権限を持つ。

アメリカの大統領制と日本の議院内閣制の違い

アメリカ	日　本
・大統領は間接選挙によって国民から選ばれる。 ・大統領は連邦議会に責任を負わず，直接国民に責任を負う。 ・大統領は連邦議会から不信任を受けることはない。 ・大統領は連邦議会を解散することができない。 ・大統領は連邦議会に法案を提出できない。	・内閣総理大臣は国会が指名し，天皇が任命する。 ・内閣は国会に対して連帯して責任を負う。 ・衆議院は内閣不信任案を議決することができる。 ・内閣は衆議院を解散することができる。 ・内閣は予算案のほか法案を国会に提出できる。

□【　**大統領の選出**　】…大統領は４の倍数年に定期的に行われる選挙によって国民から選ばれる。したがって，任期は４年。選挙は，国民が大統領選挙人を選び，この大統領選挙人が大統領を選ぶという**間接選挙**。副大統領とともに選出され，大統領に万一のことが起こった場合は，副大統領が自動的に大統領に昇格する。**３選禁止**の規定がある。

□【　**行政機関**　】…大統領行政府，各省などの行政機関は大統領の指揮の下にある。各省長官は，任免権を持つ大統領に対して責任を負う。なお，各省長官の議員との兼職は禁止されている。

□【　**大統領の信任**　】…大統領は連邦議会に対して責任を負わず，直接，国民に対して責任を負う。連邦議会との関係は次のとおり。

・大統領は，連邦議会から不信任を受けることはない。

・大統領は，連邦議会を解散することができない。

・大統領は，法案や予算案を連邦議会に提出することができない。

□【　**教書**　】…大統領は連邦議会へ教書を送り，立法措置を勧告・要請。

□【　**法案拒否権**　】…大統領には連邦議会で決めた法律に対して拒否権発動が認められる。ただし，上下各院で出席議員の３分の２以上の特別多数決で再可決されると，その法律は成立する。

アメリカの政治機構

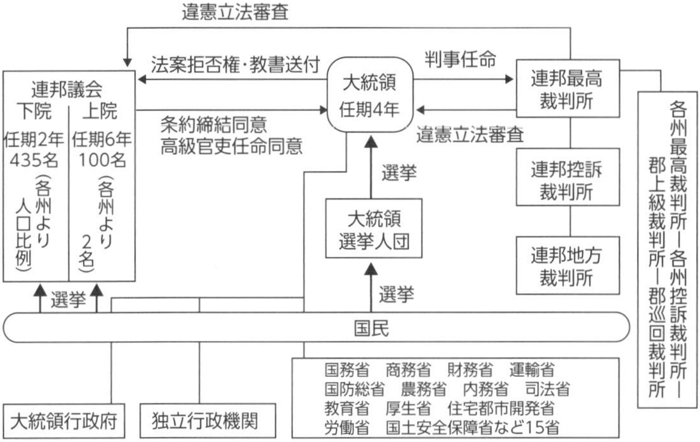

□【　**立法権**　】…上院（元老院），下院（代議院）で構成される連邦議会にある。上院は各州２名選出，計100人，任期６年，下院は各州人口に比例した小選挙区選出の435人，任期２年の議員からなる。高級官吏任命，条約締結について大統領に同意権を持つ**上院に優位性**がある。立法上の権限は**両院対等**である。

□【　**弾劾裁判**　】…連邦議会は，弾劾裁判によって大統領や高級官吏を罷免することができる。下院が訴追し，上院が審理・裁判を行う。

□【　**司法権**　】…連邦最高裁判所を頂点とする連邦裁判所と各州最高裁判所を頂点とする州裁判所があり，連邦最高裁判所が最上級裁判所。裁判所には**違憲立法審査権**が認められている。

□【　**判事任命権**　】…連邦最高裁判所判事の任命は大統領が行うが，上院の同意（承認）を得なければならない。

□【　**大統領選挙**　】…間接選挙であり，大統領候補者は選挙人集会で各州を代表して自身に投票する大統領選挙人の数を競う。各州の大統領選挙人の数は人口によって異なるが，ほとんどの州で**最多得票の候補者がすべての大統領選挙人を獲得する**方式が採用されている。

❸ 民主集中制 ― 中国

民主集中制は民主的権力集中制とも呼ばれ，民主主義の原則と中央集権制の原則を統合した政治制度である。三権分立制はとらず，人民大衆の意思が集約される議会にすべての権力が一元化される。上位機関の決定に対して下位機関は服従義務を負うことが制度上の大きな特徴である。

□【 **全国人民代表大会** 】…略称「**全人代**」。立法権を持つ国家最高機関。全国の省・直轄市・自治区・特別行政区の地方人民代表大会で選出された人民代表と，人民解放軍より選出された代表によって構成される。定数は，約3,000名。任期は5年。毎年1回開催される。

□【 **全国人民代表大会常務委員会** 】…全人代の常設機関。全人代閉会中は，この常務委員会が全人代の制定した法律以外の法律の制定・改正などの権限を行使する。

□【 **国家主席** 】…元首。全人代で選出される。任期は5年だが，習近平体制のもと，**任期制限は撤廃**された。現在は，中国共産党のトップである総書記が兼任している。

□【 **国務院** 】…**中央人民政府**。日本の内閣に当たる。全人代に対して責任を負いつつ，全国の行政を統一的に指導する。国務院は，全人代に対して，その活動を報告する義務を負う。

□【 **国務院の構成** 】…総理の下に日本の省庁に当たる部(外交部など)と委員会（国家発展・改革委員会など）が設置されている。総理は国家主席が指名し，全人代で決定される。各部，各委員会の長は総理が指名し，同じく全人代で決定される。

□【 **司法機関** 】…**最高人民法院，最高人民検察院**があり，それぞれ下級の地方人民法院，人民検察院を監督している。最高人民法院，最高人民検察院ともに全人代常務委員会および全人代に対して責任を負っている。

□【 **中国共産党** 】…憲法によって，中国共産党は国家を指導する立場にあるとされている。共産党以外の政党も合法的に存在し，民主党派と総称されている。だが，これらの政党は衛星政党に過ぎず，共産党と政権を争う立場にはない。

中国の政治機構

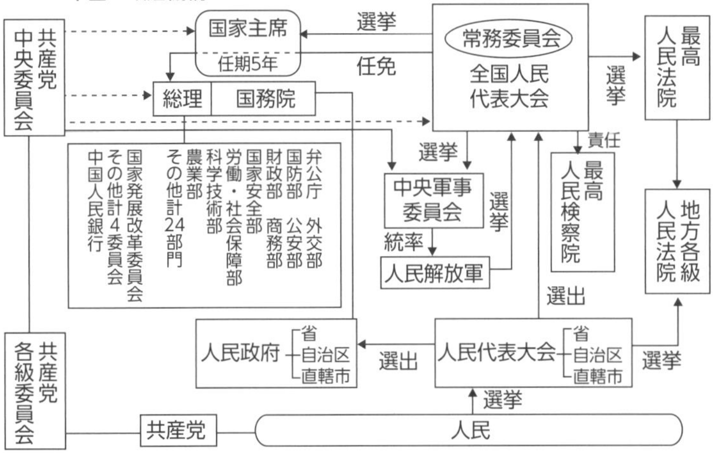

❹ 民主集中制とロシア

東西冷戦期を通じて，ソ連は政治制度として民主集中制をとってきた。

1990年2月，ソ連共産党拡大中央委員会総会は，ゴルバチョフ書記長の指導下に新政治綱領を採択し，長年続けられてきた民主集中制の見直しを表明した。そして同年3月の憲法改正によって**大統領制への転換**を果たした。

ソ連崩壊後の93年12月に行われた国民投票で採択されたロシア連邦の新憲法では，首相の任命，内閣総辞職の決定など大統領の権限が強化された。なお，ロシア連邦の国家形態は，「共和制の統治形態をとる民主・連邦・法治国家」であると規定しており，議会は連邦院（上院）と国家院（下院）で構成されている。

プラス+α　中国の政治制度

Question 中国は共産主義体制下にあり，全国民の意思は中国共産党一党に集約されるとされ，立法府は存在しない。この記述は正しいか。

Answer 誤り。全国人民代表大会が立法府である。

❺ 大統領が存在する議院内閣制 ―ドイツ

ドイツは，議院内閣制の国である。

□【　大統領　】…国家元首。任期５年。**形式的な地位**で，権限は首相に比べはるかに小さい。大統領選出だけのために開かれる**連邦会議**で選出される。

□【　首相　】…行政府の首班。連邦議会から選出され，それに基づき大統領が任命する。任期は４年。各省担当の閣僚に対する任免権を有する。

□【　二院制　】…議会は連邦参議院と連邦議会で構成される。連邦参議院は各州政府から随意任命される任期不定の議員69名，連邦議会は**小選挙区比例代表併用制選挙**で選出される基本定数598名，任期４年の議員からなる。**連邦議会に優位**が認められている。

□【　５％条項　】…ドイツの選挙制度の特徴。連邦議会の選挙で得票率が５％未満の政党は議席を得ることができない。ただし小選挙区で当選者３人以上の政党は議席が配分される。

ドイツの政治機構

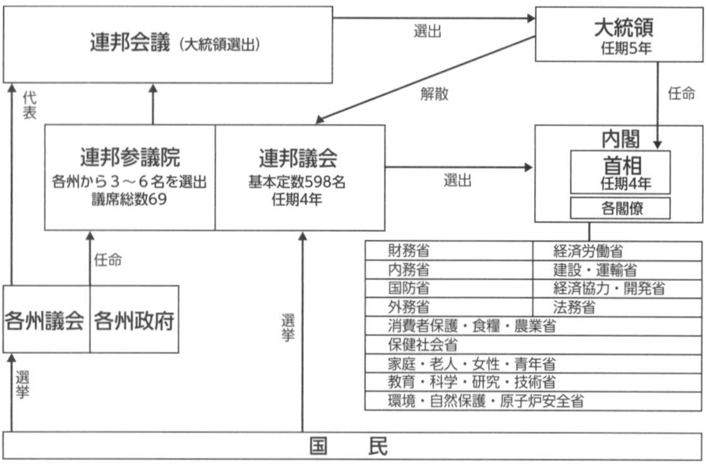

❻ 首相が存在する大統領制 — フランス

フランスは**半大統領制**の国である。

□【　**大統領**　】…国民の直接選挙で選ばれる。任期は5年。アメリカ大統領以上の権限を持つ。**大統領が内閣を組織**するが，議会に対して責任を負わず，議会は大統領の不信任を議決できない。一方，大統領は下院の国民議会を解散できる。

□【　**内閣**　】…首相以下，大統領から任命される。大統領のほか国民議会に責任を負う。国民議会には**不信任決議権**がある。

□【　**二院制**　】…地方議員などによる間接選挙で選ばれる定数348名，任期6年の議員で構成する元老院（上院）と，小選挙区制で選ばれる定数577名，任期5年の議員からなる国民議会（下院）。内閣不信任決議権などを持つ**国民議会に優位**が認められている。

フランスの政治機構

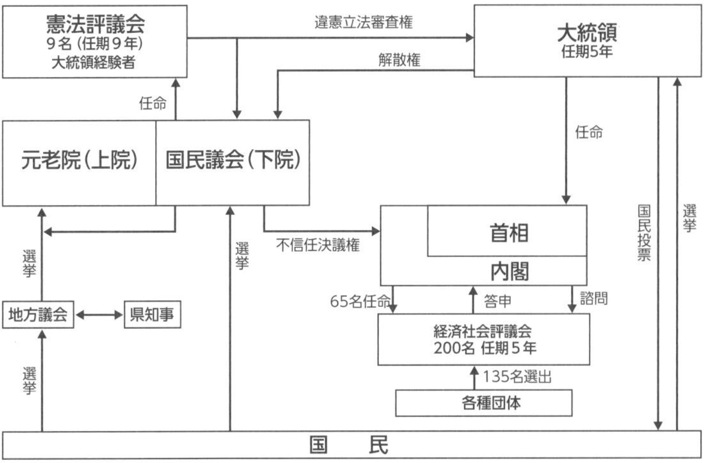

プラス+α フランスの半大統領制

Question フランスでは，大統領と首相の所属党派が敵対的な関係にあることがある。この状態を何というか。

Answer コアビタシオン

頻出度 C

国際連合

試験別頻出度

国家総合職 ★☆☆	国家専門職 ★☆☆	地上特別区 ★★☆
国家一般職 ★☆☆	地上全国型 ★☆☆	市役所C ★☆☆
	地上東京都 ★☆☆	

学習のポイント

◎国際連盟がなぜ第二次世界大戦を防ぐうえで実効性がなかったのか，その理由をしっかりと押さえておくこと。

◎国連の平和維持活動について，日本の対応をよく理解しておこう。

❶ 国際平和の維持 ― 勢力均衡から集団安全保障へ

第一次世界大戦前までは，国家間の平和を保つために，主としてヨーロッパでは次のような政策がとられていた。

□【　**勢力均衡**　】…国家間の軍事力のバランスで戦争を防止しようとする政策。軍事力で負けないために他国と同盟関係を結び，同盟どうしの軍事的均衡を保つことによって戦争が起こらない状況を維持しようとするものである。

□【　**第一次世界大戦**　】…勢力均衡は相互に「敵」を想定した政策である。政治的な緊張関係は必然的に軍備拡大競争をもたらす。軍事力のバランスによって維持される平和は，いつ崩れてもおかしくないほど戦争と隣り合わせの平和だった。この懸念が現実のものとなった軍事衝突，それが第一次世界大戦だった。人類初の世界的規模の戦争を経験した各国は，この戦争を機に新たな安全保障政策を模索した。

□【　**集団安全保障**　】…すべての国家による平和維持組織を成立させて，組織加盟国全体の力で紛争・侵略行為の防止や平和を侵した国に対する対抗手段などに当たっていこうとする政策である。集団安全保障の「集団」の中には従来の敵対国も含むものとされ，戦争は違法であるとの相互確認の下に恒久的な国際平和が追求された。侵略行為などを行った国に対して国際的に共同して制裁を加えることが盛り込まれたのは，この集団安全保障が初めてであった。

□【　**集団安全保障の実現**　】…第一次世界大戦の反省から生まれたこの集団安全保障を実現させたもの，それが**国際連盟**である。第一次世界大戦は1919年の**ベルサイユ条約**締結で終結したが，条約の一部として世界初の国際平和機構・国際連盟の規約が成立した。

❷ 国際連盟 ― 実効性を欠いた制裁

□【　**国際連盟**　】…ベルサイユ条約に基づき創設された史上初の国際的平和機構。
アメリカ大統領ウィルソンの提唱する**14か条の平和原則**に基づき条約の一部として「国際連盟規約」が作成され，1920年1月に発足した。本部はジュネーブ。

□【　**加盟国**　】…原加盟国は42か国。1934年には58か国に達した。しかし**提唱国アメリカが連邦議会の反対で加盟できなかった**こと，ソ連の加盟遅延・短期加盟（34～39年）などから，その影響力は初めから極めて限られたものだった。日本・ドイツ・イタリアの脱退，ソ連除名は弱体化を加速させた。

> **国際連盟が機能しなかった理由**
>
> ・**大国の不参加・加盟遅延**
> （提唱国のアメリカは加盟せず，ソ連は15年後に加盟したが，短期間で除名された）
> ・**常任理事国の日本，ドイツ，イタリア脱退**
> （1933年に主要3国が脱退。以後，国際的役割を急速に失っていった）
> ・**表決方式が全会一致制**
> （総会も理事会も全会一致制だったため，しばしば**重要事項が決定できなかった**）
> ・**制裁規定の不備**
> （規約違反国に対する制裁は拘束力のない経済制裁＝勧告のみ。制裁の実をあげられなかった）

□【　**総会**　】…全加盟国で構成される最高機関。手続き事項を除き**全会一致**を原則とした。

□【　**理事会**　】…フランス，イギリス，イタリア，日本の4か国の常任理事国（のちにドイツ，ソ連が加わった）と総会選出の4非常任理事国（のち9か国。3年ごとに改選）で構成。紛争処理，制裁決定など重要事項についての特別権限を持ち，議決は全会一致を原則とした。

□【　**常設国際司法裁判所**　】…ハーグに設置。国家間紛争の司法的解決が図られた。

□【　**制裁規定の不備**　】…規約違反国に対する制裁手段は経済制裁までで，深刻な政治問題解決には無力だった。経済制裁にしても，実行は各国の判断にゆだねられる「勧告」という形の制裁であったので，真に実効性のある制裁にはならなかった。このような組織機能面の不備から，1939年に第二次世界大戦が勃発すると，連盟は急速にその機能を喪失していった。

❸ 国際連合 ― 国際連盟の欠陥を修正

□【　国際連合　】…国際連盟が第二次世界大戦を防げなかったことを踏まえて設立された史上最大の国際平和機構。1943年の米・英・ソ・中４か国によるモスクワ宣言で安全保障機構の設立が提起され，44年のダンバートン・オークス会議で国際連合憲章原案が採択され，ヤルタ会談を経て45年の**サンフランシスコ会議**でそれが正式に採択され，同年10月24日に発足した。本部はニューヨーク。

□【　加盟国　】…原加盟国は51か国。2020年12月現在，193か国。**日本の加盟は1956年**。中国は71年に中華人民共和国が加盟するまでは中華民国（台湾）が発足時から加盟していた（現在，台湾は脱退）。原加盟国のソ連は91年からロシアに。大韓民国（韓国）と朝鮮民主主義人民共和国（北朝鮮）は91年に同時加盟している。なお，日本が承認している国の中で国連非加盟国はバチカン，コソボ，クック諸島，ニウエの４か国である。日本が国家として承認していないパレスチナ（パレスチナ自治政府）は2011年９月に国連への加盟を申請したが，2015年の総会で投票権のないオブザーバー国となった。

□【　大国一致主義　】…国際連合には当時の５大国（米・英・仏・ソ・中）が初めから加わった。国際的な平和と安全に関する重要事項の決定については，この**５大国の意思の一致**を条件とした。

□【　多数決制　】…国際連盟では全会一致制を採用したため，しばしば重要な決定を下すことができなかったので，多数決制とした。

□【　制裁の強化　】…侵略行為などに対する制裁には，経済制裁のほか**武力制裁**も加えられた。

国連の組織図

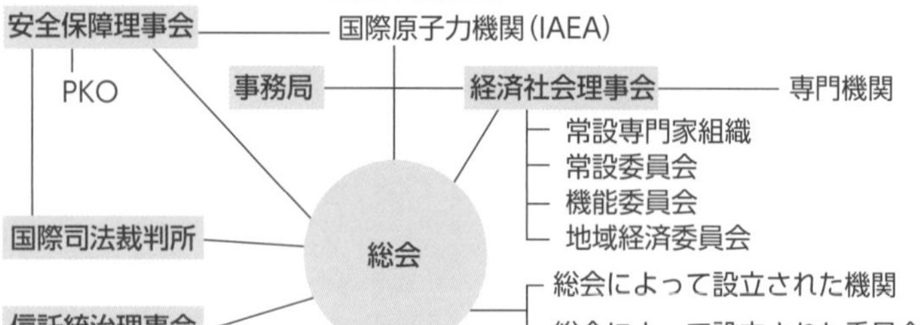

❹ 国際連合の機関①　— 拘束力を持たない総会決議

□【　国際連合総会　】…全加盟国で構成される最高機関。

・**定例総会**…年1回9月に開かれる。

・**特別総会**…安全保障理事会の要請，加盟国の過半数の要請による。

・**緊急特別総会**…安全保障理事会15か国中9か国の要請，加盟国の過半数の要請で24時間以内に開催。

・**表決権**…1国1票。一般事項は単純多数決。平和と安全維持・新加盟国の承認・理事国の選出・予算などの重要事項は3分の2以上。

・**議決の効力**…加盟国や理事会に対する勧告の形をとり，**拘束力・強制力を持たない**。

□【　経済社会理事会　】…総会選出の54理事国（任期3年）で構成される。経済・社会・文化・教育・保健などの分野の国際協力が責任範囲。総会の承認の下に，ILO（国際労働機関），IMF（国際通貨基金），WHO（世界保健機関）などの15の**専門機関**に諸活動の実施を勧告する。議決は単純多数決。

□【　国際司法裁判所　】…国家間の紛争を司法的に解決する国連機関。総会と安全保障理事会で選出される，国籍の異なる15名の裁判官（任期9年）で構成。**関係国の同意の下に裁判**が行われ，判決（1審制）は拘束力を持つ。

□【　事務局　】…安全保障理事会の勧告をもとに総会が任命する事務総長（任期5年）と国際公務員で構成される。国際公務員は，国際連合以外のいかなる国家・機関からも指示・命令を受けてはならないという義務を負っている。

・**事務総長**…国連における行政面の長。総会，安保理などのすべての会議に事務総長の資格で出席し，それら機関からの委託任務を遂行，平和と安全の維持に関して安保理に注意を喚起，紛争が生じたときの調停役などの重要な役割を担う。1997～2006年に事務総長を務めた**アナン氏**は2000年4月に『**われら人民・21世紀の国連の役割**』と題する報告書を提示し，同年9月のミレニアム総会冒頭に開かれた**ミレニアム・サミット**は，この報告書を中心に討議が進められた。現事務総長はポルトガル出身のアントニオ・グテーレス氏。

❺ 国際連合の機関② — 経済社会理事会の関係機関

□【　専門機関　】…国連憲章63条によって国連との関係が定められている国際機構。経済社会理事会から勧告を受けるが，国連とは独立した目的・組織を持つ。

- **国際労働機関（ILO）**…労働条件の改善を主な目的とする。
- **世界保健機関（WHO）**…保健事業の援助，伝染病撲滅など。
- **国連教育科学文化機関**（ユネスコ）…教育，科学，文化に関する国際協力の推進など。

このほか**IMF**，**FAO**など全部で15の機構がある。

●15の専門機関

国連教育科学文化機関	UNESCO
国際通貨基金	IMF
国際知的所有権機関	WIPO
国連食糧農業機関	FAO
国際農業開発基金	IFAD
国連工業開発機関	UNIDO
世界銀行グループ	WBG
国際民間航空機関	ICAO
国際労働機関	ILO
国際海事機関	IMO
国際電気通信連合	ITU
万国郵便連合	UPU
世界観光機関	UNWTO
世界保健機関	WHO
世界気象機関	WMO

❻ 国際連合の機関③ — 強い拘束力を持つ安保理決議

□【　安全保障理事会　】…国家間の平和と安全維持に最大の責任と権限を持つ機関。15の理事国で構成される。

- **常任理事国**…アメリカ，イギリス，フランス，中国，ロシアの５か国。
- **非常任理事国**…10か国。地理的配分を考慮して総会で選出。任期は２年。毎年，５か国ずつ改選される。連続しての再選は不可。日本の選出回数は**最多**。
- **強大な権限**…国際紛争が起こった際にその事実を認定し，経済制裁や軍事制裁を指示できる。総会の決議には拘束力がないが，**安保理の決議には全加盟国が従う義務がある**。
- **議決の方法**…15か国中９か国以上の賛成。ただし，経済制裁や軍事制裁などの実質事項の議決に際しては，**５常任理事国すべての賛成が必要**とされる。
- **拒否権**…国際連合における大国一致主義の現れ。常任理事国が手続き事項以外の表決について有する特権。安保理の15理事国中，14

理事国が賛成でも，**1常任理事国が反対であれば表決は無効**となる。

□【　信託統治理事会　】…独立するまで特定国に施政権がゆだねられる信託統治地域の行政を指導・監督する機関。信託統治施政権国，安全保障理事会常任理事国のうちの非施政権国，総会からの選出国で構成される。かつての信託統治地域がすべて独立を果たしたため，現在はその役割を終えている。最後まで信託統治地域として残ったのは，**太平洋諸島**（現在のミクロネシア連邦）だった。

❼ 国際連合と紛争処理 ― 国連軍創設を阻んできた「拒否権」

□【　国際連合軍　】…国際連合憲章42条では「安全保障理事会は，国際の平和および安全の維持または回復に必要な空軍，海軍または陸軍の行動をとることができる」として，常設の国際連合軍創設を認めている。しかしながら，東西冷戦を背景にした大国間の不信から今日に至るまで**一度として国際連合軍は組織されていない**。朝鮮戦争の際にアメリカは「国連軍」の名の下に軍隊を派遣したが，安保理常任理事国ソ連の欠席で決められたことなどから，疑問視されている。国際連合軍に代わる組織が各地の紛争の処理・解決に当たっている。

□【　国際警察軍　】…紛争地域の秩序維持を第一義とする国際連合指揮下の軍隊。中立的諸国の兵力で組織され，**紛争当事国の同意の下に派遣**される。**平和維持活動（PKO）**に当たるもので，日本の自衛隊もカンボジア，モザンビーク，ゴラン高原などのPKO活動に参加した。

□【　多国籍軍　】…安全保障理事会の決議に基づいて紛争地域に展開する複数国の実戦部隊からなる軍隊。実質的に国際連合軍に近い存在であるが，**国際連合の指揮下になく**，別組織である。1991年の湾岸戦争，95年のボスニア・ヘルツェゴヴィナ紛争，99年の東ティモール紛争などで活動している。

プラス+α　常任理事国の拒否権

Question 国際連合は大国一致主義の原則をとっているため，5大国には総会と安全保障理事会双方で拒否権を行使できる。この記述は正しいか。

Answer 誤り。5大国の拒否権は安保理のみで認められる。

頻出度 A

国際政治

試験別頻出度	国家専門職 ★★★	地上特別区 ★★★
国家総合職 ★★★	地上全国型 ★★★	市役所 C ★★★
国家一般職 ★★★	地上東京都 ★★★	

学習のポイント

◎国際情勢は日々変化している。新聞やテレビなどで絶えず知識を更新するようにしよう。

◎世界各地で起こっている紛争について，理解を深めておくこと。

❶ 国際社会の変遷と動向① ― 20世紀半ばまで

□【 **世界初の国際会議** 】…**三十年戦争**[1]終結のための講和会議。後のヨーロッパの国際政治の骨格が決定された。→**ウェストファリア条約**。

□【 **絶対主義国家の輩出** 】…**王権神授説**[2]を基に中央集権を実現させた国王が絶対無制限の権力をふるった。

□【 **近代市民革命** 】…絶対主義王政を打破し，市民が政治的・経済的諸権利を獲得。17世紀末イギリスの名誉革命，18世紀末のフランス革命が典型。これら市民革命は**国民国家**[3]の形成を促した。

□【 **新興国家の国際社会への参入** 】…19世紀ヨーロッパは自由主義と民族主義の２つの理念の影響下に置かれ，ギリシャ，ベルギー，ルーマニアなどの国が生まれた。またイタリアやドイツでは国家統一が実現された。1783年に独立したアメリカをはじめ日本，中国など非ヨーロッパ諸国も国際社会に新たに参入した。

□【 **帝国主義** 】…19世紀末～20世紀初め，列強による勢力拡大政策により，軍事力を背景に植民地・後進国支配が各地で展開された。

□【 **第一次世界大戦** 】…**三国協商**（イギリス・フランス・ロシア）と**三国同盟**（ドイツ・イタリア・オーストリア）の対立によって引き起こされた。両陣営に各国が参戦して世界大戦に。

□【 **第二次世界大戦** 】…**枢軸国**（日本・ドイツ・イタリア）側と**連合国**（フランス・イギリス・ソ連・アメリカなど）側で戦われる。戦勝国のアメリカ，ソ連が戦後世界で中核を占めるに至る。

---

❶ 1618～48年。神聖ローマ帝国内の宗教対立にヨーロッパ列強が介入した戦争
❷ 王権は神から授けられたもので神聖不可侵だとする。聖書のロマ書に理論的根拠を持つ
❸ 民族的一体性の自覚の上に成立する統一的国家

❷ 国際社会の変遷と動向② ― 第二次世界大戦後

□【　**米ソ対立**　】…第二次世界大戦後の東欧の政治体制，原子力管理をめぐる意見衝突に端を発し，アメリカ，ソ連が対立。1947年の**トルーマン・ドクトリン**[4]が対立を決定づけた。ドイツの東半分を含む東欧諸国，ソ連とアメリカを筆頭にした西側諸国の間に**鉄のカーテン**[5]が引かれ，自由主義諸国対社会主義諸国の対立が世界的に深まった。

- **集団防衛体制**…東側：ワルシャワ条約機構（WTO），西側：北大西洋条約機構（NATO）。
- **経済協力体制**…東側：ソ連東欧経済相互援助会議（COMECON），西側：ヨーロッパ経済復興援助計画（マーシャル・プラン）。
- **冷戦**…米ソ対立は実際の戦争（熱い戦争）に至らなかったため，冷戦と呼ばれた。

□【　**帝国主義の崩壊**　】…アジア・アフリカで多くの植民地が独立。

□【　**核兵器開発競争**　】…東西両陣営内の分極化（フランスの独自外交，中ソ対立など）とともに核兵器保有国が増加。これに対して**核不拡散条約**（NPT。1968年），**中距離核戦力全廃条約**（INF条約。1988年発効，2019年失効），**包括的核実験禁止条約**（CTBT。1996年。未発効），核兵器禁止条約（2021年発効）などが成立しているが，いまだ核兵器廃絶には至っていない。

□【　**冷戦の終結**　】…ゴルバチョフの登場（1985年），**ペレストロイカ**推進，東欧の民主化運動激化，ブッシュ，ゴルバチョフの**マルタ会談**（89年）**での冷戦終結宣言**といった流れから90年には**東西ドイツが統一**し，91年にはワルシャワ条約機構が解体，**ソ連が崩壊**した。

---

❹ アメリカのトルーマン大統領が表明した外交政策。共産主義の脅威下にある国々に軍事的・経済的援助を与えると発表

❺ 1946年フルトンでの演説でイギリスのチャーチル前首相が共産主義陣営の閉鎖的秘密主義を皮肉った言葉

プラス+α　ベルリンの壁

1961年，東ドイツから西ドイツへ逃亡する市民を阻止するために東ドイツ政府が首都ベルリンに壁を建設。東西冷戦の象徴であったが，東欧諸国の民主化運動の激化により，1989年11月，ベルリンの壁も壊された。

❸ 国際社会の変遷と動向③ ― 冷戦構造崩壊

1989年以降の東欧の民主化運動とそれに続く東西ドイツの統一，ソ連の解体で，冷戦構造は崩壊し，国際社会は大きく変化した。

□【 **中国の台頭** 】…米ソの二極構造に中国が台頭し三極構造になった。江沢民国家主席は，1997年アメリカとの共同声明で「建設的で戦略的なパートナーシップ」を表明した。またロシアとの共同声明では「戦略的協力パートナーシップ」を表明し，両国の関係は緊密化に向かっている。

□【 **多極化** 】…アメリカとEUの対抗関係，フランスの自立化，東欧の自立化・市場経済化，中国の市場開放など，東西両陣営の中でも多極化が進んでいる。

□【 **民族・地域紛争** 】…冷戦の終結で，アメリカ，ロシアの影響力が弱まり，それまで抑え込まれていた紛争が一気に吹き出した。

❹ 人権の国際化 ― 国境を超えた人権保護

人権の共通水準の確立とその維持が，各国政府の課題であることは当然だが，一方で政府以外の団体や個人による国境を超えた人権保護の活動が盛んになってきている。

□【 **NGO（非政府組織）** 】…各国の人権が守られているかどうかを調査し，国連の人権委員会の公開会議に出席して意見を述べるなど活発に活動しているものなどがある。思想や信条などの理由で拘束されている「良心の囚人」に対し，その人権を擁護しようとする**アムネスティ・インターナショナル**が有名。

□【 **国連人権高等弁務官** 】…1993年ウィーンで開催された世界人権会議の勧告に基づいて国連総会で設置が決まり，94年に初代弁務官が任命された。国連の人権活動の調整を行う。

□【 **地域別人権保護保障制度** 】…ヨーロッパでは欧州人権条約，アメリカでは米州人権条約，アフリカではアフリカ人権憲章が成立している。アジアは政治的，経済的，文化的に多様な国家から成っているので人権保障制度を実現させるのは難しく，他の地域に比べて遅れている。

❺ 国際関係の基本的要因 ― 紛争の多くは文化的要因から

●政治的要因

□【　**ナショナリズム**　】…**民族主義**。ある民族ないし地域共同体住民が自ら独立した政治的・経済的基盤を確立しようとする思想・運動。

□【　**インターナショナリズム**　】…**国際協調主義**。国家主権の相互尊重の上に立って，複数の国家が協力，共通基盤を築こうとするもの。

□【　**超国家主義**　】…国際協調主義をより徹底させて，国家の枠を超えた政治的・経済的・文化的統合体をつくり出そうとする試み。1993年にはマーストリヒト条約で**ヨーロッパ連合**（**EU**）が成立している。

●経済的要因

□【　**資源**　】…資源を有するが工業の立ち遅れた国と資源を持たず工業の発達した国の対立関係が近年顕著になっている。1974年の国連資源特別総会では，天然資源恒久主権の原則，多国籍企業の規制などを原則とする**新国際経済秩序**（**NIEO**）**樹立宣言**が採択された。

□【　**エネルギー**　】…石油輸出国機構（OPEC）による禁輸措置で世界経済が大混乱したように，エネルギー問題も重要な要因。

□【　**食糧問題**　】…干ばつによる飢餓難民の存在が問題となっているが，世界的な人口増大に食糧生産が対応できるかは将来の大きな課題。

□【　**国際市場獲得競争**　】…多国籍企業の出現，通信網の発達などにより国際政治における国家の役割が変質を迫られている。

●文化的要因

□【　**社会的宗教対立**　】…北アイルランド紛争，パレスチナ紛争など。

□【　**イデオロギー対立**　】…キューバ封じ込め政策など。

□【　**人種的偏見**　】…南アフリカ共和国のアパルトヘイトなど。

□【　**民族・部族対立**　】…クルド民族自治闘争，バスク独立運動など。

プラス+α　軍縮とNGO

Question 採択に当たり，NGOが主導的役割を果たした軍縮条約。対人地雷全面禁止条約と核兵器廃絶条約，あと一つは何か。

Answer クラスター弾条約

❻ 国際法と条約

□【　グロチウス　】…「**国際法の父**」と称される17世紀オランダの法学者。『**戦争と平和の法**』では戦時のルール，『自由海論』では**公海自由の原則**を論述している。

□【　国際法　】…国際法は国家間の私的関係（国際結婚や商取引など）に適用される**国際私法**と，国家間の権利義務関係を律する**国際公法**とからなり，国際公法には次のようなものが含まれる。

・**国際慣習法**…複数国家間の長年の慣行が暗黙の了解事項となったもの。公海自由の原則，外交官特権など。

・**条約**…文書の形で示される国際的な取決め。協定，協約，規約，憲章，共同宣言，覚書，議定書，交換公文，通牒など。

・**平時国際法**…通常の場合に適用される国際法。

・**戦時国際法**…戦時における国際法。捕虜の取扱いなどを定めた**交戦法規**と，交戦国と中立国間を律する**中立法規**からなる。

●**国際法の課題**

超国家的立法・司法機関の不存在…運用が当事国間にゆだねられる。

弱い強制力…違反行為に対して報復権・賠償請求権などが認められているが，その強制力には限界がある。

❼ 条約の締結 — 国連加盟国は登録・公表が必要

□【　一般条約　】…**多数国間条約**とも。国連憲章，国際人権規約など。

□【　個別条約　】…**２国間条約**とも。

□【　条約の効力　】…批准書の交換または寄託によって効力が発生する。２国間の秘密条約を防止するために，国連は加盟国の締結するすべての条約の登録と公表を義務づけている。「条約法に関するウィーン条約」によって，締結に際して**武力による威嚇**などが存在した場合は，締結された条約は**無効**とされる。発効によって国家間の権利義務関係が生じ，政権が代わっても効力には変化が生じない。

□【　国会の承認　】…日本の場合，条約締結権は内閣にあるが，事前に，時宜によって事後に国会の承認が必要とされる（憲法73条３号）。

❽ EU／ASEAN-10の誕生 ― 超国家的統合と域内国家連合

ある国の問題が国際的に波及したり，国際政治の問題が国内に影響を及ぼすなど，国内・国際政治の境界が明確に示せない状況が近年顕著になってきた。こうした中で，次の統合の動きは特に注目される。

●ヨーロッパ連合（EU）

□【　**創設の経過**　】…ヨーロッパ石炭鉄鋼共同体(ECSC。1952年創設)，ヨーロッパ経済共同体（EEC。58年創設），ヨーロッパ原子力共同体(EURATOM。58年創設）の３組織を統合して67年**ヨーロッパ共同体（EC）**❻を創設。→EEC加盟を拒否されたイギリスを中心に組織された**ヨーロッパ自由貿易連合（EFTA**。60年創設）の一部が73年に加盟。→93年市場統合。→93年11月**マーストリヒト条約**発効＝EU誕生。

□【　**EU28か国体制へ**　】…EUの加盟国は, 2004年５月に, ハンガリー, ポーランド，チェコなど10か国，2007年１月にブルガリアとルーマニア，2013年７月にクロアチアが加盟して，28か国となった。

□【　**イギリスのEU離脱**　】…2016年６月の国民投票で過半数が離脱に賛成，これを受け2020年１月，EUを離脱した。

□【　**諸機関・通貨**　】…最高機関はヨーロッパ理事会。行政機関はヨーロッパ委員会。司法機関はヨーロッパ裁判所。立法機関はヨーロッパ議会。通貨は**ユーロ**❼（デンマーク，スウェーデンと，2004年以降の新規加盟13か国のうちのスロベニア，キプロス，マルタ，スロバキア，エストニア，ラトビア，リトアニアを除く６か国は，2020年12月現在未参加)。

●東南アジア諸国連合（ASEAN）

□【　**創設経過**　】…東南アジア連合（1961年創設。加盟国タイ，マレーシア，フィリピン）が67年に発展的に解消して，新たに**ASEAN**を結成。各国の経済的・社会的基盤の確立をめざす域内協力機構。

□【　**加盟国**　】…東南アジア連合３か国にインドネシア，シンガポールで発足し，ブルネイ，ベトナム，ラオス，ミャンマーと加盟国を増やし，99年のカンボジア加盟でASEAN10に。

---

❻ 1967年, 仏・伊・西独とベネルクス３国の６か国で発足。73年, 英・アイルランド・デンマークが加盟し拡大ECに　❼ ギリシャは加盟基準に達したため2001年１月から参加

⑨主な地域紛争・民族紛争

□【　スーダン内戦　】…独立，政治を主導した北部のアラブ系イスラム教徒と，南部の黒人キリスト教徒との間の民族紛争。スーダン独立直前の1955年に勃発した第１次内戦は1972年に終結したが，1983年に北部の中央政府が全土にイスラム法を導入したことに南部が反発し，中央政府と，キリスト教徒主体の反政府勢力スーダン人民解放運動（SPLM）・スーダン人民解放軍（SPLA）との間で内戦が再発した（第２次内戦）。この内戦では200万人が犠牲となったが，2005年１月，双方が南北包括和平合意（CPA）に調印して内戦は終結した。2011年１月にはスーダン南部の「分離独立」か「北部との統一維持」かを問う住民投票で独立が決定し，７月，南部が南スーダン共和国として独立を果たした。また，同月，国連総会は南スーダンの国連加盟を承認する決議を全会一致で採択し，193番目の国連加盟国となった。南北スーダンの油田の７～８割は南部側に集まるため，南スーダンは莫大な資源収入を持つものの，油田地帯アビエイ地区が南北どちらに帰属するか確定していないなど依然として課題が残っている。

□【　コソボ紛争　】…セルビアのコソボ自治州におけるアルバニア系住民の独立運動とこれを巡る軍事衝突。コソボは人口の約8割をアルバニア系，あとの約2割をセルビア系が占めていたが，セルビア系の**ミロシェビッチ大統領**（当時）は1989年に憲法を改正して自治州の権限を縮小し，

学校でのアルバニア語授業の停止などを敢行した。これに反発してアルバニア系住民は90年にコソボ共和国樹立とセルビアからの独立を宣言，強硬派は**コソボ解放軍**（**KLA**）を組織して武力闘争を展開した。98年，攻勢を強めたユーゴ軍によって約40万人のアルバニア系住民が難民化したところで**NATO**（**北大西洋条約機構**）諸国が収拾に乗り出したが不調に終わり，99年3月，NATO軍は**ユーゴ空爆**を開始した。同年6月，ユーゴ軍のコソボからの撤退，コソボでのNATO軍展開が合意されたため，武力紛争は終結した。その後，コソボは国連の暫定統治を経て，2008年2月に独立を宣言したが，セルビア，ロシアなどの反対で国連加盟は難しい情勢である。

□【　パレスチナ紛争　】…1948年にイスラエルを建国したユダヤ人と，その建国に伴って難民となったアラブ人との間のパレスチナ領有を巡る対立抗争。アラブ人（パレスチナ人）側は64年に**パレスチナ解放機構**（**PLO**）を結成してパレスチナの地からのユダヤ人排除とパレスチナ国家建設をめざしたが，武力に優るイスラエルにかなわず，88年以降はヨルダン川**西岸地区**・地中海岸の**ガザ地区**での国家建設に傾いた。イスラエル，PLO双方は93年9月に相互承認を行い，「パレスチナ暫定自治に関する諸原則」に署名した（**オスロ合意**）。「ガザ・エリコ先行自治協定」（カイロ協定。94年）調印後は一部地域が**パレスチナ自治政府**の管理下に置かれ，「拡大合意」（オスロ合意Ⅱ。95年），「暫定追加撤兵協定」（**ワイ・リバー合意**。98年），「**シャルム・エル・シェイク合意**」（99年）も達成されたが，最終的地位交渉に進展は見られなかった。その後，2007年6月には，イスラム原理主義組織ハマスがガザ地区を武力制圧し実効支配を続けているが，2011年5月，ハマスは西岸地区を支配するPLO主流派ファタハと暫定統一政府の樹立等に合意した。

政治の50問スコアアタック

Question	Answer
□1　英米法系の国々で採用されている法源形式は何か。	1　判例法
□2　商法の領域で，民法に優先する効力が認められているものは何か。	2　商慣習法
□3　一般法と特別法では，どちらに優先的効力があるのか。	3　特別法 例：商法（一般法）・銀行法（特別法）
□4　刑法の法解釈で類推解釈が禁止されるのは，何という原則に基づくからか。	4　罪刑法定主義
□5　資本主義の矛盾が露呈し始める20世紀初頭までは，[　　]と[　　]を原則とする近代市民法が国家を支える法体系であった。	5　所有権絶対，契約の自由
□6　成年被後見人が成年後見人の同意を得て法律行為を行った場合，これを取り消すことができるか。	6　取り消すことができる 民法９条
□7　第三者の強迫による意思表示は，それを取り消すことができるが，意思表示の相手が善意である場合は取り消すことができるか。	7　取り消すことができる 強迫による意思表示は，あらゆる場合に取り消すことができる
□8　相続に関して，被相続人の不動産のみ相続するが，他の財産は相続を放棄するということができるか。	8　できない 相続は包括的になされる
□9　所有の意思を持って平穏かつ公然と他人の物を占有した場合の取得時効は何年か。	9　20年
□10　未成年者が婚姻をした場合，成人に達したものとみなされるが，これを何というか。	10　成年擬制
□11　日本国憲法の改正は，衆参両院の総議員の[①]以上の賛成で国会が発議し，国民投票で[②]の賛成が必要とされる。	11　①３分の２ ②過半数
□12　天皇の国事行為は，内閣の何に基づいてなされるのか。	12　助言と承認

□13 最高裁の憲法判断で，永住外国人にもその権利を認める立法が許されるとしているものは何か。	13 地方選挙での参政権
□14 基本的人権の享有主体として，天皇にもすべての基本的人権が保障されているといえるか。	14 保障されていない 天皇には参政権や社会権などがない
□15 憲法の基本的人権の規定は，［①］と［②］との関係を規律するものである。	15 ①国・公共団体 ②個人
□16 基本的人権の歴史では，18世紀には平等権と［①］が重要視されたが，19世紀に入ると，これらを確保するために［②］が重視されるようになった。	16 ①自由権 ②参政権 20世紀には社会権が重視されるようになった
□17 基本的人権のうち，大日本帝国憲法になく日本国憲法で初めて規定されたのは次のうちどれか。 A：信教の自由　B：裁判を受ける権利 C：学問の自由　D：言論・出版の自由	17 C 大日本帝国憲法において認められていた自由権には「安寧秩序を妨げず」「臣民たる義務に背かない限りで」「法律の範囲内で」等の制限があった
□18 居住・移転の自由は，憲法の保障する自由権の一つとして外国人にも認められているか。	18 認められていない 入国の自由，在留の権利など（マクリーン事件参照）
□19 請求権（受益権）には，裁判を受ける権利や損害賠償請求権，刑事補償請求権のほかに，［　　］が含まれる。	19 請願権
□20 自由権は「公共の福祉」によって制限されることがある。制限が最も少ないのは，学問の自由，思想・良心の自由，表現の自由のうちのどれか。	20 思想・良心の自由 内心にとどまる限りは絶対的に保障される
□21 衆議院が解散中に，緊急事態に対処するために内閣の要求によって開かれるものは何か。	21 参議院の緊急集会

□22　衆議院の優越は，法律案の議決，予算の先議権・議決権，内閣総理大臣の指名，内閣不信任決議のほか何に認められるか。

22　条約の承認

□23　衆議院で可決し，参議院で否決，あるいは［①］以内に議決されない法案は，衆議院で出席議員の［②］の賛成による再可決で法律となる。

23　①60日
②3分の2以上

□24　国会議員は不逮捕特権を有するため国会開会中は逮捕されることがないが，例外として院の許諾がある場合と［　　］の場合に逮捕されうる。

24　院外での現行犯
国会法33条

□25　内閣は国会に対して連帯して責任を負い，その地位は国会の信任によって左右される。これは何の原則を示すものであるか。

25　議院内閣制

□26　内閣総理大臣臨時代理にも，閣議にはかることなく国務大臣を任命・罷免する権限は継承されるか。

26　継承されない
臨時代理には任免権が認められていない

□27　衆議院が内閣不信任の決議をしたときは，内閣は総辞職か衆議院の解散かのいずれかを選択しなければならない。何日以内に解散しないと，総辞職となるのか。

27　10日以内

□28　内閣法では，国務大臣の数は［　　］以内とされ，３人を限度に増やすことが認められている。

28　14人
内閣法２条２項

□29　最高裁長官は内閣の指名に基づいて天皇が任命するが，他の裁判官はだれが任命するのか。

29　内閣

□30　違憲立法審査権は最高裁のみが有し，下級裁判所は違憲判決を下すことができない。この説明は正しいか。

30　正しくない
下級裁判所にも違憲審査権がある

□**31**　最高裁裁判官は国民審査によって罷免されることがあるが，罷免に必要とされる要件は何か。

31　有効投票数の過半数

□**32**　高度に政治性のある行為については，裁判所はたとえ法的判断が可能であっても司法審査の対象から外すことがある。この場合の高度な政治性を有する行為を何というか。

32　統治行為
砂川事件，苫米地事件など参照

□**33**　地方公共団体の住民は，選挙管理委員会に対して首長・議員の解職，議会の解散請求ができるが，請求に必要とされる署名数は原則としてどれだけか。

33　有権者の３分の１以上
リコール

□**34**　特定の地方公共団体にのみ適用される特別法の制定には住民投票がとり入れられているが，法成立には住民投票でどれだけの賛成が必要か。

34　有効投票数の過半数の賛成

□**35**　1999年の地方分権一括法成立によって，自治体を国の下部機関と位置づけてきた仕事が廃止されたが，それは何か。

35　機関委任事務

□**36**　地方公共団体には２つの大きな権能が与えられている。自治行政権と何か。

36　条例制定権

□**37**　選挙の小選挙区制は，同一政党の同士討ちがなくなる反面，大量の□が出るなどの欠点が指摘されている。

37　死票

□**38**　特定の候補者や政党に有利なように選挙区を改変することを何というか。

38　ゲリマンダー
小選挙区制の欠陥の一つ

□**39**　2000年の参議院選挙制度改革で成立した選挙制度は何か。

39　非拘束名簿式比例代表制

□**40**　行政権の肥大化の弊害に対処するには，国政調査権の積極的運用のほかに，どのような方策があるか。

40　財政民主主義の徹底，情報公開制度，地方分権推進

□41　行政官など公務員の仕事ぶりを監視し，適正な行政を実現させる目的の制度を何というか。

41　オンブズマン制度
地方公共団体の一部で導入

□42　行政権が肥大化した国家を何というか。

42　大きな政府

□43　アメリカの大統領には法案提出権がないが議会への働きかけは何によって行うのか。

43　教書
一般教書，予算教書，経済報告など

□44　アメリカの大統領が拒否権を発動した法案は成立しないのか。

44　成立する
上下両院の特別多数決で成立する

□45　国際連盟が国際平和に寄与できなかった原因には，大国の不参加，議決の全会一致制のほかに何が指摘できるか。

45　制裁決議の不備（経済制裁にとどまったこと）

□46　国連安全保障理事会の常任理事国には拒否権が与えられているが，この権利は，国連総会でも行使できるのか。

46　行使できない
拒否権は安保理でのみ行使できる

□47　国連の専門機関には，国連に加盟すると自動的に加盟することになるのか。

47　自動的ではない
それぞれ独自の加盟国を持つ

□48　日本の国連安全保障理事会の常任理事国入りが論議されているが，そのためには，国連憲章の改正が必要となるが，そのほかに現在の５常任理事国すべての賛成が必要か。

48　必要
５常任理事国すべての賛成が必要

□49　現在，ASEANの加盟国は何か国か。

49　10か国

□50　ベルリンの壁崩壊とソ連の崩壊は何年のことであったか。

50　壁崩壊：1989年
ソ連崩壊：1991年

政治の50問スコアアタック得点		
第1回（　／　）	第2回（　／　）	第3回（　／　）
／50点	／50点	／50点

社会科学

経済

重要テーマ BEST 10

本試験の出題傾向から，重要と思われるテーマをランキングした。学習の優先順位の参考にしよう。

1 金融政策と制度

P.138

日本銀行，マネーストック（貨幣供給量）などの基本的な知識から，近年わが国でとられた金融政策の内容まで幅広く問われる。マネーストックをコントロールする手段として金利操作，公開市場操作，支払準備率操作の違いやそれらの効果を表に整理して覚える方法もある。金融事情も把握しておきたい。

2 日本の経済事情

P.180

試験前年度のわが国の経済動向に加え，GDPや消費者物価指数，失業率などの主要経済指標やその長期的動向が問われる。『財政経済白書』『通商白書』からの出題も多いので，各種統計と分析には特に注意して目を通しておこう。

3 財政の機能と財政制度

P.152

財政は金融とともに頻出テーマである。財政の仕組みや現状などについては『図説　日本の財政』の最新版に目を通しておくとよい。一般会計予算，特別会計予算等の予算制度，「第二の予算」といわれる財政投融資制度についての知識が必要。特に試験前年度の予算の概要と近年の国債の発行額などの動向は押さえておこう。

4 国民所得の概念とその決定

P.126

GDP，GNP，NNP，NIの指標の意味と，それらの基本的な関係も整理して押さえておこう。国民所得は，計算問題もよく出題されているので計算方法も理解しておく必要がある。

5 世界の通貨・貿易体制

P.172

わが国が関わるEPA／FTAやEU，ASEAN，APECといった主要な地域経済協力の枠組みの動向，IMFやWTOといった重要な国際機関の歴史と役割などについて，知識を整理しておこう。

6 需要曲線と供給曲線

P.112

需要曲線と供給曲線を用いた市場分析は，それぞれの性質やシフト要因についてグラフ形式の過去問を解きながら覚えると効果的である。

7 世界の経済事情

P.186

特に，アメリカと中国は単独での出題もありうる。さらに，EU，英国，新興国の経済事情も問われることがある。試験前年度に話題になった経済問題が問われることもよくあるので要注意。

8 消費者と生産者の行動

P.118

消費者と生産者の行動は周期的に出題されているテーマの一つである。無差別曲線の形状が意味するところを具体的な例と結びつけて暗記しておこう。

9 租税制度

P.162

税制の改正の動きについては報道の内容に注意しておこう。直接税と間接税の違い，各種税制度の特徴と現況も把握しておくこと。

10 経済・経営用語

P.192

企業形態を示す基本的かつ，専門的な用語をはじめ，最近話題になった経済・経営用語まで幅広く問われる。

頻出度 C

需要曲線と供給曲線

試験別頻出度		
国家総合職 ―――	国家専門職 ―――	地上特別区 ―――
国家一般職 ★☆☆	地上全国型 ★★☆	市役所C ★☆☆
	地上東京都 ―――	

学習のポイント
◎需要の価格弾力性の意義および弾力性と支出額の関係を，需要曲線の形とともによく理解しておく。
◎特殊な需要曲線，供給曲線の性質や，その意味を押さえておく。

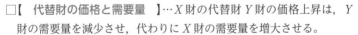

❶ 需要曲線のシフトの原因 ― 需要を変化させるもの

□【　需要曲線　】…価格と需要量（消費量）の関係を示すグラフ。縦軸を価格，横軸を需要量として表す。通常，価格が下落すると需要量が増加するので，**右下がり**になる（D）。

□【　需要曲線のシフト　】…価格が変わらず需要が増大すると，需要曲線は右にシフトし（$D \rightarrow D'$），逆に需要が減少すると左にシフトする（$D \rightarrow D''$）。

□【　需要曲線の右(上)へのシフト要因　】
…価格が一定でも需要が増大する要因。
(例)
・消費者の所得の増大
・市場の人口の拡大
・購買意欲の増加（貯蓄意欲の減少）
・関連する代替財の価格の上昇
・関連する補完財の価格の下落
・嗜好の高まり・流行の発生

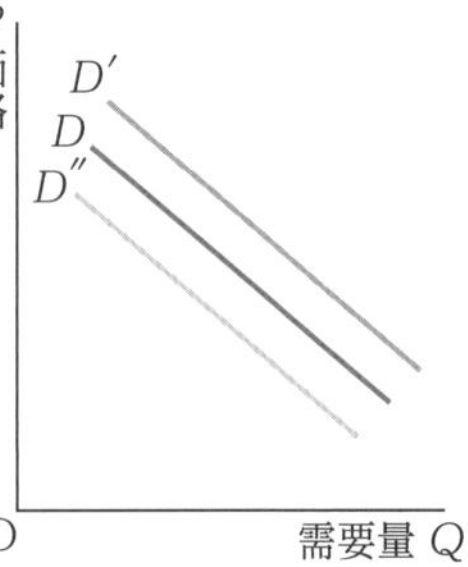

左へのシフト要因は，これらの逆の変化。

□【　代替財の価格と需要量　】…X財の代替財Y財の価格上昇は，Y財の需要量を減少させ，代わりにX財の需要量を増大させる。

□【　補完財の価格と需要量　】…X財と補完関係にあるY財の価格下落は，Y財の需要量を増大させ，X財の需要量を増大させる。

□【　ギッフェンの逆説　】…通常とは逆に，価格が低く（高く）なるとその財の需要量が減少（増大）するため，需要曲線が右上がりになる。

❷ 上級財・下級財・ギッフェン財

□【　上級財　】…実質所得が**増大**（**減少**）すると，消費量が**増大**（**減少**）する財を上級財（正常財）という。

□【　下級財　】…実質所得が**増大**（**減少**）すると，消費量が**減少**（**増大**）する財を下級財という。

□【　ギッフェン財　】…**価格が下落**（**上昇**）すると**消費量が減少**（**増大**）する財をギッフェン財という。理論上，下級財のうち，価格変化時の所得効果が代替効果より大きい財。

❸ 供給曲線のシフトの原因 — 供給（量）を変化させるもの

□【　供給曲線　】…価格と供給量（生産量）の関係を示すグラフ。縦軸を価格，横軸を供給量として表す。通常，価格が下落すると供給量も減少するので，**右上がり**になる（S）。

□【　供給曲線のシフト　】…価格が変わらず供給が増大すると，供給曲線は右にシフトし（$S \to S'$），逆に供給が減少すると左にシフトする（$S \to S''$）。

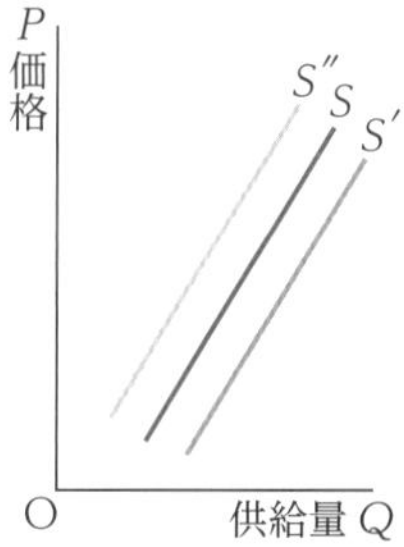

□【　供給曲線の右（下）へのシフト要因　】
…価格が一定でも供給が増大する要因。
（例）
・技術革新（＝生産性の上昇）
・原材料費・賃金の下落
・間接税などの課税の軽減
・好天候による農作物の豊作
左へのシフト要因は，これらの逆の変化。

プラス+α 需要曲線のシフト

Question 所得が上昇すると，一般に，需要曲線は左へシフトし，供給曲線はシフトしない。この記述は妥当か。

Answer 誤り。需要曲線は右へシフトする。

❹ 需要の価格弾力性 ― 小さい財の需要曲線は急勾配

□【 需要の価格弾力性 】…価格が1％上昇したときの需要量の減少率。**需要の価格弾力性＝（－1）×需要量の変化率÷価格の変化率**

□【 奢侈品（しゃし） 】…ぜいたく品。需要の価格弾力性が**1より大きい財**。価格や所得が変化するとき，需要量の変化が大きい。

□【 必需品 】…生活必需品。需要の価格弾力性が**1より小さい財**。価格や所得が変化しても，需要量の変化は小さい。

□【 奢侈品の需要曲線 】…需要の価格弾力性が1より大きく，価格変動などに対する需要量の変化が大きいため，需要曲線は**緩やかな勾配**を示す（D_1）。

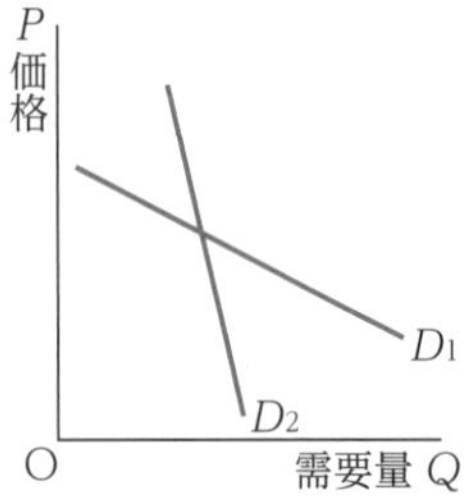

□【 必需品の需要曲線 】…需要の価格弾力性が1より小さく，価格変動などに対する需要量の変化が小さいため，需要曲線は**急な勾配**を示す（D_2）。

□【 需要の価格弾力性と需要曲線 】…一般に，同じ財であっても，需要曲線の位置によって，需要の価格弾力性は変化する。

（例）需要曲線が右下がりの直線のケース

・需要曲線の中点より高ければ，需要の価格弾力性は**1より大**。

・需要曲線の中点と同じ高さならば，需要の価格弾力性は**1**。

・需要曲線の中点より低ければ，需要の価格弾力性は**1より小**。

（例外1）需要曲線が水平な直線→需要の価格弾力性は**∞（無限大）**。

（例外2）需要曲線が垂直な直線→需要の価格弾力性は**0**。

（例外3）需要曲線が直角双曲線→需要の価格弾力性は常に**1**。

□【 需要の価格弾力性と支出額 】…需要の価格弾力性が1より大きいとき，財の価格上昇（下落）は支出額を減少（増大）させる。逆に，需要の価格弾力性が1より小さいとき，財の価格上昇（下落）は支出額を増大（減少）させる。

❺ 特殊な需要曲線と供給曲線

□【　**垂直な需給曲線**　】…需要（供給）曲線が垂直であるとは，**需要（供給）量が一定**であることを示す。

例：アルコール中毒者が一定量のアルコールを需要する（需要曲線）。
　　ある国の国内の土地の供給量は一定である（供給曲線）。

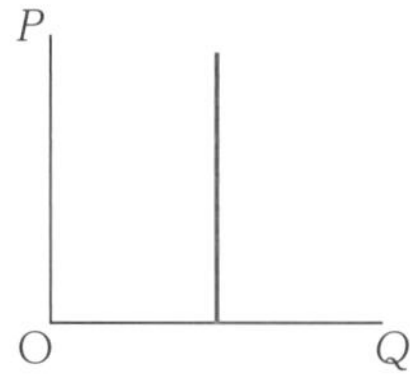

□【　**水平な需給曲線**　】…需要（供給）曲線が水平であるとは，**一定の価格**の下で消費者（生産者）がいくらでも需要（供給）できることを示す。

例：競合店舗が密集している財（商品）の需要曲線。
　　追加的な生産にかかる費用が一定である財（商品）の供給曲線。

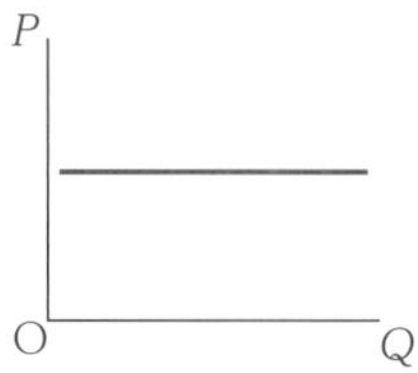

□【　**後方屈曲型供給曲線**　】…価格がある水準に達すると，**価格が上昇**するにつれて供給量が減少することを示す。

例：賃金が低いうちは，賃金の上昇は労働供給量を増大させる。しかし，賃金がある水準に達すると，賃金の上昇が余暇への志向を創出し，労働供給量を減少させる（労働供給曲線）。

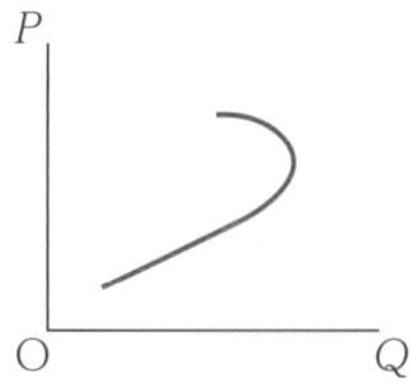

プラス＋α　需要の価格弾力性

Question 技術革新による製造費用の削減は，価格を下げ販売量を増やすが，利润の増減は需要の価格弾力性によって決まる。この記述は妥当か。

Answer 正しい。

❻ 完全競争市場における価格 ― 価格決定のメカニズム

多数の消費者と生産者（供給者）が存在し，互いに自由な競争の下で取引する完全競争市場では，需要と供給がつりあうところで価格が決まる。

□【　市場均衡　】…市場で，需要と供給が一致している状態。

□【　均衡価格　】…市場が均衡する取引価格。

□【　均衡数量　】…市場が均衡する取引数量。

□【　超過需要　】…市場において，ある価格水準の下で，需要量が供給量を上回っている状態。

□【　超過供給　】…市場において，ある価格水準の下で，供給量が需要量を上回っている状態。

□【　需要価格　】…消費者がある量の消費に対して支払ってもよいと考える価格。グラフでは，需要曲線の高さ。

□【　供給価格　】…生産者がある量の供給に対して我慢しうる価格。グラフでは，供給曲線の高さ。

□【　**市場の安定**　】…市場で超過需要（超過供給）が発生しているとき，市場が需要と供給を一致させる方向に働くように機能すること。この機能が働くメカニズムについては,「ワルラス的調整過程」,「マーシャル的調整過程」および「くもの巣調整過程」が知られている。

□【　ワルラス的調整過程　】…「価格」が需要と供給の不一致を調整する。超過需要があるときには価格が上昇し，超過供給があるときには価格が下落する。

・**安定条件**…需要曲線と供給曲線の交点（均衡点）より低い価格水準で，超過需要が生じていること。**図のように，需要曲線と供給曲線の交点の下に水平線を引き，需要曲線上の需要量**（D_0）**が供給曲線上の供給量**（S_0）**より大きいとき，「ワルラス的に安定である」という。**

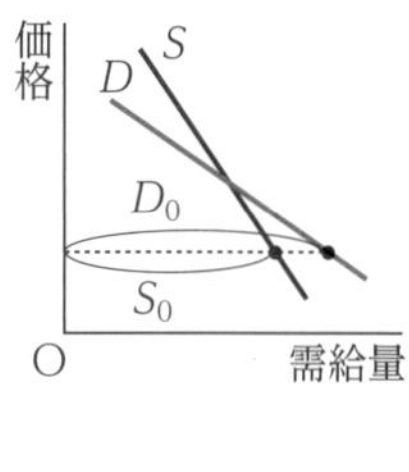

□【　マーシャル的調整過程　】…「生産数量」が需要と供給の不一致を調整する。需要価格が供給価格より高ければ生産者は生産量を拡大し，供給価格が需要価格より高ければ生産者は生産量を縮小する。

・**安定条件**…需要曲線と供給曲線の交点（均衡点）より少ない取引量で，需要価格が供給価格より高いこと。図のように，**需要曲線と供給曲線の交点の左に垂線を引き，需要曲線上の需要価格**（P_D）**が供給曲線上の供給価格**（P_S）**より高いとき，「マーシャル的に安定である」**という。

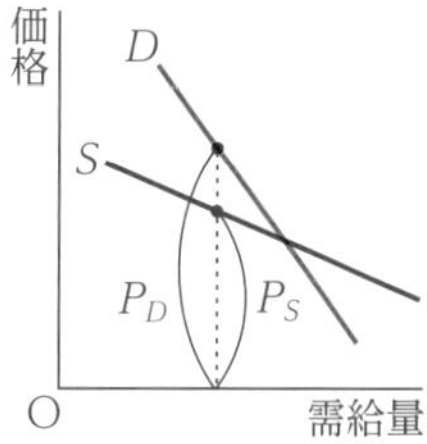

□【　くもの巣調整過程　】…「価格」と「需要量・供給量」との間の調整過程に伴う時間を考慮する。

・**安定条件**…図のように，**需要曲線の勾配が供給曲線の勾配より緩やかであるとき，「くもの巣調整過程において，安定である」という。**

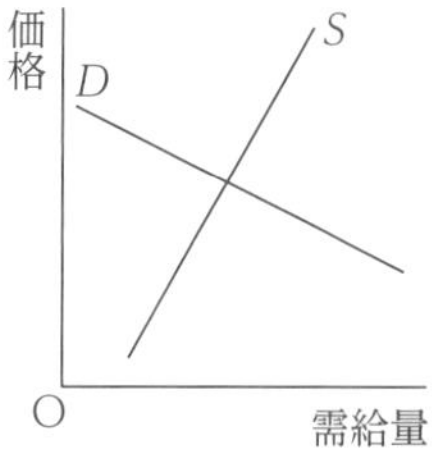

❼従量税・従価税

□【　従量税　】…財1単位につき課税（課税標準を数量に置いて，税率が金額表示）される税。供給曲線が財1単位当たり課税額分だけ，**上にシフトする**（$S \to S_1$）。

□【　従価税　】…財の価格に対して何%として課税(課税標準を金額に置いて，税率が%表示）される税。課税率分だけ**供給曲線の傾きが急**になる（$S \to S_2$）。

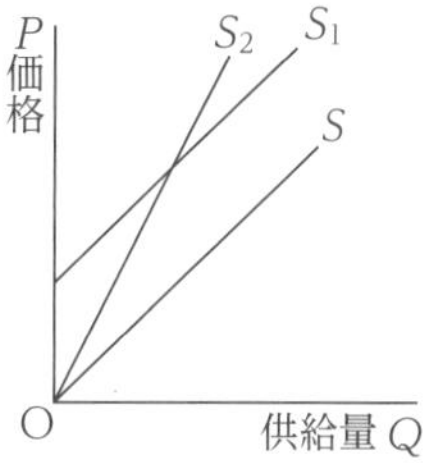

□【　従量税・従価税と市場の均衡　】…通常，従量税や従価税が課税されると，均衡価格と均衡数量は変化するが次のような例外もある。

例外：需要曲線が水平な直線の場合，従価税が課税されると，均衡数量は減少するが，均衡価格は変化しない。

テーマ 2

頻出度 C

消費者と生産者の行動

試験別頻出度		
国家総合職 ―――	国家専門職 ★☆☆	地上特別区 ―――
国家一般職 ―――	地上全国型 ★★☆	市役所 C ★☆☆
	地上東京都 ―――	

学習のポイント

◎無差別曲線のさまざまなパターンを具体的なイメージと結びつけて暗記しておくこと。

◎最近，平易ではあるが，専門試験に近い内容の出題も見受けられる。

❶ 無差別曲線の性質

□【　効用　】…消費者が財（商品）の消費から得る満足度を効用という。

□【　限界効用　】…消費者がある特定の財（X財）の消費量だけを1単位増加させるとき，追加的に得る満足度をX財の限界効用という。

□【　無差別曲線　】…消費者が等しい満足度（効用）を得られる財の消費量の組合せを示す線分。縦軸と横軸にそれぞれ異なる財の消費量をとった平面上のグラフとして表す。

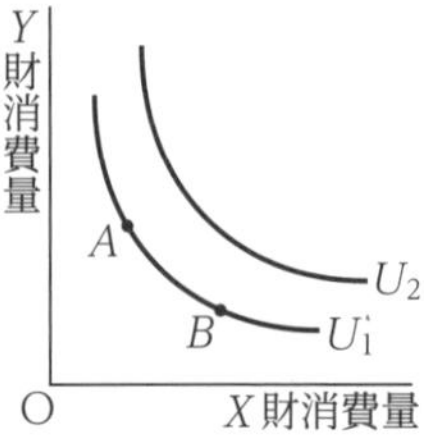

・ある消費者の1本の無差別曲線上の点は，いずれも同じ効用をもたらす（点Aと点Bは等しい効用をもたらす）。

・一般に，原点から離れた無差別曲線ほど，効用が高いことを示す（U_2はU_1より高い効用を示す）。

・ある消費者の無差別曲線は互いに交わらない（U_1とU_2は交わらない）。

□【　限界代替率　】…ある財（X財）の消費量を1単位増加させたとき，増加前の効用を維持するのに必要な他の財（Y財）の消費量の減少分。一般に，無差別曲線の接線の傾きに－1を乗じた値であり，X財の限界効用とY財の限界効用の比率でもある。

□【　限界代替率逓減の法則　】…ある財の元の消費量が増加するにつれて，その財の消費量を1単位増加させたときの限界代替率が小さくなること。この法則が満たされると，無差別曲線は上図のように，原点に対して凸型の形状となる。

❷ 特殊な無差別曲線

無差別曲線の形状は，縦軸と横軸にとる財の性質や財間の関係によって決まる。次の無差別曲線はその例である。

□【　**L字型の無差別曲線**　】…X財とY財が補完財（補完関係にある財）である。X財とY財のうち，いずれか一方だけをより多く消費しても，効用が高まらないことを示す。

例：右手の手袋と左手の手袋。

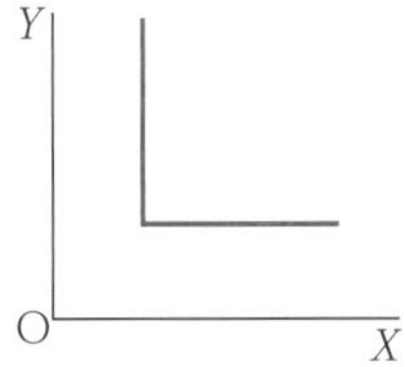

□【　**右下がりの直線の無差別曲線**　】…X財とY財が完全な代替財（完全な代替関係にある財）である。X財とY財の消費量にかかわらず，常に限界代替率が一定であることを示す。

例：100円玉と50円玉。

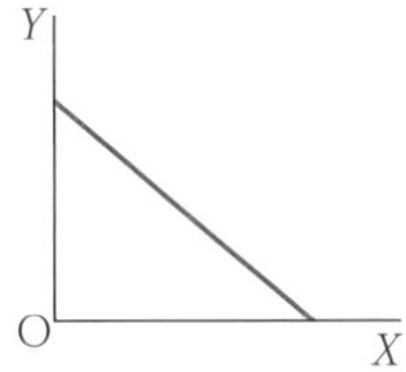

□【　**垂直な無差別曲線**　】…縦軸の財が効用に影響を及ぼさない。

例：X財をご飯，Y財をパンとしたとき，パンにまったく興味を示さない人の無差別曲線。

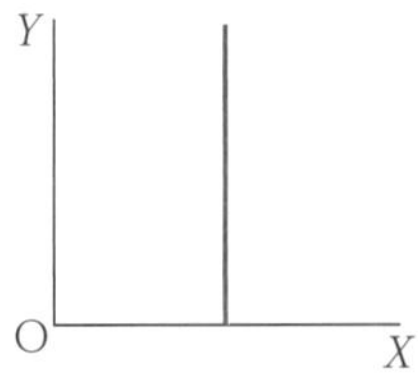

□【　**右上がりの無差別曲線**　】…縦軸か横軸のどちらかに，消費量が増えるほど効用が低下する財をとっている。

例：勉強嫌いの子どもにとってのX財をマンガ，Y財を学習参考書としたときの無差別曲線。

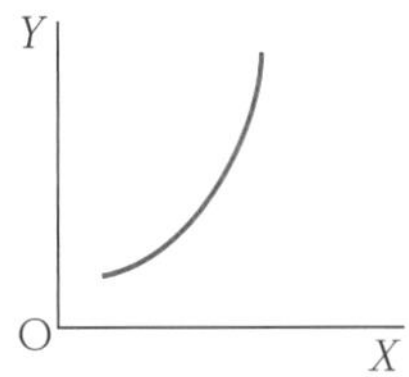

プラス+α　無差別曲線

Question X財が緑茶，Y財がコーヒーで，消費者が緑茶もコーヒーも同じ効用を与えると考えている場合，無差別曲線はどのような形になるか。

Answer 右下がりの直線

❸ 消費者の行動

□【　予算（制約）線　】…現在の所得（所持金）の下で購入可能な2財の組合せを示す線分。予算線を底辺，原点Oを頂点とする三角形内が購入可能な領域である。

例：所持金1,000円で100円のノート（X財）と200円のペン（Y財）を購入する場合，右図の線分ABが予算線である。なお，X財の価格をP_X，Y財の価格をP_Yで表すと，予算線の傾きの大きさはP_X/P_Yとなる。

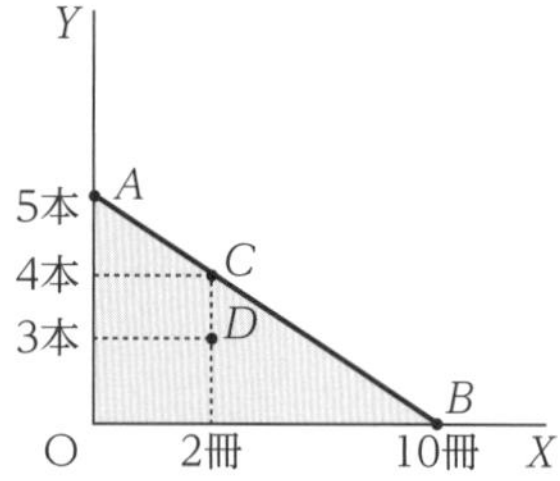

□【　最適消費点　】…無差別曲線と予算線の接点（E）。一般に，無差別曲線の傾きの大きさ（限界代替率）と予算線の傾き（相対価格）が等しくなる。

$$\text{限界代替率}\left(=\frac{X\text{財の限界効用}}{Y\text{財の限界効用}}\right)$$
$$=\frac{X\text{財の価格}}{Y\text{財の価格}}\quad(X\text{財の相対価格})$$

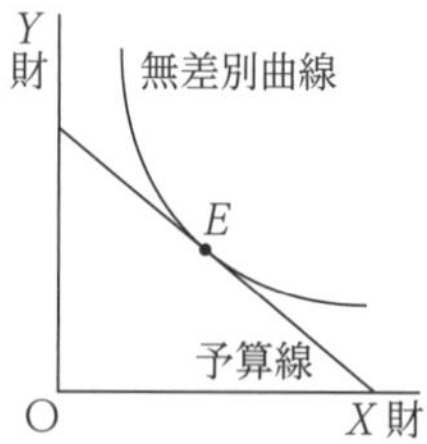

❹ 全部効果・代替効果・所得効果

□【　全部効果　】…ある財の価格が変化するときの2財の消費量の変化分を全部効果という（$E→E'$）。

・**全部効果＝代替効果＋所得効果。**

□【　代替効果　】…ある財の価格が変化するとき，元の効用を維持する場合に生じる2財の消費量の変化分を代替効果という（$E→E''$）。

□【　所得効果　】…実質所得が変化することによって生じる2財の消費量の変化分を所得効果という（$E''→E$）。

X財価格上昇のケース
（予算線 AB → AB′）

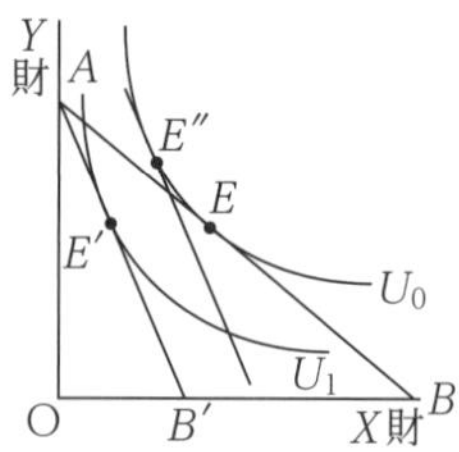

❺ 生産者の行動

□【　総費用　】…ある一定量の生産にかかる費用の総額。固定費用と可変費用に分かれる。

・**総費用＝固定費用＋可変費用**。

□【　固定費用　】…生産量が0であってもかかる費用で，生産量を変えても変化しない費用の総額。工場の建造費用や土地の利用料など。

□【　可変費用　】…生産量に応じて変化する費用の総額。原材料費や賃金など。

□【　平均費用　】…生産量1単位当たりの総費用（AC）。

□【　平均可変費用　】…生産量1単位当たりの可変費用（AVC）。

□【　限界費用　】…1単位増産することによって必要となる，総費用の追加分（MC）。

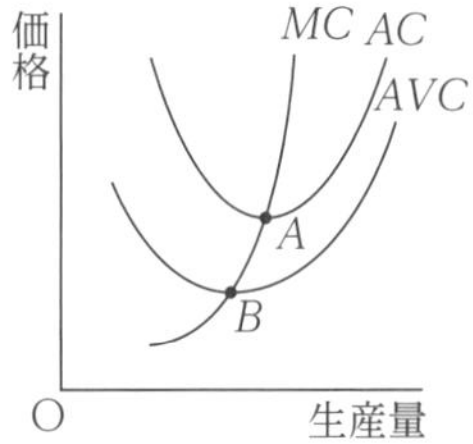

□【　損益分岐点　】…生産者の**利潤**がゼロとなる点。市場価格が損益分岐点より高ければ生産者は正の利潤を獲得し，低ければ負の利潤を獲得する。平均費用曲線ACの最低点になる（A点）。

□【　操業停止点　】…生産者の負の利潤の大きさが固定費用と等しくなる点。市場価格が操業停止点より高ければ生産者は操業し，低ければ操業を停止する。平均可変費用曲線AVCの最低点になる（B点）。

□【　供給曲線　】…**利潤最大化**を目的とする完全競争下の企業は，**市場価格と限界費用が等しくなる**ように生産量を選択する。よって，企業の供給曲線は，**限界費用曲線の**操業停止点**より上の部分**である。

プラス+α　操業停止点

Question 企業は赤字であっても，生産を続ける方が望ましいことがある。この記述は妥当か。

Answer 正しい。図中A点とB点の間である。

頻出度 B 市場と経済厚生

試験別頻出度		
国家総合職 ★☆☆	国家専門職 ★☆☆	地上特別区 ★☆☆
国家一般職 ★☆☆	地上全国型 ★★☆	市役所C ★★☆
	地上東京都 ―――	

学習のポイント

◎ミクロ経済学の基本概念は貿易理論などの形でも出題されるので，しっかりと押さえておこう。

◎市場の失敗，独占企業の行動理論や余剰分析にも要注意。

❶ 機会費用と優位

□【　機会費用　】…ある行動を選択するとき，その選択によって犠牲となった行動から得られる便益の中で最大の額を，選択した行動の機会費用という。

例：余暇を読書に費やす人を考える。この人が余暇をスポーツに費やせば100の効用を，睡眠に費やせば150の効用を得られるとすると，読書の機会費用は150である。

□【　絶対優位　】…ある財を他の国より安い**費用**で生産できるとき，この財の生産において絶対優位をもつという。

□【　比較優位　】…ある財を他の国より安い**機会費用**で生産できるとき，この財の生産において比較優位をもつという。

例：コメと自動車を生産するA国とB国がある。下の表は，両国がコメ1kgあるいは自動車1台を生産するのに必要な労働量をまとめたものである。

	コメ（1kg）	自動車（1台）
A国	5人	10人
B国	10人	50人

・A国はB国より少ない労働量でコメと自動車を生産できるので，A国はコメと自動車の生産において絶対優位をもつ。

・A国が自動車1台を生産する機会費用はコメ2kgであり，B国が自動車1台を生産する機会費用はコメ5kgであるから，機会費用の安いA国は自動車の生産に比較優位をもつ。同様に，コメ1kgの機会費用を考えれば，B国はコメの生産に比較優位をもつ。

❷ 市場の失敗

価格メカニズムが十分に機能する**完全競争市場**では，資源が最適に配分される。しかし，現実には，市場での取引が資源の最適配分に失敗する「**市場の失敗**」が生じている。

□【　パレート最適　】…**資源が最も効率的に利用されている状態**をいう。例えば，誰か（ある経済主体）の効用を高めるためには，他の経済主体の効用を低下させる必要がある状態。

□【　市場の失敗の例　】…市場の失敗には次のような例がある。

・市場での取引を経ないで他の経済主体に経済的影響を及ぼす**外部性**（外部効果）の存在。教育（正のケース）や公害（負のケース）など。

・**非排除性**と**非競合性**をもつ**公共財**の存在。灯台や警察など。

・生産量を増加させても平均費用が低下し続ける**平均費用逓減産業**。電力や水道など。

・**情報の不完全性**の存在。中古車市場や保険など。

❸ 大企業による市場支配

価格メカニズムが完全に機能するためには，多数の経済主体が競争的に取引をしていなければならない。しかし，現実には，少数の企業が市場を支配し，次のような現象が生じていることがある。

□【　独占　】…ある単一の企業が生産と販売を支配し，自由な競争が排除されている市場構造。

□【　寡占　】…少数の大企業が市場を支配しながら，相互に競争している市場構造。競合企業が２社である場合を**複占**という。

□【　独占的競争　】…企業数は比較的多いが，互いに**差別化された財**を生産している市場構造。

□【　管理価格　】…少数の企業が，常に一定の利潤を確保できるように定めた価格。有力企業がプライスリーダーとして価格を設定し，他の企業はその価格に追随する。

□【　非価格競争　】…**広告・宣伝競争やモデルチェンジ競争**など，価格以外の面での競争。

❹ 不完全競争市場における生産者の行動

□【 限界収入 】…生産量（販売量）を1単位追加することによって，追加的に得られる収入（売上）。

・需要曲線（D）が右下がりの直線であるとき，限界収入を表す曲線（MR）は，**需要曲線の縦軸（価格軸）の切片を通り**（点A），**傾きが需要曲線の2倍の右下がりの直線**となる。

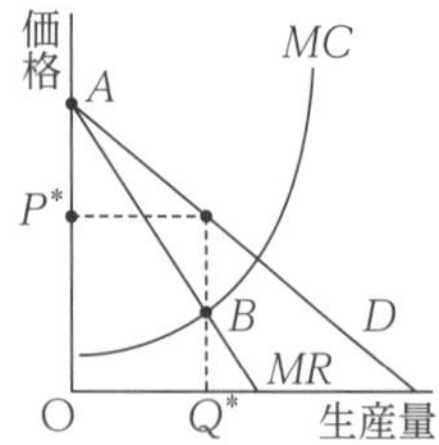

□【 独占企業の行動 】…限界収入（MR）と限界費用（MC）が一致する点Bを選択し，そのときの数量Q^*を生産量に，Q^*における需要曲線の高さP^*を価格（**独占価格**）に設定する。

□【 クールノー・ゲーム 】…寡占市場において，個々の企業がライバル企業の**生産量**を一定とみなして，自己の利潤を最大にする生産量を決定しあうというモデル。

□【 ベルトラン・ゲーム 】…寡占市場において，個々の企業がライバル企業の**価格**を一定とみなして，自己の利潤を最大にする価格を決定しあうというモデル。

❺ 消費者余剰・生産者余剰

□【 消費者余剰 】…消費者が財を消費することによって得る**純便益**。

例：右図において，3単位目の財の需要価格は120円である。市場価格は100円であるから，3単位目の財を消費するとき20円得したと考えられる。これが3単位目の消費者余剰である。そして，1単位目から均衡であるE点の数量までの消費者余剰を集計したものが市場の消費者余剰であり，△ACEの面積の大きさとなる。

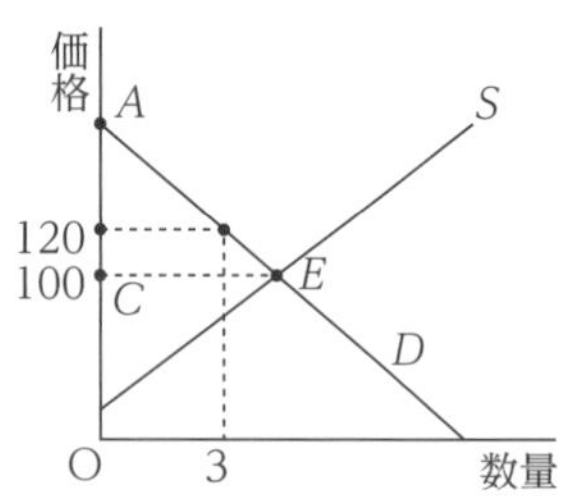

□【　**生産者余剰**　】…生産者が財を供給することによって得る**純便益**。
例：右図において，3単位目の財の供給価格は80円である。市場価格は100円であるから，3単位目の財を供給するとき20円の利益が得られる。これが3単位目の生産者余剰である。そして，1単位目から均衡であるE点の数量までの生産者余剰を集計したものが市場の生産者余剰は△CBEの面積の大きさとなる。

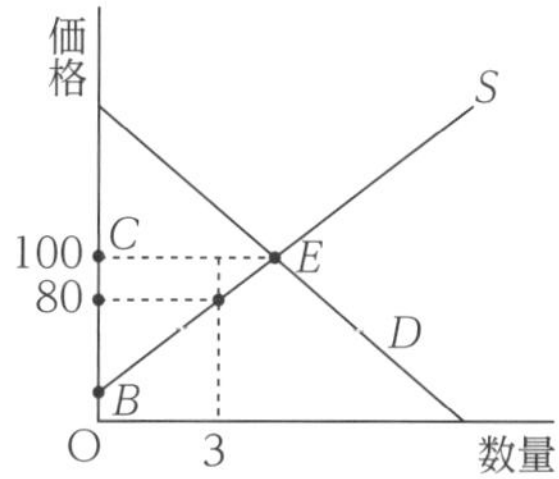

□【　**貿易の余剰分析**　】…図の需要曲線Dと供給曲線Sで表される財の国内市場に，世界価格p^Wで輸入を開始する（ただし，この国は輸入によって世界価格に影響を及ぼさないとする）。輸入開始前，総余剰は，消費者余剰△AEp_1，生産者余剰△BEp_1の和として，△ABEである。輸入開始後，需要量はD_1，供給量はS_1であるから，両者の差D_1-S_1が輸入量となる。この場合，消費者余剰は△AFp^W，生産者余剰は△BCp^Wになる。このとき，消費者余剰の増加□P_1EFp^Wは，生産者余剰の減少□P_1ECp^Wを上回るから，総余剰は△CEFだけ増加する。

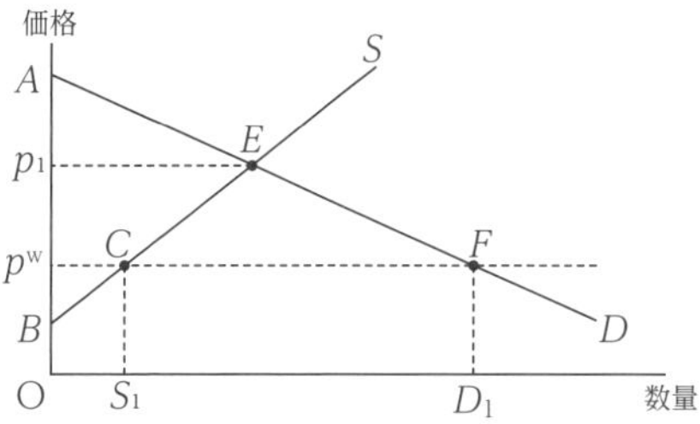

プラス+α　生産者余剰と利潤

Question 完全競争市場では，生産者余剰と企業の利潤総額は常に等しい。この記述は妥当か。

Answer 誤り。固定費用があれば乖離する。

頻出度 C

国民所得の概念とその決定

試験別頻出度		
国家総合職 ★☆☆	国家専門職 ★☆☆	地上特別区 ★☆☆
国家一般職 ★☆☆	地上全国型 ★☆☆	市役所C ★☆☆
	地上東京都 ★☆☆	

学習のポイント

◎GDPの意味を理解したうえで，NDP，DIやGNIなどとの関係をしっかりと押えておく。

◎基本的な国民所得の決定理論について，計算方法も含めて理解しておく。

❶ GDPの定義 ― フローの大きさを表す指標

一国の経済活動の大きさを表す統計的指標として最も基本的なものがGDPである。

□【 GDP 】…国内総生産。一国内で一定期間内に新たに生産された価値（付加価値）の合計からなる。一定期間内の総生産額から中間投入額（原材料，燃料など）を除いた額。

GDP ＝ 総生産額－中間投入額

□【 計算のルール 】…GDPは次のルールに従って計算される。

- **市場価格による評価**…GDPは市場で取引された財・サービスのみを計上する。
- **フローのみを評価**…GDPはその年に新たに生み出された財・サービスのみを計上する。土地や株式，美術品などの資産（ストック）や中古車などの取引はGDPに計上しない。

□【 ルールの例外 】

- **持ち家居住者の帰属家賃**…持ち家が住宅サービスという価値を生み出していることに着目し，家賃を推計して計上。
- **農家の自家消費分など**…市場で取引きされないが，農家などの生産を過小評価することにならないよう含めて計上する（帰属計算）。
- **公共サービス**…警察，消防，教育などは市場で対価を支払う形では提供されていないが，これらも供給に要する費用で測って計上する。

> **GDPに含まれるものの例**
>
> ・持ち家居住者の帰属家賃
> ・農林水産物などの自家消費分
> ・公共サービス
>
> **GDPに含まれないものの例**
>
> ・主婦（夫）の家事労働
> ・土地・家屋・株式・美術品などの資産の取引
> ・中古車の取引

❷ GDPとNDP，DIとの関係 ― 真の経済力を見るための指標

国の一定期間内の経済力をよりきめ細かく表す指標としてNDP，DIなどがある。

□【　NDP　】…国内純生産。GNPには，一定期間内の生産に伴う資本（機械）の磨耗分（固定資本減耗または減価償却，設備投資の価値減少分など）が含まれている。この固定資本減耗分を控除した，純粋な付加価値の合計がNDPである。

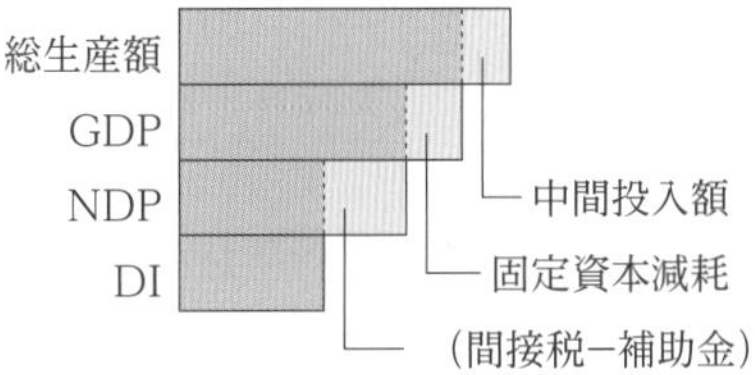

NDP＝GDP－固定資本減耗（減価償却額）

□【　DI　】…国内所得。一国において一定期間に新たに生産・分配・支出された財・サービスの合計。一国において一定期間内のなんらかの生産活動によって発生した付加価値の合計。NDPに含まれている間接税を控除し，さらに政府による補助金は市場価格を低下させるのでその分をNDPに加えることによって求めることができる。

DI＝NDP－（間接税－補助金）＝NDP－間接税＋補助金

□【　個人所得　】…一定期間の個人の所得の合計。DIから留保利潤，法人税，社会保険料を引き，恩給，年金，配当などの個人への移転所得を加えたもの。

□【　個人可処分所得　】…個人が消費できる所得の合計。DIから留保利潤，所得税，社会保険料，住宅ローンなどの利子支払いなどを引き，さらに政府からの移転所得（恩給，年金など）を加えたもの。個人の購買力を示す。

プラス+α　国内所得

Question 国内所得DIは，国内純生産NDPから間接税を引き，さらに政府からの補助金を引いたものである。この記述は妥当か。

Answer 誤り。補助金は加算される。

❸ GDPとGNIの関係 ― 属人か属地かの違い

GDPと関連した経済指標にGNIがある。1980年代までは国の経済活動を表すものとして一般にGNI（かつてはGNPと表現した）が用いられてきたが，近年ではGDPが中心となっている。

□【 GNI 】…国民総所得。ある国が一定期間内に生産した付加価値の合計。

GDP ＝ GNI－海外からの純要素所得
＝ GNI－海外からの要素所得＋海外への要素所得

□【 海外からの要素所得 】…日本人が海外で活動して得た所得。これは日本国内で得たものでないので，GDPから除外する。

□【 海外への要素所得 】…外国人が日本国内で活動して得た所得。これはGDPに加える。たとえば，日本国内の外国企業に働く外国人の所得，海外からやってきた音楽家の国内での演奏活動による所得。

□【 GDPとGNIの違い 】…両者の違いを，日本を例に説明する。

- **GDP**…日本に所在している者（企業）か否かにかかわらず，日本の国土の中で新たな付加価値の生産活動を行ったものの合計（**属地主義**）。
- **GNI**…日本に所在する者（企業）が日本国内か海外かを問わずに新たな付加価値の生産活動を行ったものの合計（**属人主義**）。GNIの「国民」とは経済上の概念で，1国の領土内に1年以上居住している経済主体（居住者）のことである。

□【 NNIとNI 】…**NNI（国民純所得）**とは，GNIから固定資本減耗を差し引いたものであり，**NI（国民所得）**は，NNIから「間接税－補助金」を差し引いたものである。

❹ フローとストック

経済諸量のとらえ方として，フローとストックがある。

□【 フロー 】…一定期間についてその大きさが把握される量。
例：**GDPやGNI**。

□【 ストック 】…一定の時点における存在量としてとらえられる量。
例：**土地や株式**。

❺ GDPの三面等価の原則 ― 3面からとらえた国民所得

国内所得DIは，生産，分配，支出の3面からとらえることができる。

□【　生産面からみたGDP　】…第一次産業，第二次産業，第三次産業のそれぞれでどれだけ新たに付加価値が生産されたかで表される。

□【　分配面からみたGDP　】…GDPがどのような形で分配されたか，雇用者報酬と営業余剰・混合所得，固定資本減耗と「間接税－補助金」に区分される。

□【　支出面からみたGDP　】…民間最終消費支出，政府最終消費支出，総固定資本形成，在庫変動と輸出の和から輸入を差し引いたもの。

□【　三面等価の原則　】…一国の国内における付加価値の**生産活動**を示す**国内総生産**は，**支出面**から見ると**国内総支出**となり，**分配面**から見ると**国内総所得**となり，ひとつの経済循環の流れを異なった側面から捉えているにすぎないので，互いに統計上の不整合を除けば等しい数値となる。このことを「三面等価の原則」と呼んでいる。この原則は，国民所得（NI）においても適用される。これを「国民所得の三面等価の原則」と呼んでいる。

・2019年度における日本のGDPは，約560兆円である。これは生産面から新たに生産された付加価値が総額約560兆円ということである。この560兆円を支出面から内訳を示すと，民間最終消費支出が約310兆円，政府最終消費支出が約110兆円，国内総固定資本形成が約140兆円，財貨・サービスの輸出が約100兆円，輸入が約100兆円である。また，これを分配面から見ると，雇用者報酬が約290兆円，営業余剰・混合所得が約100兆円，固定資本減耗が約130兆円，間接税－補助金が約40兆円となっている。

プラス+α　GDPと固定資本減耗

Question GDPは一定期間に生産された付加価値の合計であるので，企業の資本設備の減価分は控除される。この記述は妥当か。

Answer 誤り。固定資本減耗（減価消却）もGDPに含まれる。

❻ 45度線分析

□【 **国民所得決定式** 】…ある国の財に対する総需要Dは，（民間）消費C，投資I，政府支出G，輸出X－輸入Mに分けることができる。したがって，総供給と総需要がつりあう均衡では，

総供給＝$C+I+G+X-M$

が成立する。さらに，三面等価の原則より，この総生産は国民所得に一致する。均衡国民所得を図示すると，45度線と総需要曲線Dの交点Eに対応する国民所得Y^eとなる。

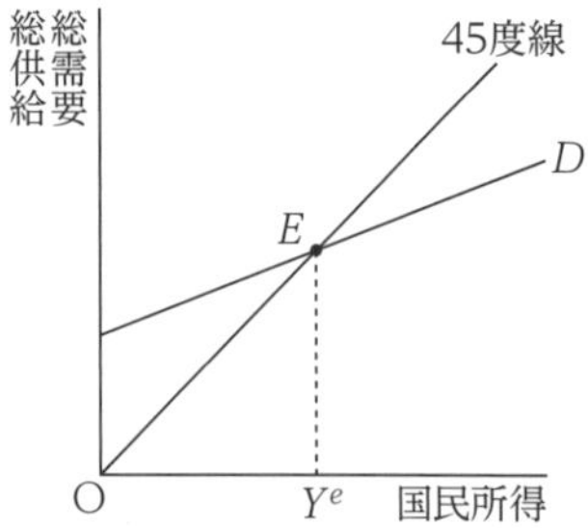

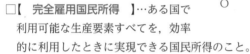

□【 **完全雇用国民所得** 】…ある国で利用可能な生産要素すべてを，効率的に利用したときに実現できる国民所得のこと。

□【 **インフレ・ギャップ** 】…完全雇用国民所得を実現する上で，過剰な総需要の額。

□【 **デフレ・ギャップ** 】…完全雇用国民所得を実現する上で，不足している総需要の額。

例：右図において，完全雇用国民所得Y_Fを実現するためには，総需要がE_FY_F必要である。総需要曲線がD_1(D_2)で与えられているとすると，完全雇用国民所得Y_Fの下では，総需要がAE_F（BE_F）だけ過剰（不足）となる。これがインフレ（デフレ）・ギャップである。

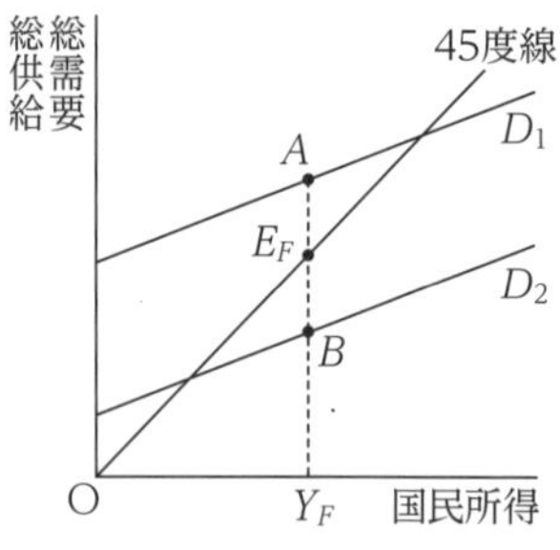

□【 **政府支出乗数** 】…政府支出を1追加するときの国民所得の増分。

例：(民間) 消費が$C=c_0+c_1Y$〔Y：国民所得，c_0：基礎消費（定数），c_1：限界消費性向（定数；$0<c_1<1$）〕であり，投資，政府支出，輸出および輸入が定数であるとき，政府支出乗数は$1/(1-c_1)$となる。よって，政府支出が5増えれば，均衡国民所得は$5/(1-c_1)$増える。

❼ *IS*－*LM*分析

□【　*IS*曲線　】…ある国の**財市場**（生産物市場）が均衡する利子率と国民所得の組合せを示す線分。縦軸を利子率，横軸を国民所得として表す。利子率が低下すると，投資の増加を通じて国民所得が増加するので，右下がりになる。

□【　*IS*曲線の右へのシフト要因　】…利子率が不変でも，国民所得が増加して，財市場が均衡する要因。たとえば，政府支出の増加（**財政拡張政策**），減税政策など。

□【　*LM*曲線　】…ある国の**貨幣市場**が均衡する利子率と国民所得の組合せを示す線分。縦軸を利子率，横軸を国民所得として表す。国民所得が増加すると，**取引動機に基づく貨幣需要**の増加を通じて利子率が上昇するので，右上がりになる。

□【　*LM*曲線の右へのシフト要因　】…国民所得が一定でも，利子率が低下して，貨幣市場が均衡する要因。たとえば，マネーストックの増大（**金融緩和政策**）など。

□【　流動性のわな　】…*LM*曲線が水平となる部分。このような状況下では，マネーストックを増加させても利子率は低下しない。

□【　*IS*－*LM*分析の均衡　】…財市場と貨幣市場が同時に均衡する状態。図では，*IS*曲線と*LM*曲線の交点Eで示される。交点*E*に対応する国民所得Y^eを均衡国民所得，利子率r^eを均衡利子率という。

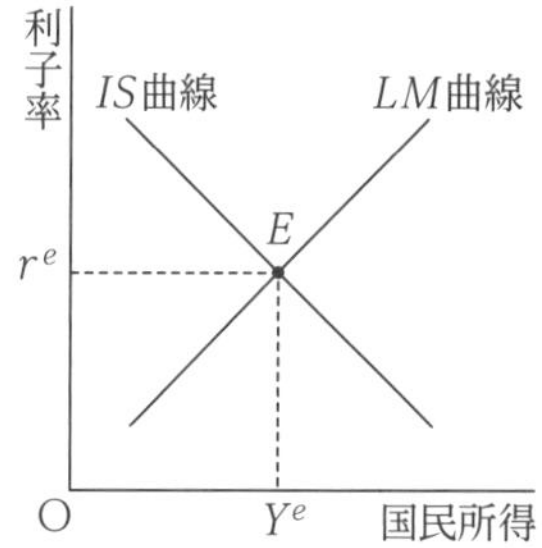

□【　貨幣需要　】…ケインズによると，貨幣需要は取引動機，予備的動機，投資的動機の3つの動機に基づくものの和である。これらのうち，取引動機と予備的動機に基づく貨幣需要は国民所得の増加関数，投機的動機に基づく貨幣需要は利子率の減少関数である。

テーマ 5

頻出度 C

経済政策論

試験別頻出度

	国家専門職 ★☆☆	地上特別区 ―――
国家総合職 ★☆☆	地上全国型 ★☆☆	市役所C ★☆☆
国家一般職 ★☆☆	地上東京都 ―――	

学習のポイント

◎市場メカニズムをどうとらえているか，また経済活動のうちで需要側を重視するか供給側を重視するかで，政策論を整理しておく。

◎貨幣数量説，マネタリズムについて理解を深めておく。

❶ 19世紀までの経済政策論

□【 重商主義 】…外国貿易を通じて国富増大をめざす経済理論および政策。金銀の輸出制限によって金銀の蓄積をめざす**重金主義**から貿易黒字をめざす**貿易差額主義**，さらに貿易差額を産業の保護育成によって獲得することを目指す**産業保護主義**に発展した。**貿易差額説**を唱えたイギリスの**トマス・マン**が代表的。16世紀から18世紀半ばまでの西欧諸国でとられた。

□【 重農主義 】…農業生産のみが純生産物（剰余生産物）をもたらす富の唯一の源泉であるとする経済理論および政策。18世紀後半，フランスの**ケネー**らが提唱した。ケネーが一国の総生産物の生産と流通・分配，すなわち経済循環の関係を簡潔に示す『**経済表**』を発表したほか，政策論としては地代以外への課税は生産を阻害するとする地租単一税制，商工業の自由放任主義が主張された。

□【 古典学派 】…**市場メカニズム（価格メカニズム）を信頼**。18世紀から19世紀半ばにかけてのイギリスにおける資本主義経済の発展を自由主義思想を基礎に分析・解明した。

アダム・スミス…主著『国富論』で一国の富の源泉を労働一般に求める**労働価値説**や賃金・地代・利潤の決定理論などを展開して経済学の基礎を築いた。経済行為の動機を利己心に求め，自由放任の下で行われる各人の利益追求は，「**見えざる手**」の導きにより社会全体の利益をもたらすとする「予定調和」の思想から，経済活動の自由放任，国家の不干渉を主張した。→「見えざる手」による市場（価格）メカニズムの発動にゆだねることで最も効率的な資源配分の状態（パレート最適）が実現すると主張する。

マルサス…主著『**人口論**』で，貧困は制度的欠陥によるものではなく，人口と食料との関係であると説いた。

リカード…主著『経済学および課税の原理』でスミスの労働価値説を徹底させて**投下労働価値説**を主張した。また国際貿易に関する**比較生産費説**では，貿易による国際分業がなぜ成立するかを明らかにして，自由貿易を推進する理論的根拠を提供した。

J.S.ミル…主著『経済学原理』でリカードの説を修正する生産と分配の２分論を展開した。生産と分配の関係について，前者は自然法則に従うが後者は共同意思で変更しうると主張した。

□【　**マルクス経済学**　】…古典学派の労働価値説を批判的に継承しつつ，生産過程で生み出される剰余価値を中心とする理論を展開したマルクスを創始者とする経済学。マルクスは『**資本論**』で，史的唯物論に則して労働者と資本家の対立，労使関係の再生産過程，剰余価値が利潤，地代，利子となって現れる過程などの資本主義経済の運動法則を体系的に明らかにした。

□【　**歴史学派**　】…国民経済の歴史的個別性を強調する，19世紀後半のドイツの経済学派。創始者の**リスト**は，主著『経済学の国民的体系』で古典学派の自由放任主義に反対し保護貿易，ドイツにおける関税同盟の結成などを主張した。

□【　**新古典学派**　】…1870年代から第一次世界大戦頃までに現れた理論経済学の諸学説の総称。創始者である**マーシャル**は，限界効用の概念を価値，価格，市場などの理論に結びつけ，「**有機的成長**」の経済理論を展開した。**メンガー**は，主観価値による経済理論「**限界効用理論**」を打ちたてた。また，**ワルラス**は，主著『純粋経済学要論』で財の希少性の概念を用いて需要と供給の一般均衡理論を打ち立てた。

プラス+α　市場の自動調整作用

Question スミスに代表される古典学派は，市場メカニズムに任せれば需要と供給の不均衡は価格変動で即座に解消されるとした。この記述は妥当か。

Answer 正しい。「見えざる手」による市場メカニズムの発動である。

❷ 20世紀の経済政策論

□【　ケインズ経済学　】…ケインズは，第一次世界大戦後のイギリスの金本位制復帰に反対して管理通貨制度を提唱したほか，主著『**雇用・利子および貨幣の一般理論**』で政府による有効需要の創出とそれによる非自発的失業の克服という独創的な経済理論を展開した。

自由放任の下における市場メカニズムの働きに対して懐疑的で，政府の裁量的な政策が必要であるとした。そこから景気回復・完全雇用の実現のための政府による有効需要拡大政策の必要性が強調された。このケインズの理論は多くの国の政策決定に「ケインズ革命」といわれるほどの大きな影響をもたらした。アメリカの**ニューディール政策**はこの典型例とされる。

□【　アメリカ・ケインジアン　】…代表者**サミュエルソン**は，民間部門の市場行動を数学的に分析した結果から，不安定要因の克服のために政府の介入が必要であるとするケインズ経済学をより洗練されたものとした。

□【　マネタリズム　】…創始者**フリードマン**は，主著『貨幣数量説再述』などで自由市場原理を可能な限り拡大・維持できるような経済政策を提唱した。→**市場メカニズムの信頼**。

このフリードマンを中心とする**マネタリスト**たちは，ケインズ経済学の有効需要拡大政策は短期的・一時的には生産力を高め失業率を減らす効果があるが，一方においてインフレをもたらし，長期的には実質所得や失業率はもとの水準に戻ってしまうと主張した。そして，このマクロ的な需要拡大政策では動かすことのできない失業率水準のことを「**自然失業率**」と表現した。政府の裁量的な政策を批判したマネタリストたちは，政府のとるべき政策として，経済成長を目的とした貨幣供給量の伸びを一定に保つというルールに基づく政策を提言した。→***k*%ルール**。

□【　合理的期待形成学派　】…ルーカス，サージェントらは，マネタリストの主張をもっと極端にし，価格が完全に伸縮的であること，経済主体が合理的に行動することの想定のうえに立って，ケインズ経済学の裁量的な有効需要拡大政策は長期的のみならず短期的にも無効であると主張した。

□【　サプライサイド・エコノミックス　】…ケインズが経済の需要側を重視したのに対し，**フェルドシュタイン**や**ラッファー**を代表者とするサプライサイド・エコノミックスは，経済を供給の面から活性化することを提唱した。また，彼らは生産力の基礎である労働と資本の供給を阻害するものは税制とインフレであるとして，減税政策，規制緩和を提言した。アメリカの**レーガン政権**は，この経済政策論を採用した（**レーガノミクス**）が，その後，**巨額な財政赤字**をもたらした。

□【　政治経済学からのアプローチ　】…**ブキャナン**や**ワグナー**は，政治経済学の立場から，現代の民主政治の下では積極的な財政運営は有権者の支持を受けやすいのに対し，緊縮的な財政運営は支持されにくいという非対称性があるために財政赤字が累積しがちであることを指摘して，**均衡予算原則**の復活を提唱した。

❸ 古典派経済学とケインズ経済学の市場観

		古典派（新古典派経済学）	ケインズ経済学
市場一般	市場での調整 市場の状態	価格調整 常に均衡	主に数量調整 不均衡の可能性
労働市場	名目賃金率 雇用 （失業の性質）	伸縮的 完全雇用 （自発的失業）	下方硬直性 不完全雇用 （非自発的失業）
生産物市場	決定要因 （決定原理）	供給サイド （セイの法則❶）	主に需要サイド （有効需要の原理）
資産市場	利子率の決定	貸付資金説	流動性選好説
マクロ安定化政策	基本的な考え方	原則として必要なし	必要あり

❶「供給はそれに等しい需要を自ら創出する」という内容

プラス＋α　ケインズの景気回復の政策

Question ケインズは，（　A　）の不足が不況の原因であるとして，政府による（　A　）拡大政策を提唱した。このAには何があてはまるか。

Answer 有効需要

❹ マンデル=フレミング・モデル

□【 マンデル=フレミング・モデル 】…海外との取引を考慮した開放経済下での財政・金融政策の効果を分析したモデル。R.マンデル, J.フレミングによってほぼ同時期に提示された。

・変動為替相場制+資本移動が完全に自由な場合

財政拡張（緊縮）政策は，為替レートの増価（日本の場合，円高になること）を通じて純輸出を縮小させるため，無効。

金融緩和（引締）政策は，為替レートの減価（日本の場合，円安になること）を通じて純輸出を拡大させるため，有効。

・固定為替相場制+資本移動が完全に自由な場合

財政拡張（緊縮）政策は，為替レートの増価（減価）圧力を生むため，貨幣供給量の増加（減少）が必要となり，有効。

金融緩和（引締）政策は，為替レートの減価（増価）圧力を生むため，貨幣供給量の減少（増加）が必要となり，無効。

・資本移動が存在しない場合

変動為替相場制→財政・金融政策ともに有効。

固定為替相場制→財政・金融政策ともに無効。

❺ 政策のタイムラグ

□【 認知ラグ 】…政策が必要となる経済状況が生じてから，政策当局がそれを認知するまでの経過時間。

□【 行動ラグ 】…政策当局が政策の必要性を認知してから，政策当局が政策を実施するまでの経過時間。実行ラグともいう。

□【 効果ラグ 】…政策当局が政策を実施してから，政策効果が現れるまでの経過時間。波及ラグともいう。

□【 内部ラグと外部ラグ 】…内部ラグとは，政策の必要性が生じてから，政策当局が政策を実施するまでの経過時間であり，認知ラグと行動ラグを指す。一方，効果ラグは外部ラグと呼ばれる。

□【 財政・金融政策のタイムラグ 】…一般に,行動ラグを比較すると,議会等の承認を要する財政政策の方が長い。効果ラグを比較すると,間接的に需要を操作する金融政策の方が長い。認知ラグでは，両者の差は生じにくい。

❻ ポリシー・ミックス ― 財政政策+金融政策

ポリシー・ミックスは一般には金融政策と財政政策の同時的組合せの意味で用いられているが，本来，複数の政策目標を達成するために複数の政策手段をとることをいう。

□【　**国内均衡達成のためのポリシー・ミックス**　】…たとえば，以下の左のような経済状況では右に示すポリシー・ミックスがとられる。

景気の過熱・インフレ→緊縮的財政政策＋引締的金融政策。

不況・失業増大→拡張的財政政策＋緩和的金融政策。

□【　**内外均衡達成のためのポリシー・ミックス**　】…**マンデル**は，国内経済の問題については財政政策を，国際収支上の問題については金融政策を割り当てるべきであるとの政策割当論を展開した。具体的には，国内経済の状況と国際収支が以下の左のような場合，右のポリシー・ミックスがとられる。

デフレ・国際収支が黒字→拡張的財政政策＋緩和的金融政策（A領域）。

デフレ・国際収支が赤字→拡張的財政政策＋引締的金融政策（B領域）。

インフレ・国際収支が赤字→緊縮的財政政策＋引締的金融政策（C領域）。

インフレ・国際収支が黒字→緊縮的財政政策＋緩和的金融政策（D領域）。

なお，これは固定為替相場制が前提である。

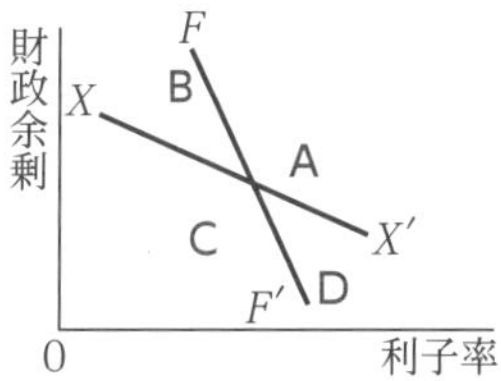

XX′線……国内均衡線
FF′線……国際収支均衡線

□【　**緊縮的財政政策＋緩和的金融政策**　】…インフレで国際収支が黒字の場合は，インフレ対策には総需要を減少させるような緊縮的な財政政策を割当て，国際収支の黒字を抑制するためには緩和的な金融政策によって利子率を低下させることで資本の流出を促すべきであるとした。

□【　**拡張的財政政策＋引締的金融政策**　】…デフレで国際収支が赤字の場合は，デフレ対策には総需要を増加させるような拡張的な財政政策を割当て，国際収支の赤字を解消するためには引締的な金融政策によって利子率を上昇させることで資本の流入を促すべきであるとした。

頻出度 A

金融政策と金融制度・事情

試験別頻出度		
国家総合職 ★★★	国家専門職 ★☆☆	地上特別区 ★☆☆
国家一般職 ★☆☆	地上全国型 ★★☆	市役所C ★☆☆
	地上東京都 ★☆☆	

学習のポイント

◎マネーストックをコントロールする手段と，それを実施した場合の効果について整理しておく。
◎近年の金融事情・金融制度の変化についてしっかりと押さえておく。

❶日本銀行の役割 — 金融政策の実施主体

日本の経済・金融システムの中枢機関である日本銀行は，日本銀行法に基づく認可法人（資本金1億円。うち55%が政府出資）であり，次のような重要な役割を担っている。

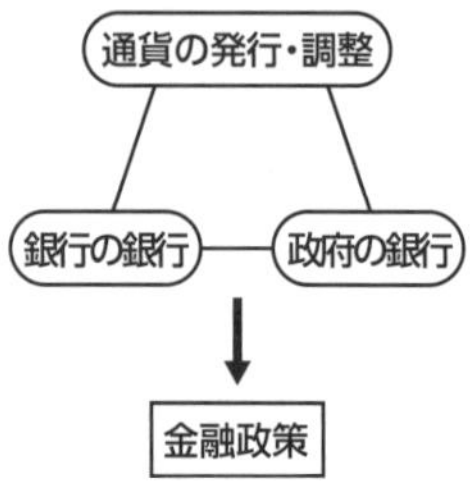

□【 **通貨の発行・発行量調整** 】…法定通貨である**日本銀行券**を発行する唯一の発券銀行。経済の動きにより量的調整を行う。

□【 **銀行の銀行** 】…市中金融機関と預金の受入れ，貸出し，手形再割引，有価証券の売買などの取引を行う。

□【 **政府の銀行** 】…国庫金の出納，公債発行・償還事務の代行，外国為替の管理・決済など政府の金銭面の管理を行う。

□【 **金融政策の実施** 】…国の中央銀行として金融政策（金融市場調節）を行う。最高政策決定機関は**日銀政策委員会**[1]である。

❷マネーストック — 物価や景気動向を反映

□【 **マネーストック** 】…**通貨供給量（マネーサプライ）**。民間の非金融部門が保有する通貨の総量。日本ではM3が代表的指標として用いられる。

・M1＝現金通貨（銀行券発行高＋貨幣流通高）＋預金通貨
・M2＝現金通貨＋国内銀行等に預けられた預金
・M3＝M1＋準通貨（定期預金など）＋譲渡性預金（CD）
・広義流動性＝M3＋各種信託・債券等

---

❶ 総裁，副総裁2人，審議委員6人の9人で構成。1998年施行の改正日銀法で政府からの独立が強化され，政府代表委員は廃止された（議決権を持たないオブザーバーとして参加）

❸ 金融政策の手段① ― 金利操作

中央銀行（わが国では日本銀行）は，マネーストックを操作するために金融政策を行う。その手段の一つに政策金利の操作がある。**わが国の政策金利はコール金利（無担保コール翌日物）**である。なお，1999年まで政策金利として用いられた公定歩合は，現在では「基準割引率および基準貸付利率」と名称変更されている（政策金利ではない）。

□【　**コール金利**　】…金融機関が，短期的な資金の過不足を調整するための取引を行うための市場をコール市場という。コール市場での貸借に適用される金利がコール金利である。

□【　**利下げ**　】…通常，政策金利であるコール金利を引下げることを利下げと呼ぶ。これはコール市場の取引の増加を通じてマネーストックを増大させる。結果として，市中金利の低下も促されることが多い。

□【　**利上げ**　】…コール金利の引上げは，コール市場の取引の増加を通じたマネーストックの減少や，市中金利の上昇をねらいとする。

❹ 金融政策の手段② ― 公開市場操作

□【　**公開市場操作**　】…中央銀行が，金融市場で市中金融機関と有価証券（債券など）を売買してマネーストックに影響を与えること。

□【　**買いオペレーション**　】…**買いオペ**。中央銀行が市中金融機関から国債などの有価証券を買う。中央銀行が有価証券の購入代金を市中金融機関に支払うため，市中に出回るマネーストックは**増大**する。

□【　**売りオペレーション**　】…**売りオペ**。中央銀行が市中金融機関に有価証券を売る。市中金融機関が有価証券の購入代金を中央銀行に支払うため，市中に出回るマネーストックは**減少**する。

プラス+α　金融政策

Question　日本銀行の行う金融政策は，制度上，政府の了解の下に日銀政策委員会が決定を行う。この記述は妥当か。

Answer　誤り。政府の了解は不要。

❺ 金融政策の手段③ ― 支払準備率操作

□【 **支払準備率** 】…**法定準備率**。市中銀行は，払戻しの準備のために預金の一定割合を中央銀行に預け入れなければならない（法定準備）。その預け入れの割合を支払準備率という。なお，本来は預金者保護のための制度である（プラスα参照）。

□【 **支払準備率引下げ** 】…中央銀行に預け入れる割合が減少するために，それに応じて市中に出回るマネーストックの量が**増大**する。

□【 **支払準備率引上げ** 】…中央銀行に預け入れる割合が増大するために，それに応じて市中に出回るマネーストックの量が**減少**する。

❻ 金融政策の効果 ― 金融緩和と金融引締め

目標／手段	マネーストック増大（金融緩和）	マネーストック減少（金融引締め）
金利操作	利下げ	利上げ
公開市場操作	買いオペ	売りオペ
支払準備率操作	引下げ	引上げ

□【 **金利操作** 】

不況期→利下げ（マネーストック増大）→市中金利低下・貸出増加→景気刺激。

好況期→利上げ（マネーストック減少）→市中金利上昇・貸出減少→景気抑制。

□【 **支払準備率操作** 】

不況期→支払準備率引下げ（マネーストック増大）→市中金利低下・貸出増加→景気刺激。

好況期→支払準備率引上げ（マネーストック減少）→市中金利上昇・貸出減少→景気抑制。

□【 **公開市場操作** 】

不況期→買いオペ（マネーストック増大）→市中金利低下→景気刺激。

好況期→売りオペ（マネーストック減少）→市中金利上昇→景気抑制。

❼ 金融緩和の影響

変動為替相場制の下では，日本銀行が金融緩和を行った場合，その政策効果は次の図のようなプロセスで現れる。

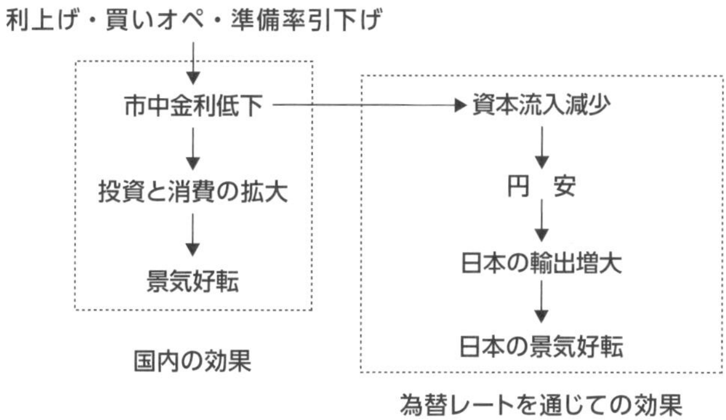

□【　市中金利低下　】…金融緩和による市中金利低下は，次のような変化をもたらす。

- **企業の資金需要の増大**…金利低下は企業が銀行から資金を借りることを容易にし，設備投資などの資金需要を増大させる。
- **消費の拡大**…金利低下は，家計の面からすると貯蓄のメリットが低下することから消費の拡大がもたらされる。
- **資本流入の減少**…日本の銀行の金利が高いうちは，その有利さから外国からの資本流入が多いが，金利低下はその流れを減少させる。

□【　円安　】…資本流入の減少は，為替レートを円安にする。円安とは円の価値の低下を意味する。

□【　輸出増大　】…円安は日本の商品の価格を安くし，外国での需要を高めるため，輸出を増大させる。

プラス＋α　支払準備率操作

支払準備率操作は，市中金融機関が預金の一定割合を日本銀行に預金して支払準備金とし，銀行から預金者の預金引出しができなくなる事態を避けるための制度でもある。

❽ 信用創造とハイパワード・マネー

□【　信用創造　】…金融機関に預けられた預金が派生的に預金を生み出す仕組み，あるいは派生的に生み出された預金の総額。

例：支払準備率が0.2（20%）であり，金融機関は支払準備金を除外した預金を貸し付け，借入者から現金を受け取った者は全額を預金するものとする。このとき，当初の預金量が100増えると，金融機関は80を貸し付け，借入者から現金80を受け取った者は80を預金する。したがって，金融機関は新たに64を貸し付けることが可能になる。この循環が無限に続くと，預金総額は

$$100+80+64+\cdots\cdots=\frac{100}{0.2}\left(=\frac{\text{当初の預金}}{\text{支払準備率}}\right)=500$$

にまで増加する（無限等比数列の和として求められる）。

・支払準備率が低いほど，信用創造の規模は大きくなる。

□【　マネタリー・ベース（ハイパワード・マネー）　】…中央銀行（日本銀行）が直接的にコントロールできる貨幣であり，現金通貨と支払準備金の和として定義される。

□【　貨幣乗数・信用乗数　】…マネーストックとマネタリー・ベースの比率。貨幣乗数がmのとき，中央銀行（日本銀行）がマネタリー・ベースを1単位増加させると，マネーストックはm単位増える。

例：現金をC，預金をD，支払準備金（法定準備金）をRとすると，マネーストックは$C+D$，マネタリー・ベースは$C+R$となる。よって，貨幣乗数mは

$$m=\frac{C+D}{C+R}=\frac{1+\frac{C}{D}}{\frac{C}{D}+\frac{R}{D}}=\frac{1+\text{現金・預金比率}}{\text{現金・預金比率}+\text{支払準備率（法定準備率）}}$$

となる。

・現金・預金比率$\frac{C}{D}$や法定準備率（支払準備率）$\frac{R}{D}$の上昇は，貨幣乗数の値を小さくする。

⑨ 金融再生関連法 ― 金融システムの健全化が目的

1998年には，相次ぐ金融機関の破綻が日本の金融システムに対する信頼を根底から揺るがした。その状況を打開するために定められた金融再生関連法９法のうちの２本柱が金融再生法と金融機能早期健全化法である（いずれも98年10月成立）。法の財政的裏付けとして，破綻処理，預金者保護，金融機能早期健全化のために60兆円の公的資金が**預金保険機構**[2]に用意された。

□【　**金融再生法**　】…借り手を保護しながら破綻金融機関を処理する一連の手続きを定めている。破綻金融機関の処理は，**金融庁**が次のうちのいずれかを選択する。

- **特別公的管理**…公的資金で全株式を買い取り，一時国有化する。適用第１号は98年10月の日本長期信用銀行。
- **ブリッジバンク方式**…金融整理管財人を派遣して公的管理に移す。
- **整理回収機構**…いずれの金融機関も，不良債権の**整理回収機構**[3]への売却を進め，受け皿金融機関を探す。→受け皿が見つからない場合，金融庁が清算（消滅）を決定。

□【　**金融機能早期健全化法**　】…金融機関の破綻を未然に防ぐことを目的とした法。公的資金投入による金融機関の資本増強の枠組みを定めたもので，公的資金を受ける場合には，自己資本比率に応じて，役員や従業員の削減などの合理化や海外業務からの撤退などを行うなどの条件が定められている。

- **金融機関の４分類**…いわゆる「健全銀行」（海外に営業拠点を持つ国際基準適用行は自己資本比率８％以上，国内基準適用行は４％以上）から「特に著しい過少資本銀行」（国際基準２％未満，国内基準１％未満）まで４段階に区分。
- **資本注入**…自己資本比率が低いほど厳しい条件がつけられた。注入は各金融機関からの申請により，99年3月，大手15行に総額約７兆5,000億円の公的資金が注入された。

---

❷ 金融機関が破綻して預金の払戻しが不可能になった場合に預金者に対する払戻しを肩代わり・保証する機関。預金保険法に基づき1971年に特別法人として設立された

❸ 住宅金融債権管理機構と整理回収銀行が合併して新設された

⑩ 不良債権処理

□【　**不良債権**　】…一般に，金融機関にとって，約定どおりの返済や利息支払いが受けられなくなった貸出しあるいはそれに準ずる債権。

・**金融再生法に基づく開示債権**…①破産更生債権およびこれらに準ずる債権，②危険債権および③要管理債権を内容とする不良債権であり，貸付有価証券，貸出金，外国為替，未収利息，仮払金および支払承諾見返を対象とする。

・**銀行法に基づくリスク債権**…①破綻先債権，②延滞債権，③3か月以上延滞債権および④貸出条件緩和債権を内容とする不良債権であり，貸出金を対象とする。

⑪ 2000年前後の金融事情

□【　**財金分離**　】…日本の財務，通貨，金融，外国為替，証券取引などの行政事務全般を管轄してきた大蔵省から，1998年6月に民間金融機関等の検査・監督部門が**金融監督庁**として独立し，さらに同年12月に金融機関の危機管理などに関する企画・立案，破綻処理事務などを行う部門が**金融再生委員会**として独立するなど，同省の権限は縮小された。金融監督庁は2000年7月に**金融庁**に改組され，大蔵省金融企画局が担ってきた金融制度の企画・立案事務が移管された。01年1月の中央省庁再編に伴い，大蔵省は**財務省**となり，**金融再生委員会は廃止**され，金融庁にその権限が引き継がれた。

□【　**ゼロ金利政策**　】…無担保コール翌日物を「おおむねゼロ％」で推移するよう促す政策。1999年2月に導入され，翌年8月に一時解除されたが，その後も数度実施された。

□【　**量的緩和政策**　】…日本銀行が金融機関に潤沢な資金を供給することで，ゼロ金利政策と同等以上の金融緩和効果を実現しようとする政策。物価の継続的下落を防止し，持続的な経済成長を達成するために2001年3月に導入され，06年2月に解除されたが，同様な政策が，その後も実施された。

⑫リーマン・ショック後の金融事情

□【　**リーマン・ショックと金融政策**　】…2008年の米国の大手投資銀行の一つであるリーマン・ブラザーズの破綻等を契機にした金融市場の混乱が世界的な金融危機に発展した。これがいわゆるリーマン・ショックである。これを受けて，日本銀行は，08年10月より政策金利を引き下げるとともに，金融市場安定化のための措置等をとった。

□【　**包括的な金融緩和政策**　】…2010年10月，日本銀行は実質ゼロ金利政策，「中長期的な物価安定の理解」に基づく時間軸の明確化，資産買入れ等の基金の創設を柱とする金融政策を導入した。

□【　**量的・質的金融緩和**　】…2013年4月，日本銀行は**消費者物価の対前年上昇率2％を目指す「物価安定の目標」**（いわゆる**インフレ・ターゲット**）を早期に実現するため，「量・質ともに次元の違う金融緩和」を採用。金融市場調節の操作目標を無担保コールレート（オーバーナイト物）から**マネタリーベース**に変更，長期国債の買入れの拡大，さらにETF（指数連動型上場投資信託）やJ-REIT（不動産投資信託）などの買入れを拡大することとした。

□【　**マイナス金利付き量的・質的金融緩和**　】…日本銀行は，2016年1月，「マイナス金利付き量的・質的金融緩和」を導入。**金融機関が保有する日銀当座預金の一部にマイナス金利（マイナス0.1％）**を適用した。

□【　**長短金利操作付き量的・質的金融緩和**　】…日本銀行は2016年9月に新たな枠組みとして「長短金利付き量的・質的金融緩和」を開始。**金融市場調節により短期金利と長期金利をともに操作する**（イールドカーブ・コントロール）とともに，消費者物価上昇率の実績値が安定的に2％の「物価安定の目標」を超えるまでマネタリーベースの拡大方針を継続するとした。

□【　**日銀の国債引受け**　】…財政法5条は日銀の国債引受けの原則禁止をうたっているが，特別の事由があり，かつ国会の議決を経た金額の範囲では引受けを認めている。ただし，日本銀行はインフレの高進と円の急落を招くおそれがあるとして反対しており，政府の発行する国債の直接引き受けは，戦後，一度も行われていない。

頻出度 C

インフレーション

試験別頻出度

国家総合職 ―――	国家専門職 ★☆☆	地上特別区 ―――
国家一般職 ―――	地上全国型 ―――	市役所C ★☆☆
	地上東京都 ★☆☆	

学習のポイント

◎貨幣需要はどのようなときに増大・減少するか，基本を押さえておく。
◎インフレの弊害とその対策は周期的に出題される。インフレの種類とその特徴，経済に及ぼす影響，抑制策などについて知識を整理しておこう。

❶ インフレーションの種類とその特徴① ― 原因による分類

種々の原因で，ある一定期間にわたって物価が持続的に上昇する状態をインフレーションという。原因によって分類すると次のとおりである。

□【 **ディマンド・プル・インフレーション** 】…需要が供給を超過することにより生じる物価上昇。図1の需要曲線DがD'へとシフトすることにより発生する。

□【 **真正インフレーション** 】…完全雇用の状態のときに総需要が増加することで生じる。実質生産量は完全雇用水準にとどまるが，物価や賃金が比例的に上昇する現象のこと。図1の供給曲線Sが垂直のときに需要曲線がDからD'にシフトすることで発生する。

図1

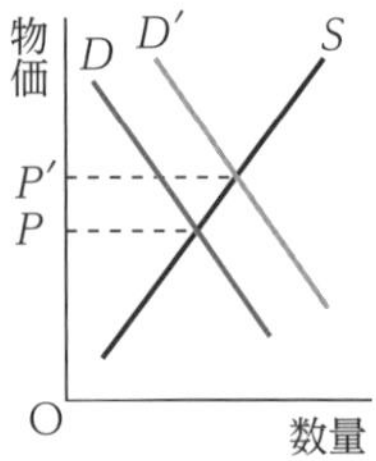

□【 **コスト・プッシュ・インフレーション** 】…賃金や原材料など生産側の原因によって生じる物価上昇。図2の供給曲線SがS'へとシフトすることにより発生する。

□【 **輸入インフレーション** 】…外国のインフレが輸入によって国内に波及する物価上昇。

□【 **需要シフト・インフレーション** 】…ある財の市場で超過供給であるにもかかわらず，賃金の硬直性などのために価格が下落せず，超過需要にある財の市場で価格が上昇するため，それが経済全体の物価水準を押し上げることで発生する。

図2

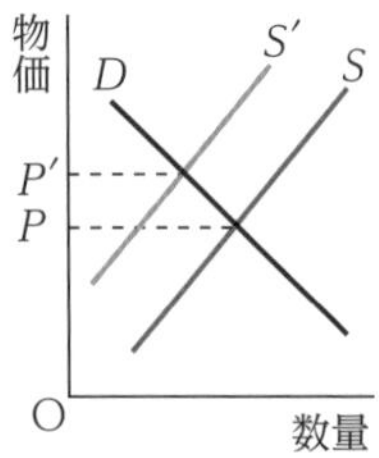

❷ インフレーションの種類とその特徴② ― 速度による分類

インフレーションは，進行の速さによって次のように分類される。

□【　ハイパー・インフレーション　】…物価が1年間に何倍にも上昇する，進行スピードが極めて速いインフレーション。戦争や石油危機などの特殊な状況で起こる。**超インフレ**ともいわれる。

□【　ギャロッピング・インフレーション　】…ハイパー・インフレーションほどではないが，進行スピードが速いインフレーション。赤字公債発行などを原因として起こる。**駆け足インフレ**ともいわれる。

□【　クリーピング・インフレーション　】…物価が年率1～4％で慢性的に上昇し続けるインフレーション。**忍び足のインフレ**ともいわれる。

❸ デフレーションの種類

ある一定期間にわたる物価の持続的な下落をデフレーションという。

□【　需要デフレーション　】…総需要が総供給を下回る状態から生じる物価の下落のこと。

□【　資産デフレーション　】…土地，株式などの取引量の減少に伴って，それぞれの資産価値が持続的に下落すること。

□【　フロー・デフレーション　】…一般商品価格やサービス価格などが持続的に下落すること。

□【　負債デフレーション（デット・デフレーション）　】…物価が下落し，負債の実質的負債額が増大することが引き金となって物価が下落すること。

□【　マネーストック・デフレーション　】…マネーストックの減少による需要の減退にともなって物価が下落すること。

□【　デフレ・スパイラル　】…**デフレーションの悪循環**。物価下落→企業収益悪化→実質金利上昇による企業の債務負担増→生産・雇用抑制→物価下落

プラス+α　インフレーションの種類

Question 真正インフレーションは，ディマンド・プル・インフレーションの一形態である。この記述は妥当か。

Answer 正しい。

❹インフレーションとデフレーションの弊害

●インフレーション

□【　賃金の実質低下　】…賃金が上昇する前に財の価格が上昇するため，賃金所得の実質的な価値が低下する。

□【　年金生活者の困窮化　】…貨幣価値の下落，物価上昇のため，年金など定額の社会保障給付に依存する人の生活は苦しくなる。

□【　金融資産の実質価値減少　】…金融資産は元利ともに名目表示であるため，実質価値が減少する。債権者が不利になり，債務者が有利になる。

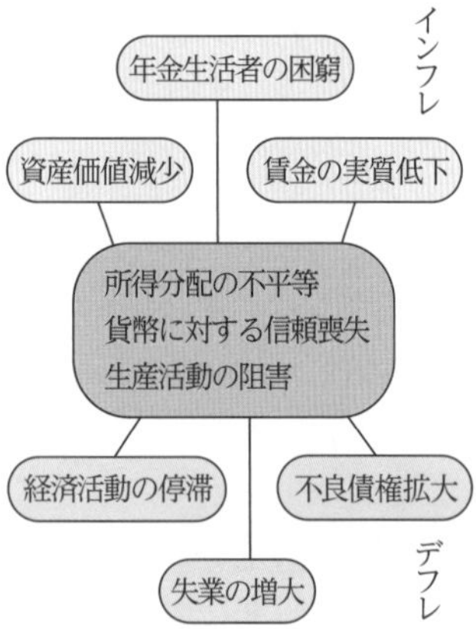

●デフレーション

□【　経済活動の停滞・縮小　】…取引が縮小し，経済活動が停帯する。

□【　企業倒産・失業の増大　】…収益の悪化により，企業倒産が増え，失業者が増大する。

□【　不良債権の増大　】…資産デフレが典型。

●インフレ・デフレ共通の弊害

・所得分配の不平等化，貨幣に対する信頼の喪失，生産活動の阻害。

❺インフレーションの抑制策 ― 複合的に政策対応

□【　総需要抑制策　】…公共投資をはじめとする財政支出の削減や，増税の実施による消費者の購買意欲の低下を通じて，総需要を抑制する。ディマンド・プル・インフレーション対策として適切。

□【　所得政策　】…物価水準を安定化させるために，賃金だけでなく，利潤・利子・配当など非賃金所得も含めた所得の伸び率を国民経済的に見て望ましい範囲に規制する政策を実施する。コスト・プッシュ・インフレーション対策に適切。

□【　供給増大政策　】…生産・流通の合理化，価格の安定化，関税の引下げ，輸入割当品目の拡大，輸入規制の撤廃などの政策を実施する。

❻ 失業率・物価上昇率とインフレーション

□【　フィリップス曲線　】…失業率と物価上昇率との間に存在する**負の相関関係**（失業率が低いほど物価上昇率が高くなる）を示す曲線。フィリップスが約100年間の賃金上昇率と失業率の統計研究から導き出した。短期的に失業率を低下させるためには，ある程度のインフレは容認する政策をとる必要があるなどの政策選択の根拠になる。

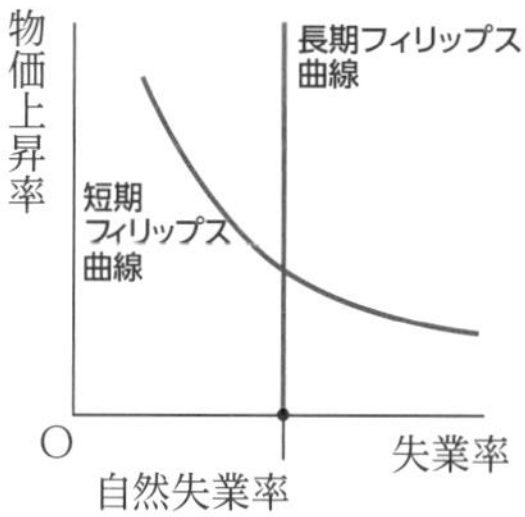

□【　スタグフレーション　】…**不況**（スタグネーション）と**物価上昇**（インフレーション）の合成語。インフレと高失業率の併存する状況をいう。1970年代の第一次石油危機後の先進諸国で典型的に見られた。

●フリードマンのスタグフレーション分析

政府の失業対策→生産の増大→失業者の減少→賃金の上昇→物価の上昇（図のAからBへの移動）→期待インフレ率の上昇→予想実質賃金の低下→労働供給の減少→失業率の上昇→フィリップス曲線の右方シフト（図のBからCへの移動）。

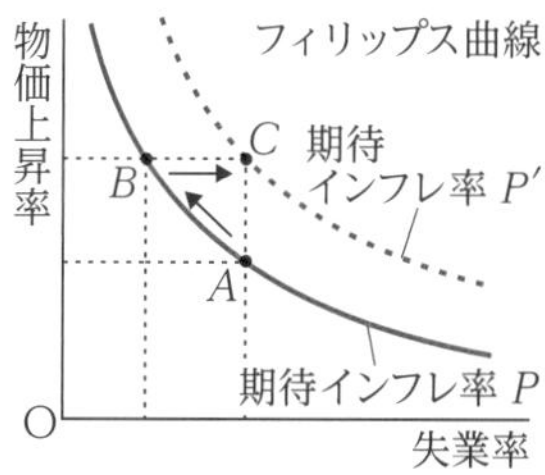

結論：有効需要拡大政策は短期的には失業率を減らす効果があるが，それがインフレをもたらし，人々がそのインフレを認知すると，実質所得や失業率はもとの水準に戻ってしまう。

プラス+α　インフレの抑制策

Question 日銀の金利引上げは，マネーストックを減少させるので，インフレ抑止策としては適切でない。この記述は妥当か。

Answer 誤り。利上げはインフレを抑止する。

❼ 貨幣数量説 ― 物価上昇を通貨量で説明

□【 **フィッシャーの貨幣数量説** 】…インフレーションとデフレーションは，アメリカの経済学者フィッシャーの説によって説明できる。

M：一定期間における貨幣の平均存在量，V：一定期間における貨幣の流通速度（取引回数），P：一般物価水準，Y：一定期間内に取引された財の数量

短期的にVとYを一定とすると，

$$MV = PY$$

→貨幣の需要（PY）と貨幣の供給（MV）が等しい（交換方程式）

$$\therefore P = \frac{V}{Y} \cdot M$$

→一般物価水準Pは貨幣の平均存在量Mに正比例して変動する。

□【 **貨幣の流通速度** 】…ある一定期間における平均貨幣残高の平均回転度数。

□【 **マーシャルの*k*** 】…一時点において経済が国民所得のうち，貨幣の形で保有する割合。貨幣の流通速度の逆数にあたる。

□【 **新貨幣数量説** 】…フィッシャーの説を発展させたマネタリストの学説。インフレを貨幣的現象として把握し，長期的な物価上昇率は貨幣数量の増加率に依存して変動すると主張。

❽ *AD*−*AS*分析

□【 ***AD*曲線** 】…**総需要曲線**。ある国の**財市場**と**貨幣市場**が均衡する物価と国民所得の組合せを示すグラフ。縦軸を物価，横軸を国民所得として表す。物価が下落すると，実質貨幣供給量の増加を通じて利子率が低下し，これによる投資の増加を通じて国民所得が増加するので，右下がりになる。

・*IS*曲線が垂直，あるいは*LM*曲線が水平（流動性のわな）のとき，*AD*曲線は垂直になる。

□【 ***AD*曲線の右へのシフト要因** 】…国民所得が増えても，物価が変わらずに，財市場と貨幣市場が均衡する要因。たとえば，政府支出の増加（**財政拡張政策**），減税政策，貨幣供給量の増加（**金融緩和政策**）などの***IS*曲線や*LM*曲線を右へシフトさせる政策が要因**である。

□【　AS曲線　】…ある国の**労働市場**が均衡する物価と国民所得の組合せを示すグラフ。縦軸を物価，横軸を国民所得として表す。

・**ケインズモデル**…労働供給は，実質賃金ではなく貨幣（名目）賃金に依存する。一方，企業は物価が下落すると，労働者の雇用を縮小させる（労働需要が減少する）ため，AS曲線は右上がりになる（AS_1）。

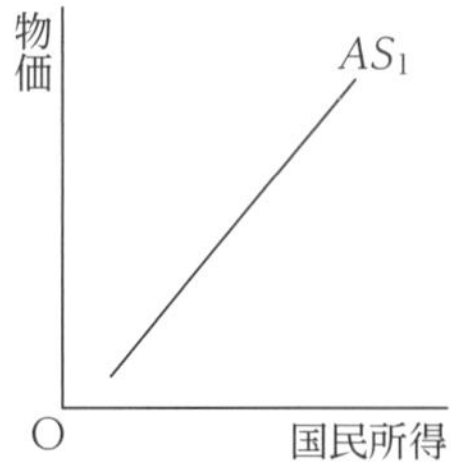

・**古典派モデル**…労働供給，労働需要ともに実質賃金に依存するため，物価が変化しても，実質賃金は変化せず，雇用量は変化しない。よって，生産量も変化しないため，AS曲線は完全雇用時の国民所得Y_Fにおいて垂直になる（AS_2）。

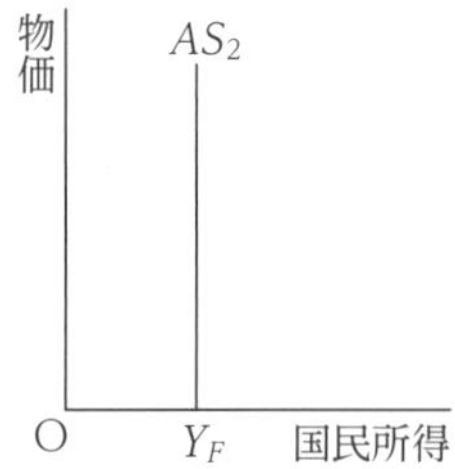

□【　***AD－AS*分析の均衡**　】…財市場，貨幣市場および労働市場が同時に均衡する状態。図では，AS曲線とAS曲線の交点Eで示される。交点Eに対応する国民所得Y^eを均衡国民所得，物価を均衡物価水準P^eという。

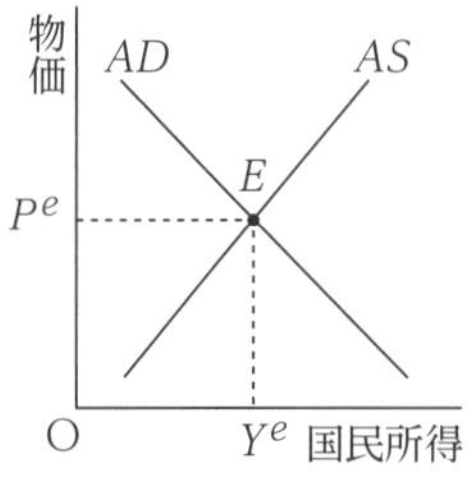

プラス+α　貨幣の供給と物価水準

Question 貨幣数量説の考え方に従えば，貨幣供給量の増加は物価水準の上昇によって吸収される。この記述は妥当か。

Answer 正しい。

頻出度 A

財政の機能と財政制度・事情

試験別頻出度		
	国家専門職 ★☆☆	地上特別区 ★☆☆
国家総合職 ★☆☆	地上全国型 ★★☆	市役所C ★☆☆
国家一般職 ★★☆	地上東京都 ★★☆	

学習のポイント

◎**予算制度，財政投融資制度など各種の財政制度とその相互のつながりをしっかりと把握しておくこと。**

◎**財政機能のビルトイン・スタビライザーとフィスカル・ポリシーは頻出。**

❶ 予算制度の原則 ― 単年度主義，会計年度独立の原則

国の予算の策定に関して，憲法第7章およびこれを受けた財政法などは次のような原則を定めている。

□【 **事前議決の原則** 】…予算執行前に事前に，国会の議決を受けること（憲法86条）。

□【 **総計予算主義の原則** 】…国の収入と支出は全額予算に計上すること（財政法14条）。

□【 **単年度主義の原則** 】…予算は毎会計年度ごとに作成・議決されること（憲法86条，財政法11条）。

会計年度…日本では毎年4月1日から翌年の3月31日までの1年間。

●単年度主義の例外

継続費…完成までに数会計年度を要する事業の場合は，国会の議決を経て，数年度（原則5年度以内）にわたってその費用を支出することができる。対象経費は「工事，製造，その他の事業」に限定。

国庫債務負担行為…支出が翌年度以降になるような債務を国が契約などで負担することをいう。あらかじめ予算に計上し国会の議決を経なければならない。対象経費の限定はない。

□【 **会計年度独立の原則** 】…各会計年度における支出（歳出）は，その会計年度の収入（歳入）をもって賄われなければならないこと（財政法12条）。

●会計年度独立の例外

繰越明許費…歳出予算の経費のうち，その性質上，または予算成立後の事由によって年度内にその支出が終わらない見込みがあるものは，国会の議決を経て，翌年度に繰り越して支出することができる。

❷ 予算の区分 — 通常，予算といえば一般会計予算

一国の予算は一本建てが理想であるが，国政が複雑多様化し，財政の範囲が拡大してきた現在では，財政運営の明確化，効率化などのために多くの国で会計の分割が行われている。日本の予算には次のようなものがある。

□【　一般会計予算　】…国の一般の歳入・歳出を経理する会計。通常，予算という場合，これをさす。

2021年度一般会計予算　（単位：兆円，％）

歳出（主要なもの）			歳入	
事項	概算額	構成比	事項	概算額
社会保障関係費	35.8	33.6	租税・印紙収入（A）	57.4
公共事業関係費	6.1	5.7	公債金（B）	43.6
文教・科学振興費	5.4	5.1	その他収入	5.6
防衛関係費	5.3	5.0	合計（C）	106.7
経済協力費	0.5	0.5		
地方交付税交付金等	15.9	15.0	税収比率（A／C）	53.9%
国債費	23.8	22.3	公債依存度（B／C）	40.9%
合計	106.7	100.0		

□【　特別会計予算　】…国が特定の事業を営む場合，特定の資金を保有してその運用を行う場合，その他特定の歳入を特定の歳出に充てるなどの場合，一般会計予算と別に特別会計を設けることが認められている（財政法13条2項）。2021年度現在，13の特別会計が設けられている。

□【　政府関係機関予算　】…政府の全額出資によって設立される法人の運営などを経理する会計。

プラス＋α　会計年度独立の原則

Question 国会の議決があれば，ある年度の歳出を翌年度の歳入増を見越して執行することができる。この記述は妥当か。

Answer 誤り。会計年度独立の原則から許されない。

❸ 成立状況別の予算の区分

□【　本予算　】…当初予算。一般会計，特別会計，政府関係機関の各予算は**一体として**国会の審議，議決を経て，通常，会計年度前（3月31日まで）に成立する。この予算のことを本予算という。

□【　暫定予算　】…衆議院が解散されたり予算審議が長引いたりなどして年度開始までに予算が成立しないことがある。本予算が成立するまでの一定期間内に最小限必要とされる支出を賄う暫定的な予算が暫定予算である。国会または参議院の緊急集会の議決を必要とし，本予算が成立したところで効力を失い，本予算に吸収される。

□【　補正予算　】…本予算の執行の過程で，天災地変，経済情勢の変化，政策の変更などが生じ，当初の予算どおり執行することが困難・不適切になることがある。こうした場合に本予算に予算内容の変更・必要予算の追加を加えるのが補正予算である。本予算と補正予算を合わせた**補正後予算**が当該年度の最終的な予算となる。国会の議決が必要。補正予算の編成には回数制限がなく，1会計年度に2回以上組まれることもある。

❹ 予算成立までの過程 ― 国会で減額も可能

□【　予算編成権　】…予算の作成に関する権限は内閣に属する（憲法73条5号)。これに基づき，各省庁の概算要求が財務省に提出される。

□【　予算の査定作業　】…財務省主計局は各省庁の概算要求を基に予算査定を行い，とりまとめる。

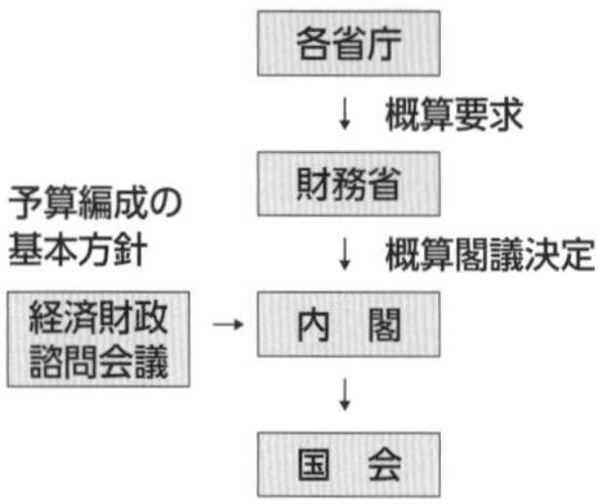

□【　予算の政府案　】…**経済財政諮問会議**の「予算編成の基本方針」を踏まえて閣議決定された予算案を受けた内閣が，それを国会に提出する。

□【　国会審議　】…国会は政府予算案について審議し議決を行う。減額修正のほか，ある範囲内では増額修正も認められる。

❺ 財政投融資 ― 第2の予算

□【　財政投融資　】…社会資本整備，地域開発など長期にわたる事業の推進のため，政府の**財政投融資計画**に基づいて進められる投資・融資活動のこと。対象は特別会計，政府関係機関，独立行政法人などや地方公共団体。原資ごとに予算の一部を構成しているので，財政投融資計画は，国会の審議・議決を受けることになる。なお，2001年の財政投融資改革により，同計画の国会提出が法律上明文化された。

□【　財政投融資改革　】…財政投融資制度は，長い間，大蔵省の**資金運用部**に預託される郵便貯金・年金積立金の全額に簡易生命保険積立金などを原資とし，それを上記の対象機関に供給することによって社会資本の整備，住宅・環境対策，中小企業対策，厚生福祉などの政策に充ててきた。しかし，1998年6月施行の「中央省庁等改革基本法」および2000年5月成立（01年4月施行）の「資金運用部資金法等の一部を改正する法律」によって，01年度からその仕組みが根本的に変わった。

□【　現行の財政投融資　】…法改正により郵便貯金・年金積立金の**資金運用部への預託制度が廃止**され，自主運用となったこと，また簡易保険積立金についても財政投融資機関等に対する融資が廃止されて自主運用となったことから，これまでの財政投融資対象機関は，原則として，**財投機関債**公募発行により金融市場から直接，自主調達するようになった。ただし，財投機関債発行が困難な機関は，財政投融資特別会計において発行される**財投債**（国債の一種）からの融資や**政府保証債**発行で資金調達を行う。なお，財政力の弱い地方公共団体への資金供給には，国会の議決を受けた貸付枠の範囲内で，自主運用後の郵便貯金，簡易保険積立金からの直接融資が例外的に認められることになった。

プラス+α　財政投融資計画

2021年度の財政投融資計画は，対前年度比5.4％増の13兆9,312億円であった。01年度から縮小してきた計画規模は，08年度補正予算以降増減を繰り返している。

❻ 国債 ― 利払い増大が招く財政の硬直化

歳入不足を埋め合わせるために，債券発行をもって金融市場から借り入れる国および地方公共団体の借金が**公債**である（国の場合が**国債**）。

□【　**建設国債**　】…財政法４条は，公共事業費，出資金および貸付金の財源は，国会の議決を受けた金額の範囲内で国債を発行することができるとしている。この規定により発行される国債が建設国債（４条国債）である。

□【　**特例国債**　】…**赤字国債**ともいう。財政法では建設国債以外の国債発行を認めていないが，財源不足を埋め合わせる目的でその都度，単年度立法（特例法）に基づいて国債が発行されることが常態化している。これが特例国債である。

□【　**国債発行**　】…建設国債は1965（昭和40）年度補正予算以降，特例国債は75（昭和50）年度～89（平成元）年度，94（平成６）年度以降の毎年度発行されている。

□【　**財政の硬直化**　】…国債は元本の返済（償還）と利払いという二重の負担を財政に与える。国債依存度が高くなれば**国債費**❶が大きくなり，**財政の硬直化**❷をもたらす。普通国債残高は2021（令和３）年度末で約990兆円（見込み）。国と地方を合わせた長期債務残高は約1,209兆円の巨額にのぼる。

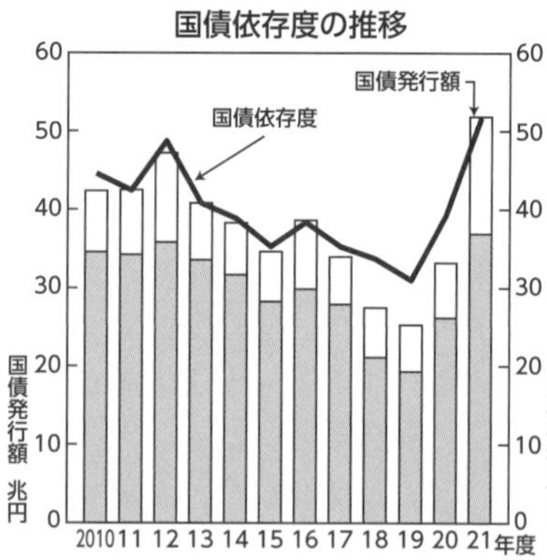

『日本国勢図会2021/22』
（出典：財務省HP）

□【　**借換債**　】…満期の来た国債の償還財源とするため新たに発行される国債。1985（昭和60）年度以降，特例国債の借換えにも発行されている。

---

❶ 国の歳出のうちの国債・借入金の償還に必要な経費，国債・借入金の利子や財務省証券割引料に必要な経費，国債処理に必要な手数料・事務費

❷ 財政赤字累増による利払い費などの増大が政策的経費として使える予算を圧迫すること

⑦政府開発援助（ODA）— 世界第4位の実績

ODA予算は，一般会計予算では主に経済協力費として計上されている。

●日本のODAの実績

（単位：百万ドル）

	2016年	2017年	2018年	2019年
2国間贈与	5,583	5,499	5,278	5,278
無償資金協力	2,807	2,617	2,630	2,556
技術協力	2,776	2,883	2,648	2,722
2国間政府貸付等	1,465	2,580	820	2,199
国際機関への出資・拠出等	3,368	3,382	3,965	4,243
合計	10,416	11,462	10,064	11,720
対GNI比（%）	0.20	0.23	0.20	0.22

外務省『開発協力白書』による。

日本のODA実績は，1991年から2000年までDAC（OECD開発援助委員会）諸国中第1位だった（支出純額ベース）が，01年にアメリカに抜かれ，19年では，アメリカ，ドイツ，イギリスに続く第4位である（贈与相当額ベース）。

2国間ODA供与先の地域別配分を見ると，アジア向けが最も大きな割合を占めており，これに中東・北アフリカ，サブサハラ・アフリカ向けが続くが，近年では，複数地域にまたがる援助等の割合も高まっている。

●ODAに関する用語

□【　グラント・エレメント　】…援助条件の緩やかさを示す指標。援助額（額面価値）から，将来の元本償還及び利払いを合わせた合計額の割引現在価値（標準割引率は10%）を控除して算出。

□【　アンタイド比率　】…ODAのうち，資材やサービスの調達先が援助国に限定されない部分の割合。

プラス+α　超長期国債

Question 国債は，償還までの期間の長短によっていくつかに分類されるが，償還期限が20年にもおよぶ国債は発行されていない。この記述は妥当か。

Answer 誤り。20・30・40年の超長期国債が発行されている（令和3年度）。

❽ 地方財政 ― 大きい国家財政依存度

地方財政とは，全国の地方公共団体の財政の全般をさす。

●地方財政

□【　地方財政計画　】…約1,800の地方団体の普通会計（国の一般会計に相当）をいわばひとつの財政主体とみなし，翌年度の歳入・歳出の姿を一元的に示すもの。

・2021年度地方財政計画（通常収支分）の歳出規模は89.8兆円で，国の一般会計歳出規模106.6兆円より小さい。なお，2012年度から東日本大震災分が通常収支分とは別枠で計上されるようになった。

●地方公共団体の財源

□【　地方税　】…地方公共団体が住民・企業などから徴収する租税。

・**直接税**❶…住民税，固定資産税，事業税など。

・**間接税**❶…地方消費税，地方たばこ税，自動車重量税など。

□【　地方交付税　】…**地方交付税交付金**。地方公共団体間の財政力格差を調整するために国が交付する。原則，使途が自由な一般財源である。国税の所得税・法人税収入の各33.1％，酒税収入の50％，消費税収入の22.3％，地方法人税収入の全額が交付される。財源不足額を基準にして算定される**普通交付税**（全体の94％）と，特別の財政需要に対する**特別交付税**（６％）に分けて配分される。

□【　地方譲与税　】…国税収入の一部を，客観的基準によって地方公共団体に譲与するもの。地方揮発油譲与税（地方揮発油税の全額），石油ガス譲与税（石油ガス税収の２分の１），自動車重量譲与税（自動車重量税収の1000分の407），特別とん譲与税（特別とん税収の全額），航空機燃料譲与税（航空機燃料税収の９分の２），地方法人特別譲与税（地方法人特別税の全額）。一般財源である。

□【　国庫支出金　】…国が地方公共団体に対して使途を限定して交付する特定財源である。**国庫負担金**，**国庫委託金**，**国庫補助金**の３種がある。

□【　地方債　】…原則，公営企業の経費や建設事業費の財源を調達する場合等に発行されるが，例外として，2001年度以降，通常収支の不足を補填するための臨時財政対策債も発行されている。

---

❶ テーマ９①参照

❾ 財政をめぐる諸問題

□【　プライマリーバランス　】…**基礎的財政収支**ともいう。「借入を除く税収等の歳入」と「過去の借入に対する元利払いを除いた歳出」の収支。

・プライマリーバランスが赤字とは，政策的支出等をその年度内の税収等で賄えず，新たな借金が必要な状態。

プライマリー・バランス（PB）の例

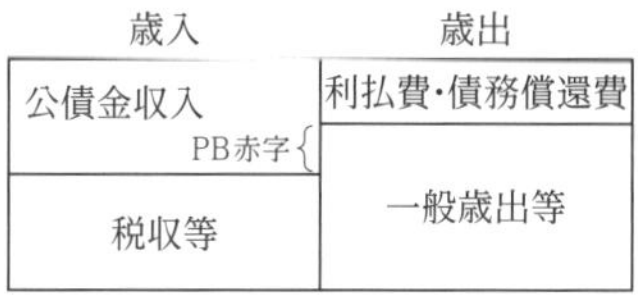

・2020年度において国は55.9兆円の赤字，地方は0.5兆円の赤字。
　→国・地方を合わせたプライマリーバランスを2025年度に黒字化する目標は，新型コロナウイルス感染拡大の影響により大きくずれ込むとみられている。

□【　三位一体の改革　】…地方が決定すべきことは，地方が自ら決定するという地方自治の本来の姿の実現に向けた改革。「**補助金改革**」,「**地方交付税の改革**」および「**税源移譲を含む税源配分の見直し**」を一体として行うこととした。

□【　社会保障・税一体改革　】…現行の社会保障制度の基本的な枠組みが構築された1960年代から今日に至るまでの間に，社会保障制度の前提となる社会経済情勢が大きく変化してきている中で，①社会保障の充実・安定化と②財政健全化という２大目標を同時に実現するための改革。2012年に関連法成立。

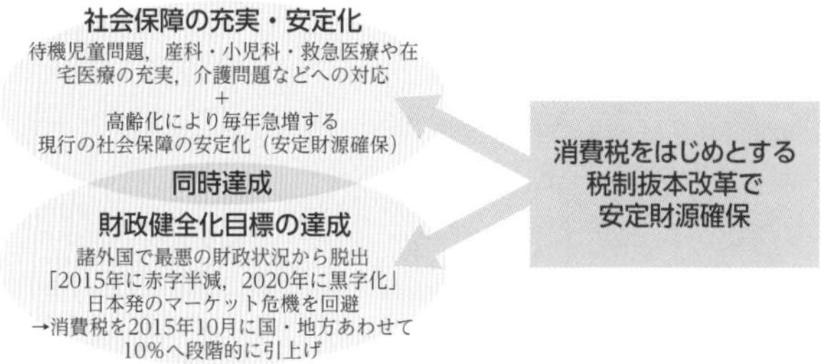

⑩ 財政の機能 ― 三大機能

財政とは，国や地方公共団体が歳入・歳出を通じて，国民や住民に公共サービスを提供する一連の経済活動のことであるが，この財政には3つの機能があるとされている。

□【 **資源配分の調整** 】…市場の下では供給されない，または過小にしか供給されない財・サービスの供給。

□【 **所得の再分配** 】…国民の所得分配の不平等を是正。この実現のために，次のような基準の組合せによる「所得の再配分」策がとられる。

- **貢献度基準**…生産に対する貢献度，能力に応じた分配を公正とする基準。
- **必要度基準**…生活に対する必要性に応じた分配を公正とする基準。
- **平等基準**…所得分配が平等になることを公正とする基準。
- **機会均等基準**…所得を得るための機会が等しく与えられていることを公正とする基準。
- **所得再配分機能の例**…累進所得税，失業保険，医療保険

□【 **経済の安定化** 】…さまざまな政策的調整手段を通じて，好況期には景気過熱の抑制，不況期には景気刺激を図る。

⑪ フィスカル・ポリシー

フィスカル・ポリシーは，**裁量的（補正的）財政政策**とも呼ばれる景気調整手段である。政府の公共投資による有効需要創出を重視したケインズ経済学に基づく財政政策である。

$Y = C + I + G + (X - M)$

$C = (Y - T)$

国民所得：Y　消費：C　民間投資：I　輸出：X　輸入：M

政府の財・サービスの購入：G　租税：T

この関係式から，次のような政策手段がとられる。

不況期→公共事業などGを増やす→Yの増加→景気回復

Tの引下げ（減税）→Cの拡大→Yの増加→景気回復

好況期→不況期の逆の政策手段

⑫ビルトイン・スタビライザー

ビルトイン・スタビライザー（**景気の自動安定化装置**）は，好況期には景気過熱を抑制する方向に，不況期には景気を刺激する方向に自動的に働くようにあらかじめ制度的に組み込まれた景気調整手段である。

●ビルトイン・スタビライザーの例

□【 **所得税の累進課税制度** 】…好況期には税率が上昇し，税引後所得の伸びを抑制することで，有効需要の増大を抑制する。不況期には逆のメカニズムが動く。

□【 **法人税** 】…好況期には企業収益が上昇するため税収が増大し，企業の収益の伸びを抑制することで，有効需要の増大を抑制する。不況期には逆の作用が生じる。

□【 **雇用保険制度** 】…不況期には保険料支払が増大し，有効需要の減少を抑制する。好況期には逆の効果をもたらす。

□【 **生活保護制度** 】…不況期には失業保険と同様に制度的な適用世帯が増大し，有効需要の減少を抑制する。好況期には逆の作用が働く。

□【 **農産物価格安定制度** 】…不況期には農産物価格の下落を抑制することで，農業者の所得の維持が図られ，有効需要の減少が抑制される。好況期には逆に作用する。

●ビルトイン・スタビライザーの特徴

□【 **累進税率の効果** 】…所得税の累進税率が大きいほど，ビルトイン・スタビライザーの効果は大きい。

□【 **速い効果** 】…フィスカル・ポリシーと比べると，経済政策を必要とするショックの発生とそれに対処するための政策の実行の間に，時間的ずれ（タイムラグのうちの「内部ラグ」）が伴わない。

プラス+α　財政の所得再分配機能

Question 財政の所得再分配機能は，累進所得税などの歳入面を通じてのみ実現できるものであり，歳出面からは達成できない。この記述は妥当か。

Answer 誤り。医療保険など財政支出によっても実現できる。

頻出度 C

租税制度

試験別頻出度		
国家総合職 ★☆☆	国家専門職 ★☆☆	地上特別区 ――
国家一般職 ★☆☆	地上全国型 ★☆☆	市役所 C ――
	地上東京都 ★☆☆	

学習のポイント

◎直接税と間接税の違い，直間比率，各種租税制度の特徴と現状，国民負担率と租税負担率の推移およびこれらの各国比較が頻出。

◎新聞などで税制改正の動きに注意を払っておこう。

❶ 直接税と間接税 ― 景気変動と関係の深い直接税

□【　直接税　】…法律上の納税義務者と租税負担者が一致している税。例：所得税，法人税，相続税・贈与税など。

□【　間接税　】…法律上の納税義務者と租税負担者が不一致の税。例：消費税，酒税，たばこ税など。

●直接税と間接税の違い

□【　直接税　】…経済力のある者が高負担。個人の所得税は，高所得ほど税率が高くなる。景気変動で税収が左右される。

□【　間接税　】…経済力に関係なく一律徴収で徴収が容易。低所得者層に負担が重くなる。景気変動で税収が影響を受けにくい。

直間比率（国税＋地方税）の国際比較

（%）

	直接税	間接税
日本	68	32
アメリカ	76	24
イギリス	57	43

財務省 HP による。
日本は 2021 年度予算，アメリカ，イギリスは 2018 年計数。

□【　課税対象　】…所得課税（所得税・法人税・住民税），資産課税（相続税・贈与税），消費課税（消費税）。

□【　累進税と逆進税　】…所得水準が高いほど高税率を課す租税体系が累進税，所得水準が高いほど低税率となる租税体系が逆進税である。
消費税は，消費額が等しければ消費税額も等しくなる。しかし，高所得層であれば消費税額の負担率は低くなるのに対し，低所得層では消費税額の負担率が大きくなるので，消費税は逆進性を持つと言える。また，低所得層は必需品の消費が多くなることも高負担感の一因である。

各国の租税負担率

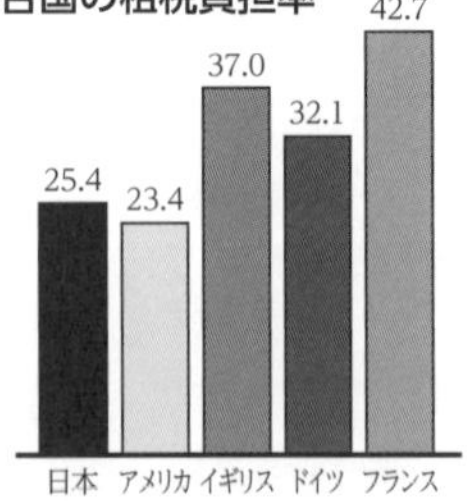

日本は 2021 年度見通し，他は 2018 年度。財務省ホームページより。

●租税に関する指標

□【　直間比率　】…直接税と間接税の税収割合。

□【　租税負担率　】…国民所得に対する国民の租税負担の割合。

□【　国民負担率　】…国民所得に対する国民の租税負担と社会保障負担の割合。日本は2020年度で44.6%と推計されている。

❷ 垂直的公平と水平的公平

国民の租税負担の公平化には，次の考え方がとり入れられている。

□【　垂直的公平　】…**タテの公平**。租税は，その負担能力の大きい者により大きい税額を負担してもらうべきだという考え方。

・**垂直的公平の確保に優れた税**…直接税，特に所得税（累進課税で高所得者に高い税率が課せられる）。

・**垂直的公平の確保に限界がある税**…間接税，特に消費税（税負担が逆進的）。

□【　水平的公平　】…**ヨコの公平**。租税は，その負担能力が等しい場合は等しい税額を負担するべきだという考え方。

・**水平的公平の確保に優れた税**…間接税，特に消費税。

・**水平的公平の確保に限界がある税**…直接税，特に所得税。

	直接税（所得税）	間接税（消費税）
長所	垂直的公平を図れる	水平的公平を図れる
短所	水平的公平の確保に限界がある	垂直的公平の確保に限界がある

●水平的公平の阻害要因

□【　クロヨン問題　】…個人の職業によって税務当局の所得金額の捕捉率に格差が存在するため，水平的公平が阻害されていること。サラリーマンは実所得の**9割**が捕捉されているのに，自営業者は**6割**，農業所得者は**4割**しか捕捉されていないとされる。**トーゴーサン**（10割・5割・3割）ということもある。

プラス+α　直間比率

Question 日本の税制は，長く直接税中心主義をとってきたが，1989年の消費税導入以来，間接税のほうが比率が高くなった。この記述は妥当か。

Answer 誤り。現在でも直接税のほうが比率が高い。

❸ 各種税制度の特徴① ― 直接税

□【　所得税　】…事業収入（売上）から必要経費を差し引いた金額，あるいは給与収入から給与所得控除を差し引いた金額を「所得」とし，そこから所得控除を差し引いて「課税所得」を算定し，その額に応じて累進課税制度が適用されている。

・**累進税率**…2015年度からの税率は，５％から45％までの７段階。地方税の個人住民税所得割の税率は一律10％（市町村民税６％，道府県民税４％）。

・**課税最低限**…所得税が徴収される最低限の金額。夫婦・子ども２人の標準的サラリーマン世帯で285.4万円（2021年度）。

□【　法人税　】…一般企業（普通法人）等の事業活動による所得に対して課せられる税金。所得税と異なり，累進課税制度は採用されない。

比例税方式…課税所得に対し，課せられる税金は比例税である。ただし，その税率は普通法人，協同組合などの区分により異なる。

□【　相続税　】…取得遺産額に応じて相続人に課せられる税金。法定相続分に対して累進課税制度が適用されている。

・**累進税率**…10％から55％までの８段階。

・**課税最低限**…3,000万円＋（600万円×法定相続人数）。配偶者が法定相続分の範囲内で遺産相続した場合は相続税はゼロ。配偶者の最低保障額は１億6,000万円となっている。

□【　贈与税　】…遺贈，死因贈与以外の個人の財産贈与に課せられる税金。基礎控除110万円(配偶者控除は2,000万円。基礎控除と併用可能)を超えた額に対して８段階の税率が適用される（累進課税制度）。

・**累進税率**…10％から55％までの８段階（暦年課税）。

・**相続時精算課税**…贈与税と相続税の課税を一体化して精算。特別控除額は2,500万円。

□【　地価税　】…土地の保有コストを引き上げることによって，土地投機と地価を抑制し，土地の有効利用を促進することを目的として創設された税。1998（平成10）年度以降，景気対策を重視して課税を当分の間停止する措置がとられいる。

❹ 各種税制度の特徴② ― 間接税

□【　**消費税**　】…金融取引，資本取引のほか，特に非課税としている医療，福祉，教育などの一部を除き，原則としてすべての国内取引や外国貨物を対象とする税であり，**付加価値（＝売上－仕入）に課される**。1989（平成元）年4月に導入され，97（平成9）年4月からは5％，2014（平成26）年4月からは8％，19（令和元）年10月からは10％に引き上げられた。

・**多段階型課税方式**…製品の製造，卸，小売などの各段階でそれぞれの事業者に課税される。最終的に，各事業者が負担した消費税額は消費者にすべて転嫁される。→EUの付加価値税と同じ。

□【　**酒税**　】…アルコール分1度以上の飲料について，その製造者または保税地域からの引取人に課せられる税金。税率は酒の種類，アルコール分に応じて異なる。平成18年度税制改正で，酒類の分類は10種類から4種類に簡素化され，平成29年度改正ではビール系飲料の税率を段階的に統合を進めるなど，酒類間の税負担格差は縮小している。

□【　**関税**　】…外国から輸入される貨物に課せられる税。原則としてCIF（運賃・保険料込み）価格に関税が課されるが，関税を加算した額にさらに消費税が上乗せされる。

税収の内訳（2021年度予算額）

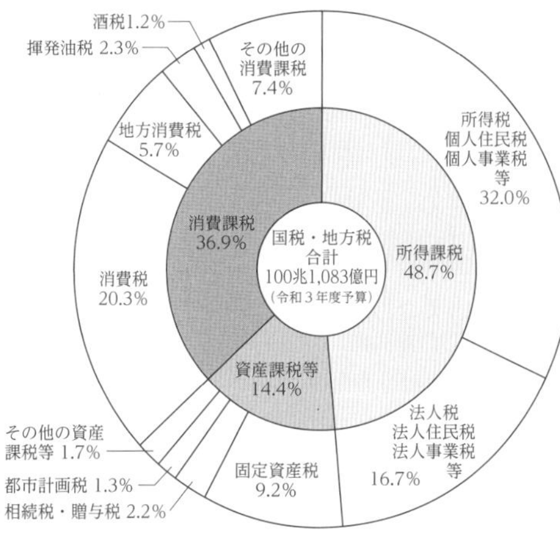

頻出度 C 経済史

試験別頻出度		
国家総合職 ★☆☆	国家専門職 ―――	地上特別区 ★★☆
国家一般職 ★☆☆	地上全国型 ★☆☆	市役所C ★☆☆
	地上東京都 ★☆☆	

学習のポイント

◎終戦直後の経済政策，高度経済成長期の特徴，戦後何度か現れた顕著な景気循環，経済計画や経済政策などが頻出。

◎経済成長率，インフレ率など経済指標の長期的趨勢も押さえておくこと。

❶ 戦後の復興期 ― GHQ主導で進められた経済民主化

第二次世界大戦後の経済的混乱が続く中でGHQ（連合国軍総司令部）は経済面でも以下のような民主化政策を実施した。

□【 財閥解体 】…持ち株会社（コンツェルン）の禁止によって，株式保有の分散化が図られた。1945年11月の「財閥解体に関する覚書」では，三井・三菱・住友・安田の四大財閥などが解体された。また，47年には**独占禁止法**と過度経済力集中排除法が成立した。

□【 農地改革 】…1946年10月に「自作農創設特別措置法」が成立し，この**第二次農地改革**によって，第一次農地改革（45年12月）では温存された地主層が解体され，農民の自作農化が図られた。

□【 労働三法制定 】…労働者の権利保護と労働の民主化が目標。**労働組合法**（1945年12月），**労働関係調整法**（46年９月），**労働基準法**（47年４月）の三つ。

□【 ガリオア援助・エロア援助 】…1946年～51年に支出された陸軍省対外援助予算のうち，食料品など必需品の供給など向けのものが**ガリオア資金**であり，経済復興向けのものが**エロア資金**である。

❷ 復興期の経済政策 ― 悪性インフレ克服が課題

□【 預金封鎖・新円発行 】…終戦後のインフレ対策として，幣原内閣は1946年２月，**緊急金融措置令**，日銀券預入令を公布し，預金封鎖とともに新円発行を実施，さらに同年３月には**物価統制令**を公布したが，効果は限定的であった。

□【　傾斜生産方式　】…1946年12月に決定された，限られた資源を基幹産業である**石炭・鉄鋼業**に重点配分し，これを他産業に波及させることで復興を進めることを意図した政策。復興金融金庫債（復金債）の日銀引受けによって資金調達したためにインフレの一因となった。

□【　経済安定９原則　】…東西冷戦により米国の対日方針が「経済民主化」から「経済的自立」へ転換したことを受けて，GHQが1948年に示したものが「**経済安定９原則**」である。ここでは，均衡予算，徴税強化，賃金安定化などが求められた。

□【　ドッジ・ライン　】…1949年に来日したGHQ経済顧問のドッジが示した政策群である**ドッジ・ライン**は，経済安定９原則を具体化したものであり，特別会計を含む超均衡予算や**１ドル360円**の単一為替レートの設定などが含まれた。ドッジ・ラインの実施によって，インフレは収束したが，不況となった（**安定恐慌**または**ドッジ恐慌**）。

□【　シャウプ勧告　】…1949年５月に来日したシャウプ使節団は，直接税中心主義，地方財政平衡交付金の創設や富裕税の導入などを勧告した。

□【　朝鮮特需　】…1950年６月に勃発した朝鮮戦争では，米軍を主体とする国連軍の必要物資の需要が日本に発生した。この好況では，繊維関連並びに金属関連の需要が大きかったため，「糸へん景気」，「金へん景気」と呼ばれ，日本経済が復興するきっかけとなった。

特需契約高の推移
経済企画庁『特需契約五カ年の概要』（1955年）

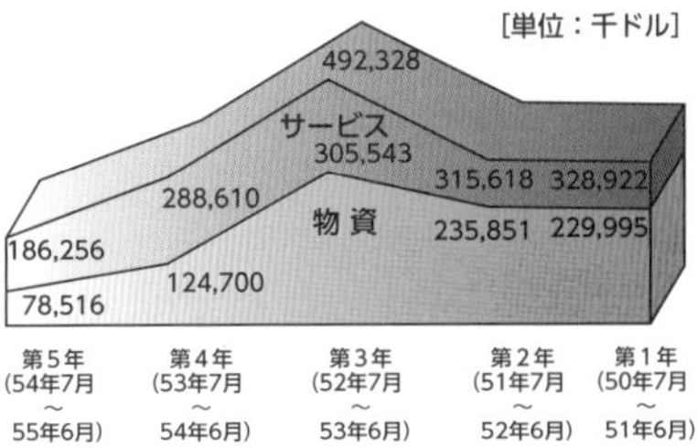

プラス+α　傾斜生産方式

Question ドッジ・ラインにおいては，傾斜生産方式は日本が自力で経済復興を実現するために必要な政策であるとして推奨された。この記述は妥当か。

Answer 誤り。インフレを助長する傾斜生産方式は転換を図られた。

❸ 高度経済成長期

□【　神武景気　】…1954年11月～57年6月。設備投資の拡大，輸出の増加などを背景にした好況であり，**「三種の神器」**（電気冷蔵庫，電気洗濯機，白黒テレビ）に代表される耐久消費財も普及した。56年の『経済白書』は**「もはや戦後ではない」**と宣言した。
52年にはIMFに，56年にはGATTに加盟するなど国際経済への復帰も進んだ。

□【　岩戸景気　】…1958年6月～61年12月。活発な設備投資から，「投資が投資を呼ぶ」と言われた。池田内閣は，61年からの10年間で実質GNPを2倍にする（年平均7.8％の成長率が目標）との**「所得倍増計画」**を発表したが，実際には約6年で達成された。

□【　オリンピック景気　】…1962年10月～64年10月。東京オリンピックに向けての建設需要と輸出の拡大に支えられた好況である。

□【　40年不況　】…1964年末からの景気後退局面は，65年（昭和40年）に入ると大型倒産も相次ぐようになった。特に，山一證券の経営危機の際しては，日本銀行が戦後初の**日銀特融**に踏み切った。また，歳入欠陥に陥った政府は65年度の補正予算において**特例国債（赤字国債）**を発行し，以後，均衡財政主義を放棄することとなった。

□【　いざなぎ景気　】…1965年10月～70年7月。この間，実質GNPの2桁成長を持続し，68年にはGNPが西独（当時）を抜いて，西側諸国では米国に次ぐ2位となった。3C（カラーテレビ，クーラー，自動車）が象徴する耐久消費財への需要も活発化した。

戦後日本の景気循環

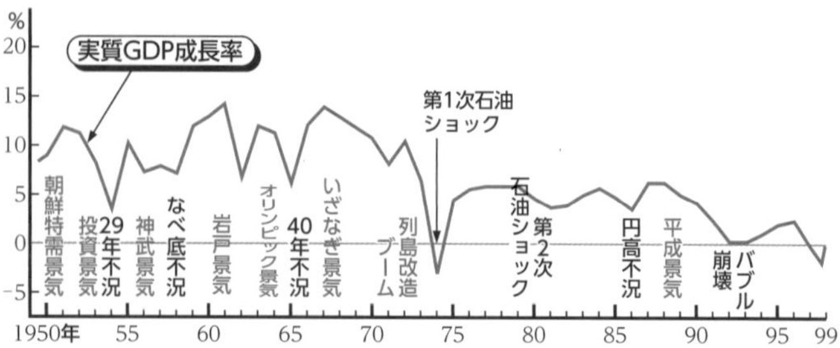

❹ 1970年代～1980年代前半 ― 石油ショック後，安定成長期に

□【　ニクソン・ショック　】…1971年8月，ニクソン米大統領は，金とドルの兌換停止（**ニクソン・ショック**）を含む新経済政策を発表した。これにより動揺した外国為替市場を収拾するため，同年12月の**スミソニアン合意**で通貨の多角的調整が図られたが，動揺は収まらず，73年までに，日本を含む主要国は**変動為替相場制**に移行した。これにより**ブレトン・ウッズ体制は実質的に崩壊**した。

□【　第1次石油ショック　】…1973年，第4次中東戦争を機に，OPEC（石油輸出国機構）は原油価格を約4倍に引上げ，またOAPEC（アラブ石油輸出国機構）は原油生産の削減を決定した。この結果，日本では**狂乱物価**が生じ，74年には**戦後初のマイナス成長**に陥るなど，インフレと不況が共存する**スタグフレーション**が発生した。また，1975年以降，**特例国債**の発行がほぼ常態化することとなった。これを機に国際的な政策協調の場として75年に**先進国首脳会議**が創設された。

□【　第2次石油ショック　】…1979年，イラン革命による原油生産の低迷に加え，OPECが再度原油価格を引上げた。日本は，**省エネ**の推進や賃上げの抑制などにより，比較的軽微な影響で乗り切った。

□【　日米貿易摩擦　】…1970年前後から米国では対日貿易赤字が問題視されていたが，80年代に入り，自動車，ハイテク分野や農産物で貿易摩擦が深刻化した。米国は，88年に包括通商競争力法スーパー301条を定め，不公正貿易国を特定し，制裁を加えられるとした。

□【　プラザ合意　】…1985年9月，ニューヨークのプラザ・ホテルで開かれた5か国蔵相会議（G5）では，ドル高を是正する協調介入が合意された。しかし，想定を超えたドル安の進行を受け，87年2月のルーブル合意でドル安是正を試みたものの，プラザ合意時に1ドル240円程度であった円相場は，87年末に1ドル140円台までドル安（円高）が進んだ。この**円高不況**に対し，日本銀行は，当時，過去最低の水準まで公定歩合（当時の政策金利）を引下げた。

□【　Jカーブ効果　】…プラザ合意後の急速な円高にもかかわらず，1986年はむしろ貿易黒字が増加し，その後，貿易黒字の縮小傾向がみられた。この円高の効果にラグが生じることをJカーブ効果という。

❺ 1980年代後半～1990年代 — バブルとその崩壊

□【　三公社民営化　】…1980年代初頭から盛んに議論されるようになった財政再建と行政改革の一環として，85年に，**日本電信電話公社**（現在のNTT）と**日本専売公社**（現在のJT）が，87年に**日本国有鉄道**（現在のJR）が民営化された。

□【　消費税の導入　】…国民福祉の充実と安定財源の確保といった観点から，1988年度税制改正では，シャウプ勧告以来の大幅な税制改正が議論され，**89年4月1日より消費税が3％の税率で導入**されるとともに，所得税や法人税の減税が行われた。

□【　平成景気　】…1986年11月～91年2月。政府の内需拡大策や日本銀行の金融緩和，金融自由化の進行などを背景に，余剰資金の活用（財テク）がブーム化した。土地や株式に向かった資金は地価や株価を押上げ，資産効果によって消費なども刺激された。これがいわゆる**バブル景気**である。**1989年末には現在までの日経平均株価の最高値である3万8,915円を記録した。**

日経平均株価の推移

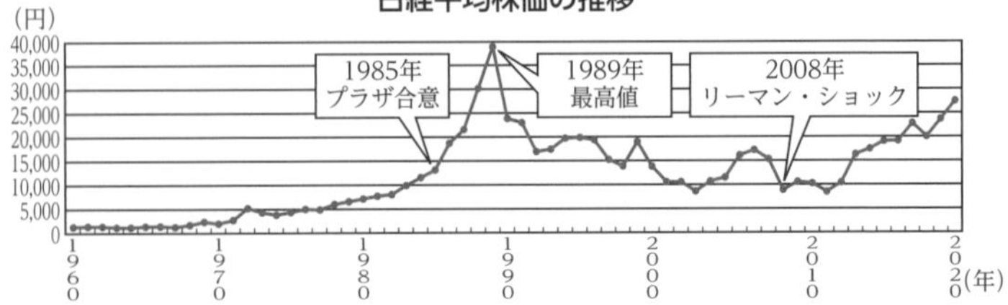

□【　不良債権問題　】…バブル期に地価の高騰した土地を担保とした融資は，その崩壊後に回収が困難となるものが増加し，金融機関の経営を圧迫した。大蔵省（当時）は，1990年代後半には，**銀行を潰さないとの方針である護送船団方式からの転換**を余儀なくされた。98年には大蔵省から金融監督庁（2000年からは**金融庁**）が分離している。

□【　アジア通貨金融危機　】…1997年7月，タイが通貨バーツの暴落を発端に金融危機に陥ったが，これはマレーシア，インドネシア，フィリピン，韓国などに波及する事態となった。これらの国々に融資していた邦銀や取引のあった日本企業にも大きな影響を与えた。

❻ 2000年代以降 ― 小泉改革とアベノミクス

□【　ゼロ金利政策と量的緩和政策　】…日本銀行は，1999年２月に無担保コール翌日物を実質的にゼロに誘導する**ゼロ金利政策**を導入した（～2000年８月）。01年３月には，金融政策の操作目標を金利から当座預金残高に変更する**量的緩和政策**を導入した（～06年３月）。

□【　戦後最長の好況　】…2002年２月～09年３月。小泉内閣が掲げた構造改革路線の下，ゼロ金利政策や新興国などへの輸出増加によって，それまで戦後最長であった**いざなぎ景気を超える好況**が実現した。

□【　郵政民営化　】…2007年10月，小泉内閣が行政改革の本丸であるとした郵政民営化が実現し，日本郵政グループが発足した。郵政３事業は，**日本郵便，ゆうちょ銀行，かんぽ生命保険**が担い，これらの持ち株会社として日本郵政が存在する体制となった。

□【　世界経済危機　】…2008年９月，サブプライム住宅ローン問題が深刻化し，米国の大手投資銀行のリーマン・ブラザーズが破綻した（**リーマン・ショック**）。これは100年に１度と言われる世界不況をもたらした。また，09年以降の**欧州政府債務危機**の一因ともなった。

□【　税・社会保障一体改革　】…2012年に**社会保障と税の一体改革**関連８法案が成立し，消費税率引上げによって社会保障の充実・安定化と財政健全化の両立が目標とされた。これに基づき，**消費税率が2014年に８％に，さらに2019年には10％に引上げ**られるとともに，**軽減税率が導入**された（酒類・外食を除く食料品と新聞が対象）。

□【　アベノミクス　】…2012年12月に成立した第２次安倍内閣が打ち出した経済政策。主な内容は以下のとおり。

３本の矢（2013年６月）	新・３本の矢（2015年９月）
大胆な金融政策	希望を生み出す強い経済 （名目GDP600兆円）
機動的な財政政策	夢を紡ぐ子育て支援 （希望出生率1.8）
民間投資を喚起する成長戦略	安心につながる社会保障 （介護離職ゼロ）

頻出度 C

世界の通貨・貿易体制

試験別頻出度		
国家総合職 ★☆☆	国家専門職 ★☆☆	地上特別区 ★☆☆
国家一般職 ★☆☆	地上全国型 ★☆☆	市役所 C ──
	地上東京都 ★☆☆	

学習のポイント

◎IMF，世界銀行といったブレトン・ウッズ体制の果たしてきた役割と近年の変容について，よく理解しておく。

◎GATTウルグアイ・ラウンドからWTOの創設・発展について整理しよう。

❶ブレトン・ウッズ体制の骨子 ―「ドル」による新秩序形成

□【 **ブレトン・ウッズ協定** 】…大恐慌に続く1930年代の報復関税の競争的引上げ，保護主義的地域ブロック化による貿易の縮小，各国の平価切下げなどは，第二次世界大戦を引き起こす一因となった。その反省のうえ，アメリカを中心とする連合国45か国は，44年7月，アメリカのブレトン・ウッズで会議を開き，戦後の国際通貨安定，自由貿易振興，戦災国復興・発展途上国開発のための協定を結んだ。

●ブレトン・ウッズ協定に基づいて設立された国際機関

□【 **IMF** 】…**国際通貨基金**。為替制限の撤廃と，短期融資による為替の安定化によって国際貿易の促進を図ることを目的として1945年12月に設立（IMF協定発効）された。日本の加盟は52年。

・**出資割当額**❶…加盟各国は，出資割当額の25％を金またはドルで支払い，残りは自国通貨で支払うこととした。

・**固定為替相場制**…加盟各国は，金と交換性を持つドルに対して自国通貨の平価を設定してIMFに登録し，日々の為替相場の変動を平価の上下1％に抑える義務を負った。

・**短期融資業務**…加盟国の国際収支が赤字になった場合，融資を行う。

・**SDR**…**IMF特別引出し権**。加盟国相互間の資金融通制度。外貨不足の国がIMF指定の国にこれを引き渡し，交換可能な通貨を得るもの。69年創設。

□【 **IBRD** 】…**国際復興開発銀行**。「**世界銀行**」ともいう。戦災国の復興と発展途上国の開発のための長期的資金および技術援助の提供を目的として1946年6月に設立された。日本の加盟は52年。

---

❶ 日本の出資割当額は，アメリカに次いで第2位（2021年）

❷ブレトン・ウッズ体制を補完する貿易体制 ―「協定」の形で存続

□【　GATT　】…**関税および貿易に関する一般協定**。関税，輸入数量制限などの貿易上の制限を撤廃して自由貿易を促進することを目的として，1947年に23か国が調印，翌48年1月発効した。「関税と貿易に関する一般協定の暫定適用に関する議定書」という暫定的性格のまま，WTOの成立まで存続した。本部ジュネーブ。締約国団会議（総会）が最高決定機関。その下に閣僚会議，理事会，各種専門委員会などがある。日本の正式加盟は55年。

□【　多角的貿易交渉　】…GATTの会議は**ラウンド**と呼ばれ，1995年に設立されたWTO（世界貿易機関）に継承された。

第1回　ジュネーブ関税交渉
1947年　約45,000品目の譲許が成立。国別・品目別交渉。

第2回　アヌシー関税交渉
1949年　約5,000品目の譲許が成立。国別・品目別交渉。

第3回　トーキー関税交渉
1950～51年　約8,700品目の譲許が成立。国別。品目別交渉。

第4回　ジュネーブ関税交渉
1956年　約3,000品目の譲許が成立。国別・品目別交渉。
日本初参加。

第5回　ディロン・ラウンド
1961～62年　ディロン米国務長官が提唱。約4,400品目の譲許が成立。国別・品目別交渉。

第6回　ケネディ・ラウンド
1964～67年　ケネディ米大統領が提唱。平均35%の関税引下げ，ダンピングに対する規定が成立。

第7回　東京ラウンド
1973～79年　**セーフガード**（特定国に対する緊急輸入制限）見直し，鉱工業製品約2,600品目，農林水産物約220品目の関税30%引下げ。

第8回　ウルグアイ・ラウンド
1986～94年　**サービス・知的所有権**などに自由貿易の原則を拡大，**農産物**の原則関税化，合意協定実施のための国際機関の創設が合意された。

第9回　ドーハ・ラウンド
2002年～　2001年11月のWTO閣僚会議で農業分野，反ダンピングを含むルール見直しなど7分野の交渉開始を宣言。

プラス+α　IMFの役割

Question IMFは，設立以来，開発途上国などへの長期資金貸与により，国際収支の不均衡の調整に努めた。この記述は妥当か。

Answer 誤り。IMFは短期的資金の融通を目的とした。

❸ブレトン・ウッズ体制の変容 ― 引き金は「ニクソン・ショック」

ブレトン・ウッズ体制は，ドルの金に対する公定価格を金1オンス＝35ドルと定め，金とドルとの交換を可能（兌換通貨）としたうえで，さらにドルと各国通貨との交換比率を定めるという，大量に金を保有するアメリカのドルに対する絶対的な信認の上に成り立つ体制であった。

□【　**アメリカの国際収支悪化**　】…1960年代半ばになると，西欧諸国や日本などの相対的な経済力の上昇によってアメリカの国際収支は悪化傾向となり，その結果，アメリカの金準備は大幅に減少した。

□【　**ニクソン・ショック**　】…1971年8月，国際収支の赤字による金流出に加え，インフレによるドルの金価値保証の困難を原因として，ニクソン米大統領は金とドルとの兌換一時停止を発表した。これによって，**ブレトン・ウッズ体制（IMF体制）は実質的に崩壊した**。

□【　**スミソニアン体制**　】…1971年12月，ワシントンのスミソニアン博物館で10か国蔵相会議（G10）が開かれ，新たな国際通貨体制が合意された。

●主な合意事項

・ドルの切下げ（金公定価格の引上げ。金1オンス＝38ドル)。

・ドルに対する各国通貨の切上げ（円でいえば1ドル＝360円から1ドル＝308円にレート変更)。

・為替変動幅を従来の平価の上下1％から2.25％に拡大して，金と交換性を持たないドルを中心とした固定為替相場制の継続。

□【　**変動為替相場制**　】…スミソニアン体制における固定為替相場制は，各国の足並みがそろわないことやドルへの信頼が回復しないこと，また民間の資本移動が活発化したことから通貨危機を相次いで引き起こした。そこで，1973年2月，主要国の通貨は変動為替相場制に移行した。

□【　**キングストン体制**　】…1976年1月，ジャマイカのキングストンでIMF暫定委員会が開かれ，IMF協定改定が行われた（78年4月発効)。これによりIMFは変動為替相場制を正式に承認し，各国の外国為替市場への介入監視，政策協調の協議機関としての性格が強まった。なお，融資制度はその後もタイ・インドネシア・韓国などの通貨危機の救済に用いられている。

❹ウルグアイ・ラウンドとGATTの変容 — WTOの創設

□【　**ウルグアイ・ラウンド**　】…GATTの第８回目のラウンド。1986年9月の南米ウルグアイでのGATT閣僚会議に始まり，94年4月，モロッコでの閣僚会議でマラケシュ宣言が採択されるまでの足掛け８年に及ぶ貿易交渉で，合意事項は95年１月に発効した。

●ウルグアイ・ラウンドの合意事項

・モノの関税引下げ，非関税障壁の撤廃だけでなく，**サービス・知的所有権**などにも自由貿易の原則を拡大させる。

・農産物は原則として非関税措置を廃止し，関税化する。日本のコメについては特例措置により６年間関税化が猶予されるが，その間，国内消費量の４～８％を**ミニマム・アクセス**として輸入する。

・産業保護のためのアンチダンピング，補助金，セーフガード措置などの貿易措置の運用・手続きの明確化。

・合意事項を実施するための国際機関（世界貿易機関）の設置。

□【　**WTO**　】…**世界貿易機関**。GATTウルグアイ・ラウンドの成果に基づき，新たに国連の関連機関の一つとして1995年１月に設立された初の国際貿易機関。GATTの任務を引き継ぐとともに，GATTにはなかった強力な権限をもって国際貿易の自由化・貿易ルールづくり，紛争処理などに当たる。GATTとの違いとしては，対象範囲がモノに限らずサービス・知的所有権などを含み，紛争処理には**ネガティブ・コンセンサス**方式（すべての国が反対しない限り実施）で当たること，閣僚理事会を最低２年に１回開くことなどが挙げられる。2002年にスタートした**新多角的貿易交渉**（**ドーハ・ラウンド**。正式名称はドーハ開発アジェンダ）は，13年のバリ合意において貿易円滑化協定など部分合意に至ったものの，それ以降の進展は見込まれていない。

プラス＋α　WTOのパネル審理

Question WTOへ貿易紛争が提訴されるとパネル（紛争処理小委員会）が構成される。パネルは原則としていつまでに報告書を当事国に提示するか。

Answer 6か月以内

❺ 地域的経済協力機構 ― 世界通商システムの新たな動き

□【　FTA　】…**自由貿易協定**。ある国や地域内で，輸出入品にかかる関税などを取り払い，物やサービスの貿易を自由にすることを目的とする。

□【　EPA　】…**経済連携協定**。貿易の自由化だけでなく，投資，人の移動，知的財産権なども取り込み，経済のより広い範囲を対象とする。**日本・シンガポール新時代経済連携協定**（JSEPA，2002年発効，07年改定）は，日本にとって初めてのEPA。

□【　EU　】…**ヨーロッパ連合**。2021年現在，27か国が加盟（20年に英国が離脱）。1993年のヨーロッパ統合市場発足以来，94年には**EFTA**（ヨーロッパ自由貿易連合）と統合して**EEA**（ヨーロッパ経済地域）を形成するなど，市場統合を進展させている。99年には統一通貨「**ユーロ**」を決済通貨として導入し，2002年からは紙幣と硬貨が一般流通している。

□【　USMCA　】…**米国・カナダ・メキシコ協定**。1992年に調印（94年発効）された北米自由貿易協定（NAFTA）を再交渉の結果，2018年に合意したもの（20年発効）。従来に比べ，環境及び労働に関する法制が強化され，原産地規則がより厳しいものとなった。

□【　メルコスール　】…**南米南部共同市場**。ブラジル，アルゼンチン，ウルグアイ，パラグアイの４か国間で1995年に発足した。域内貿易自由化とともに，対域外共通関税を適用している。2003年，アンデス共同体（ボリビア，コロンビア，エクアドル，ペルー）との間に自由貿易協定を結んだ。

□【　AFTA　】…**ASEAN自由貿易地域**。共通有効特恵関税を導入して，域内交流を活発化し，自立的な経済発展を図ることを目的として**ASEAN**（東南アジア諸国連合）が1993年に発足させた自由貿易圏。2018年には原則として域内の関税が撤廃された。

□【　APEC　】…**アジア太平洋経済協力会議**。アジア・太平洋地域における「開かれた地域経済協力」を推進すべく1989年に創設された政府間公式協議体。現在，加盟国は21か国・地域（日本も加盟）。

□【　TPP　】…**環太平洋パートナーシップ協定**。日本，米国など環太平洋地域の12か国で経済の自由化を目的とした協定をめざし，交渉が進められてきた経済連携協定。2015年に大筋合意に至ったが，17年1月，米国が政権の交代に伴って離脱を表明，現在は，米国を除く署名11か国での協定発効となっている（TPP11またはCPTPP）。

□【　RCEP　】…**地域的な包括的経済連携協定**。2020年に，日本，中国，韓国，オーストラリア，ニュージーランドおよびASEAN10か国で署名（交渉メンバーであったインドは不参加）。地域の貿易・投資の促進だけでなく，知的財産，電子商取引等の幅広い分野でルールを整備する。

❻ 国際通貨制度

□【　金本位制度　】…一定量の金と**兌換**（だかん）**可能**な通貨として流通させる国際通貨制度。1870年頃から1920年代後半まで日本を含む多くの国が採用したが，29年からの大恐慌を契機として，アメリカを除くすべての国が廃止した。金本位制度の下では，為替相場は金と通貨の交換価格（金平価）に基づく水準に固定され，通貨価値は安定する。

□【　管理通貨制度　】…中央銀行が金の保有量とは関係なく裁量的に銀行券を発行できる制度。銀行券は**不換紙幣**となる。

□【　基軸通貨　】…国際通貨の中で中心的な役割を果たす通貨。第一次世界大戦前は**ポンド**が，第二次世界大戦後は**米ドル**が基軸通貨として認められている。

□【　国際通貨の中の円　】…現在，日本の輸出の約4割，輸入の3割が円建てで行われているが，日本が関係しない3国間貿易ではほとんど円が使われていない。

プラス+α　日本のEPA協定締結国

Question 2002年に日本が初めて署名し，同年中に発効した経済連携協定の相手国はどこか。

Answer シンガポール

❼ 外国為替相場の変動

□【　固定為替相場制　】…外国為替相場（為替レート）の変動をまったく認めないか，小幅に限定する制度。ブレトン・ウッズ体制で採用された。

□【　変動為替相場制　】…外国為替相場を為替市場の需給に委ねる制度。財の価格が需要と供給の関係によって決定されるように，外国為替相場も両国の通貨に対する需要と供給の関係によって決定される。主要先進国は1973年以降，変動為替相場制に移行している。

□【　国際取引の決済　】…国際間の取引の決済は，一般に，外国為替市場（外国為替銀行）を通じて外国為替を売買することによって行われる。

□【　円高・円安　】…一国の通貨の対外価値は外国為替相場に現れる。たとえば1ドル120円の外国為替相場が1ドル100円になれば円の対外価値は20円高くなったことを意味し，逆に外国為替相場が1ドル140円になれば20円安くなったことを意味する。円高になると輸入価格が下がり輸入が増大するが，輸出価格が上がって輸出は減少する。円安になると反対に輸入が減少し，輸出が増大する。

□【　外貨の増大・減少　】…商品・サービスの輸出や資本の流入は外貨の増大をもたらし，逆に商品・サービスの輸入や資本の流出は外貨の減少となる。

□【　外国為替相場の変動要因　】…外国為替相場は，変動相場制の下で短期・長期にわたって大幅な変動を示すようになったが，その変動の要因には次のようなものが挙げられる。

中長期	購買力平価	自国の物価上昇→外国からの輸入増加→外国為替相場の低下（円安）
	経常収支	経常収支の黒字→外国為替相場の上昇（円高）
短期	金利	高金利政策→外国為替相場の上昇 例　日本の高金利→円高 アメリカの高金利→ドル高
	マネーストック	マネーストックの伸び大→外国為替相場の低下
	期待（予想）	投機的取引→為替相場の先行きに対する期待感によって変動

❽国際貿易

□【　非関税障壁　】…関税以外で結果的に実質的輸入制限をもたらすもの。輸入数量割当，国固有の商慣習など。

□【　最恵国待遇　】…第三国に与えている条件よりも好条件を与えるという国家間の約定。第三国と好条件の取決めをした場合，最恵国待遇を約定したすべての国に対して，その条件が適用される。

□【　特恵関税　】…発展途上国からの輸入品に対して通常の関税率よりも低い関税率をかける，または関税をかけないこと。

□【　スーパー301条　】…アメリカの**包括通商法**の一部。不公正貿易国の特定と制裁を定めている。日本はかつて優先監視国として自動車，自動車部品，板ガラス，保険の分野が特に評価の対象となっていた。

●日本の主な通商問題の推移

1962年	対米繊維製品輸出規制
1966年	対米鉄鋼輸出規制
1968年	対米テレビ輸出，アンチダンピング提訴
1978年	対米工作機械輸出最低価格規制
1981年	対米自動車輸出自主規制，日欧VTR摩擦
1985年	**日米半導体摩擦** 日米MOSS協議（市場分野別個別協議），４分野で開始
1986年	アメリカ，日本に対し**コメ輸入自由化**を要求 EC諸国，日本に対し酒税制度見直し，酒関税引下げを要求 アメリカ，日本に対し公共事業の国際競争入札を要求（関西国際空港工事参入問題）
1987年	GATT理事会，日本の農産物10品目の輸入数量制限はGATT違反と裁定 日本は８品目について受け入れ
1988年	**日米牛肉・オレンジ自由化問題**
1989年	**日米構造問題協議**（～90年）
1993年	日米包括経済協議
1994年	対外経済改革要綱決定 知的所有権に関する日米合意
1998年	対米日本鉄鋼製品輸出のダンピング提訴（～99年）

プラス+α　為替相場の変動と輸入価格

Question 日本の輸入価格は，外国通貨建ての輸入がほとんどであるため，為替相場の変化は輸入価格にそれほど反映されない。この記述は妥当か。

Answer 誤り。レート変化が円ベース価格に反映される。

頻出度 B

テーマ 12

日本の経済事情

試験別頻出度

国家総合職 ★★☆	国家専門職 ★★☆	地上特別区 ★☆☆
国家一般職 ★★☆	地上全国型 ★★☆	市役所C ★☆☆
	地上東京都 ★☆☆	

学習のポイント

◎経済事情については，白書から出題されることが多い。試験前年版の『経済財政白書』『通商白書』などにも目を通しておこう。

◎国際収支の意味するところをよく理解する。

❶ 実質GDP成長率（経済成長率）

□【 **実質GDP成長率** 】…実質国内総生産（GDP）の対前年比。

・最高の成長率を記録したのは，1960年の13.1％

・最低の成長率を記録したのは，2020年の－3.8％

なお，『経済財政白書』では暦年ではなく年度による表示が通例である。この場合，最高は1968年度の12.4％，最低は2008年度の－3.9％。

□【 **近年の経済動向** 】…日本経済は**2012年11月を景気の谷として緩やかに回復**していたが，18年10月（暫定値）がピークとなった。

・2014年度と2019年度は消費税率引上げによりマイナス成長。

□【 **新型コロナウイルス感染症感染拡大の影響** 】…感染症の影響により，緊急事態宣言が初めて発出された**2020年4月から5月にかけて**

実質GDP成長率の対前年比

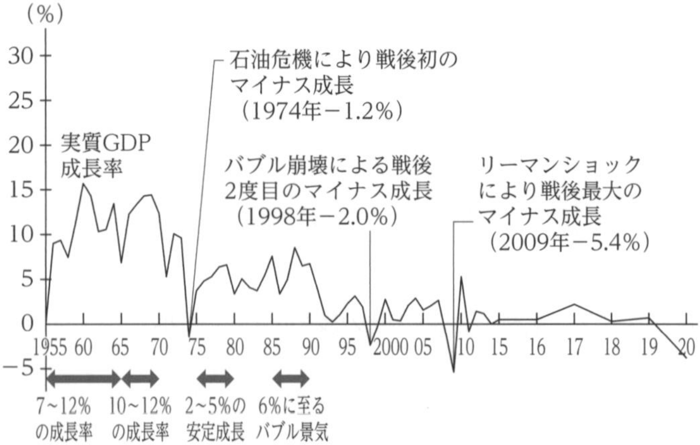

底となり，その後持ち直しつつある。

・消費については，**消費税率引上げ時には主に耐久財が減少**したが，**感染症拡大時には対人接触を伴うサービスが急減**した。

❷完全失業率と有効求人倍率

完全失業率は，労働力人口に占める完全失業者の割合であり，一般に不況期に上昇する。**有効求人倍率**は，有効求人数を有効求職者数で割った値であり，一般に不況期に低下する（完全失業率とは逆サイクル）。

□【　1960年代～80年代　】…石油ショックによって雇用情勢が悪化。

・完全失業率は，1970年代前半までは1％台で推移したが，76年以降は2％台となった。

・有効求人倍率は，1967年～74年の間（いざなぎ景気から第1次石油危機まで）は1を超えたが，それ以降は，バブル期の1987年までは1を下回って推移した。

□【　1990年代～　】…リーマンショック以降，労働市場は逼迫(ひっぱく)へ。

・完全失業率は，1995年に3％台となり，2002年には過去最高の5.4％となった。リーマンショック時の09年および10年にも5％を超えたが，その後は低下傾向となり，17年には2％台となった。

・有効求人倍率は，1988年～92年には1を超えたが，それ以降は低下傾向となり，99年には0.5を下回るまで低下した。その後は，リーマンショック時（2009年に過去最低の0.47を記録）を除いて上昇傾向となり，14年以降は1を上回って推移している。

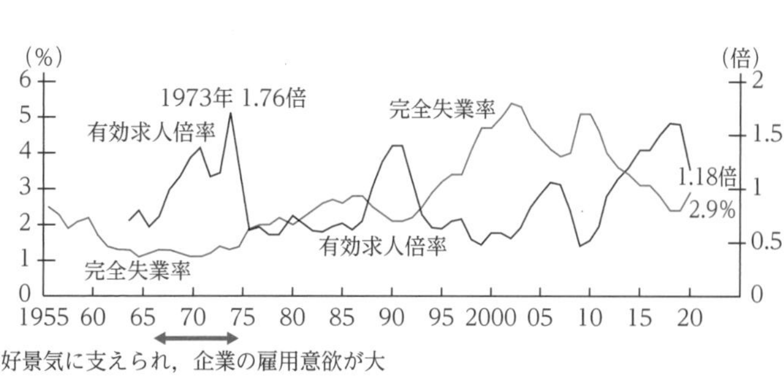

❸ 消費者物価指数上昇率

□【　**消費者物価指数（CPI）**　】…比較年の財・サービスの消費が基準年と同量であるとして，個々の財・サービスの価格変化が支出額をどれだけ変化させたかを指数化したもの。

- 最大の上昇率は，**第１次石油危機の影響を受けた1974年の23.2％**。
- 1980年代は安定して推移。**バブル期においても３％程度**。
- **2001年３月，政府が戦後初のデフレ宣言**（～06年）。09年11月には再度デフレを認定。
- 2013年１月，**日本銀行はインフレターゲット（物価安定の目標）を導入**。目標の消費者物価上昇率２％は，21年現在で未達成。

消費者物価指数の対前年比

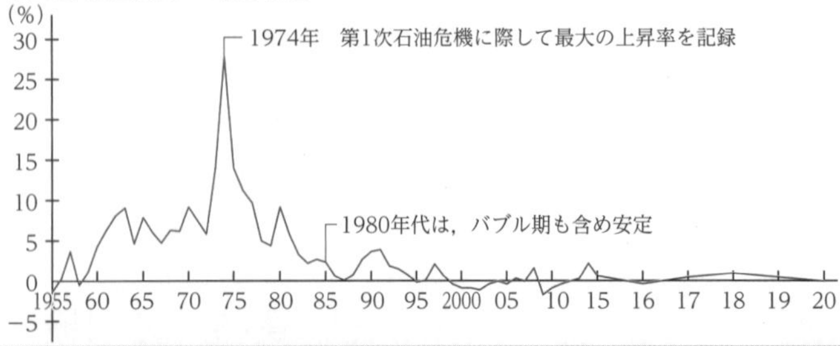

❹ 国際収支統計

□【　**国際収支**　】…国際収支統計は，一定の期間中の居住者と非居住者の間での取引を体系的に記録した統計である。

□【　**経常収支**　】…貿易・サービス収支，第一次所得収支，第二次所得収支の合計。

□【　**貿易・サービス収支**　】…海外との財の取引きおよびサービス（輸送，旅行，金融，知的財産権等使用料など）の取引きの収支。

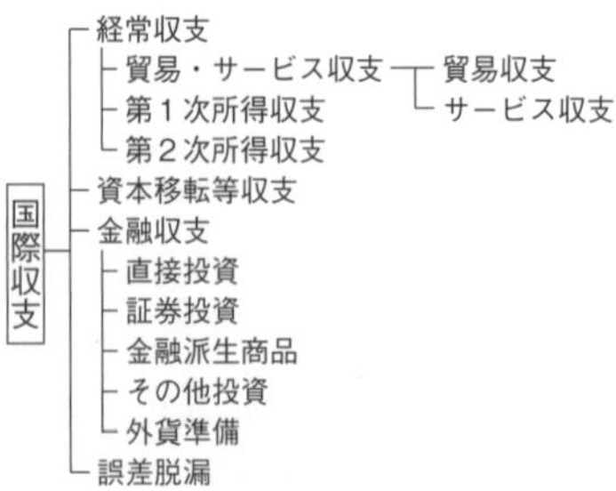

□【　**第一次所得収支**　】…海外に保有する金融債権・債務から生じる利子・配当金等の収支。

□【　第二次所得収支　】…海外との対価を伴わない資産の提供に係る収支。官民の無償資金協力，寄付，贈与の受払など。

□【　資本移転等収支　】…海外への対価の受領を伴わない固定資産の提供，債務免除のほか，非生産・非金融資産の取得処分等の収支。

□【　金融収支　】…直接投資，証券投資，金融派生商品，その他投資及び外貨準備の合計。

❺日本の国際収支の動向

●日本の国際収支の主要項目の推移

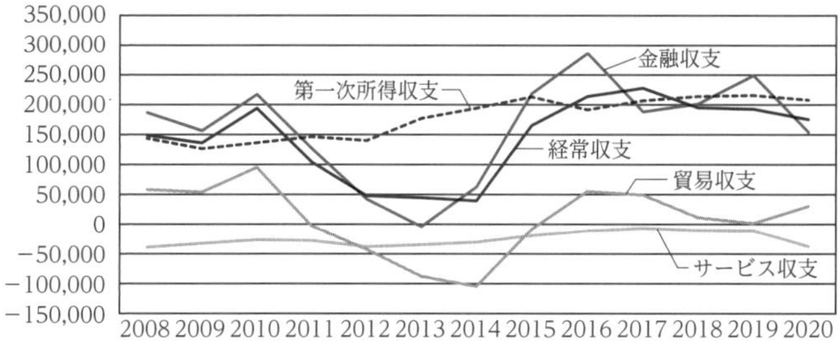

数値は「国際収支の状況」（財務省及び日本銀行）ベース

□【　近年の経常収支の動向　】…近年，2017年の約22.8兆円をピークに減少傾向にある。

□【　近年の貿易収支の動向　】…東日本大震災の発生した**2011年から5年連続で赤字**となったが，その後は黒字である。

□【　近年のサービス収支の動向　】…2012年以降，赤字が減少傾向にあったが，18年以降は再び増加に転じた。サービス収支中の**旅行収支については，2015年に黒字化してからは，2020年まで黒字**である。

□【　近年の第一次所得収支の動向　】…特に2014年以降はおおむね20兆円前後で安定しており，他の項目と比較して相対的に変動幅が小さい。

プラス+α　国際収支統計の項目

Question 国際収支統計基準では，「経常収支」は貿易・サービス収支，第１次所得収支，第２次所得収支の３項目で構成される。この記述は妥当か。

Answer 正しい。

❻ 直接投資の動向

□【　対外直接投資　】日本企業などが行う海外への投資のうち，短期的な収益を目的とする証券投資に対し，長期的な経営への関与を目指すものが直接投資である。

□【　近年の対外直接投資の動向　】…リーマンショック後の2009年にはおよそ6.9兆円と前年の６割まで急減したが，その後は拡大を続け，**2019年には過去最大の約28.2兆円**に達した。

日本の対外直接投資の推移

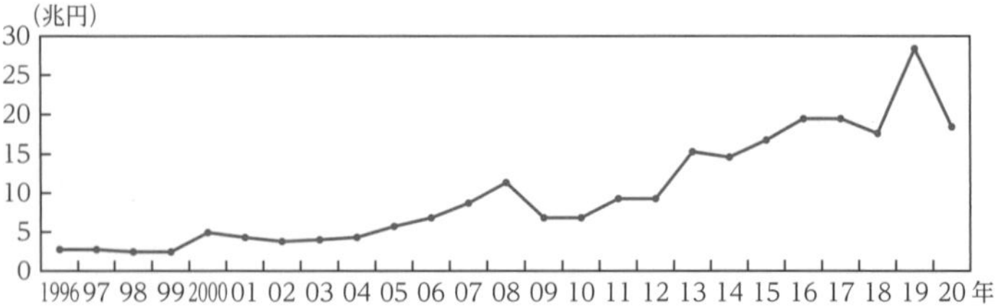

□【　対内直接投資の動向　】…日本企業への海外からの直接投資である対内直接投資は，**2020年に過去最大の7.1兆円となった。**

❼ 金融政策の動向

□【　マイナス金利政策　】…2016年１月，日本銀行はマイナス金利政策を導入した。これは，**日銀当座預金の一部にマイナス金利を適用する**ものである。

□【　マイナス金利の影響　】…マイナス金利政策は，金融市場において短期金利から長期金利へと波及して，これらを低下させた。金利と貸出期間の関係をイールド・カーブというが，**マイナス金利政策はイールド・カーブ全体を下方に押し下げた。**

□【　長短金利操作　】…2016年９月，日本銀行は短期金利をマイナスに，長期金利をゼロ％程度にするとの長短金利操作（イールド・カーブ・コントロール）を導入し，さらに消費者物価上昇率が安定的に２％を超えるまで金融緩和を続けるとした（オーバーシュート型コミットメント）。これを**長短金利操作付き量的・質的金融緩和**という。

❽新型コロナウイルス感染症感染拡大対策（コロナ対策）

□【　新型コロナウイルス感染症に関する緊急対応策　】…政府は，2020年２月13日と同年３月10日，総額153億円の第１弾と総額4,308億円の第２弾の**緊急対応策**を決定，感染対策・感染拡大防止策を講じた。

□【　令和２年度第１次補正予算　】…2020年４月30日に成立した**第１次補正予算**では，総額約25.7兆円が，全住民に１人当たり10万円の**特別定額給付金**，中小事業者向けの**持続化給付金**，**Go Toキャンペーン事業**などに充てられた。

□【　令和２年度第２次補正予算　】…2020年４月30日に成立した**第２次補正予算**は過去最大規模の総額約31.9兆円となった。内容は，資金繰り支援の強化，雇用調整助成金の拡充，家賃支援給付金の創設など。また，**10兆円の予備費**も計上した。

□【　令和２年度第３次補正予算　】…2021年１月28日に成立した**第３次補正予算**は総額約15.4兆円。20年12月８日に閣議決定した「**国民の命と暮らしを守る安心と希望のための総合経済対策**」関係経費やポストコロナに向けた施策に関する経費などを盛り込んだ。

□【　令和３年度当初予算　】…令和３年度予算は，令和２年度第３次補正予算と一体のものとして，**感染症危機管理体制・保健所体制の整備**，感染症対策のための診療報酬等の臨時的措置等を講じるほか，**コロナ予備費として５兆円を計上**している。

□【　日本銀行の企業金融支援　】…日本銀行は，2020年３月に「**新型コロナウイルス感染症にかかる企業金融支援特別オペ**」を導入，同年４月には同オペの拡充，５月には「新たな資金供給手段の導入」などによって金融緩和を強化した。さらに，**金融市場の安定化**のために，円やドルの供給も行った。

❾財政の現状

□【　令和２年度予算　】…コロナ対策により，令和２年度一般会計予算は補正後で約175.7兆円（国債発行額は約112.6兆円）となった。

□【　長期債務残高　】…国の普通国債残高は990兆円（対GDP比177％），国と地方の合計の長期債務残高は1,209兆円（同216％）になる（令和３年度末見込み）。

テーマ 13

頻出度 A

世界の経済事情

試験別頻出度					
国家総合職	★★☆	国家専門職	★★☆	地上特別区	★☆☆
国家一般職	★★☆	地上全国型	———	市役所C	★☆☆
		地上東京都	★☆☆		

学習のポイント

◎特にアメリカ，EU，アジアの近年の経済情勢について，専門試験の経済事情と同レベルの内容で出題されることが多い。

◎試験の前年に生じた経済問題が細かく問われることがあるので要注意。

❶ 世界経済の動向

□【 **世界経済の成長率** 】…新型コロナウイルス（以下，コロナ）の感染拡大により，**2020年の世界の実質GDP成長率は－3.3％**と，世界金融危機時の2009年の－0.1％を大きく下回った（IMFによる）。

世界実質GDP成長率

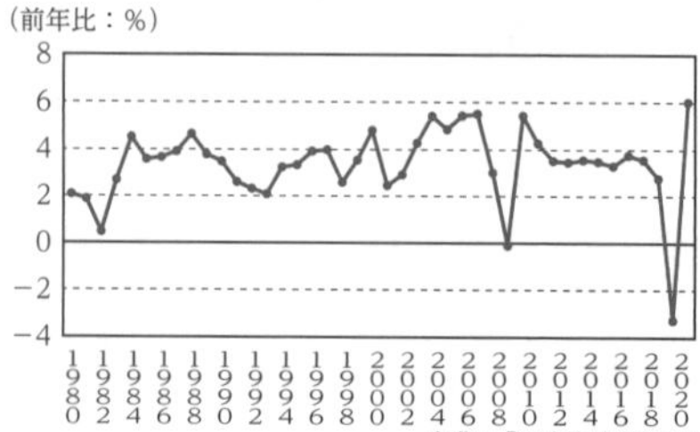

出典：『通商白書2021』

2020年4月には，原油価格（WTI先物）が一時的にマイナスになるなど，世界経済は大きな影響を受けた。

□【 **世界の貿易** 】…2017年以降，中国など新興国経済の減速もあり，世界の貿易量は減速傾向にあったが，コロナの影響を受けた**2020年には前年比－5.3％**となった。WTOの見通しでは，21年以降，回復すると予測されている。

世界の財貿易量

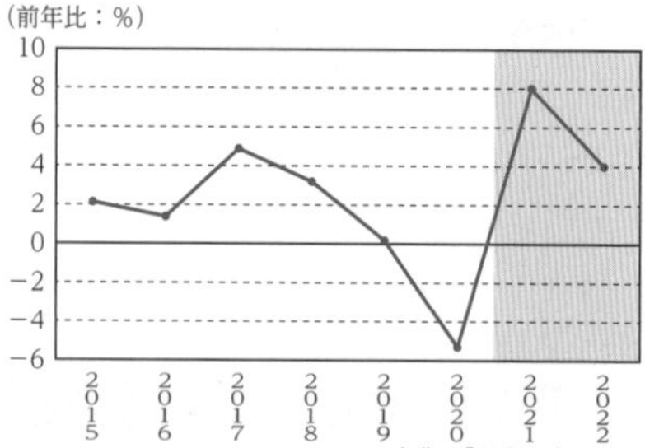

出典：『通商白書2021』

世界の投資についても，UNCTADによれば，20年の世界の直接対内フローは1兆ドル程度と，05年以来の低水準となった。

❷アメリカの経済事情

□【　第二次世界大戦後の米国経済　】…米国では，1960年代の106か月（黄金の60年代），90年代の120か月が長期の景気拡大局面である。この間の80年代には**レーガノミクス**と呼ばれる経済政策が採用された。

□【　第二次世界大戦後最長の景気拡大　】…リーマンショック後の**2009年6月からの景気拡大は2020年2月までの128か月となり，戦後最長となった**。失業率も，20年2月には3.5%と50年ぶりの低水準に達していた。

□【　FRBの金融政策　】…FRBは，2014年に量的金融緩和を，15年にゼロ金利を解除し，**金融政策の正常化**を進めていたが，米中貿易摩擦などを受け，**2019年以降は予防的利下げ**を実施していた。

□【　米中貿易摩擦　】…米国の貿易収支は恒常的に赤字であり，1980年代には日米貿易摩擦が深刻化したが，2000年頃から中国からの輸入額が日本を上回るようになっていた。
トランプ政権が2018年3月に対中制裁措置を決定して以後，**米中双方による累次の関税引上げが実行された**。この問題について，2020年1月，米中は「第1段階の合意」に署名した。

米国の主要経済指標

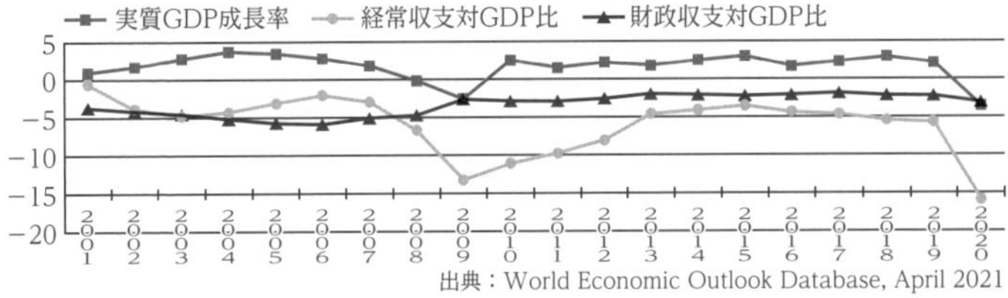

出典：World Economic Outlook Database, April 2021

□【　コロナの影響　】…**2020年のアメリカの実質経済成長率は－3.5%**と，リーマンショック時以来のマイナスとなった。

□【　コロナへの対策　】…政府は，2020年3月に，2.2兆ドル規模のコロナウイルス支援・救済・経済保障法を成立させ，家計への現金給付や，企業金融支援などを行った。FRBも，同年3月に，実質ゼロ金利政策および量的緩和政策を再導入した。

③ユーロ圏の経済事情

□【 **EUの拡大** 】…1967年に発足したEC（欧州共同体）は，1992年にEU（欧州連合）に深化したが，この間，当初の6か国から6次の拡大を経て28か国に，**2020年の英国の離脱によって27か国**となった。

□【 **共通通貨の導入** 】…1998年に設立された**欧州中央銀行(ECB)**は，98年から決済手段として，**2002年からは一般通貨として共通通貨ユーロを発行**している。EU加盟国は，収斂条件を満たした後にユーロの導入が義務付けられるが，デンマークとスウェーデン（および離脱前の英国）は例外とされ，**2021年現在ユーロ導入国（ユーロ圏）は18か国**である。

□【 **欧州政府債務危機** 】…2009年末に**ギリシャの財政赤字**の粉飾が発覚したことをきっかけに，**南欧諸国やアイルランドに経済危機**が波及した。EU，ECBおよびIMFの支援は，2018年まで続いた。

□【 **近年のユーロ圏の経済動向** 】…2019年末まで，経済は緩やかな回復を続けてきたが，中国経済の減速の影響で，2019年の実質GDP成長率は1.3%となった。

□【 **近年のユーロ圏の金融政策** 】…消費者物価上昇率は，2018年末以降，インフレ参照値の2%を下回っていることなどから，ECBは19年に欧州政府債務危機時に実施した**量的緩和政策**を再開，**主要政策金利もゼロに据え置いたままである。**

□【 **コロナの影響と対策** 】…**2020年の実質GDP成長率**は，−6.5%のマイナス成長となった。主要国では，**ドイツの落ち込みがユーロ圏平均より小さかった**のに対し，フランス，イタリア，スペインでは大きなものとなった。各国の財政上の対策に加え，欧州共通予算の活用，ECBの新たな資金供給オペなどが実施されている。

ユーロ圏と英国の実質GDP成長率

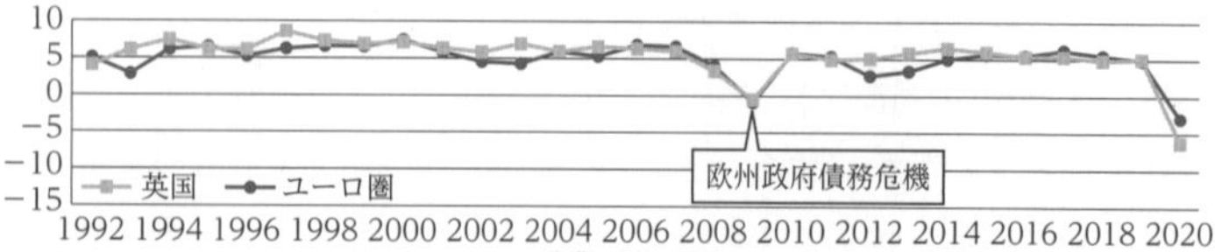

出典：World Economic Outlook Database, April 2021

❹ 英国の経済事情

□【　**近年の英国経済の動向**　】…英国経済は1992年から2007年まで長期の好況にあったが，世界金融危機後の立ち直りは遅れた。

2016年のEU離脱に関する国民投票後，実質GDP成長率は鈍化傾向にあり，18年は1.5%であった。

□【　**コロナの影響と対策**　】…英国の**2020年の実質GDP成長率**は**－9.9%となった**。同年，政府は雇用維持スキームや所得補助スキームを実施し，中銀も利下げに加えて資産購入を拡大した。

❺ 中国の経済事情

□【　**改革開放路線の推進**　】…1978年に開始された**改革開放路線**は，天安門事件によって停滞したが，92年の南巡講話によって加速され，2001年のWTOへの加盟によって，よりグローバル化が進んだ結果，**2010年には名目GDPで世界第２位**となった。

□【　**世界経済危機の影響**　】…世界経済危機に際し，中国は2008年に**４兆元（当時の日本円で約60兆円弱）の経済対策**を実施し，経済が受けた影響は先進国と比べて相対的に小さなものとなった。一方で，地方政府や国有企業の債務の急増などの問題も生じ，12年以降，経済成長率は７%台以下の**「新常態（ニューノーマル）」**に移行した。

□【　**コロナの影響と対策**　】…2019年の実質GDP成長率は6.1%と，**米中貿易摩擦の影響**もあり，前年より減速した。**2020年の実質GDP成長率**は，１-３月期にマイナスとなったが，通年では**2.3%とプラス成長を確保した**。政府は，消費刺激策に加えて，財政赤字対GDP比目標を引上げるなど**積極的な財政政策**を採用し，中国人民銀行（中国の中央銀行）も**大規模な資金供給オペ**を行った。

中国の実質GDP成長率

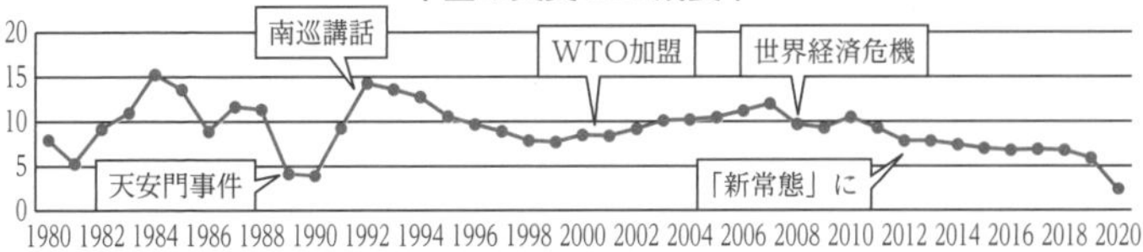

出典：World Economic Outlook Database, April 2021

❻ 新興国の経済事情（中国以外）

2000年代中盤以降，高い経済成長を持続した新興国群の代表がいわゆるBRICs（ブラジル，ロシア，インド，中国）である。

□【　**インドの経済事情**　】…1991年以降，経済自由化路線を推進した結果，産業構造は約30年間で大きく変化し，第1次産業のシェアが低下し，ICT関連など**第3次産業のシェアが上昇**している。
世界経済危機以後は6～7％前後の成長率を維持していたが，19年は実質GDP成長率が4.0％と減速したところに，**2020年は，コロナ対策で都市封鎖を行ったこともあり，成長率は－8.0％となった**。なお，経常収支は恒常的に赤字が続いているが，20年は黒字であった。

□【　**ロシアの経済事情**　】…。1989年の市場経済への移行後は混乱が続き，1998年にはデフォルトに陥ったが，2000年代の資源価格の高騰により経済は安定し，12年にはWTOに加盟した。
14年にはクリミア併合に伴う欧米諸国からの**経済制裁や原油価格の急落により，15年はマイナス成長**となり，通貨ルーブルも暴落した。その後，景気は緩やかな回復基調にあったが，コロナ禍の**20年の実質GDP成長率は－3.1％となった**。
ロシア経済および財政は，天然資源に大きく依存しているため，資源価格の変動に脆弱である。

□【　**ブラジルの経済事情**　】…1990年代後半以降，比較的安定した経済成長を継続したが，2014年後半の世界的な資源価格低下に際し，政情不安などから迅速な対応が取りづらかったこともあり，15年と16年はマイナス成長となった。その後は，緩やかなプラス成長に復したが，**コロナの影響を受けた2020年は－4.1％となった**。

新興国の実質GDP成長率

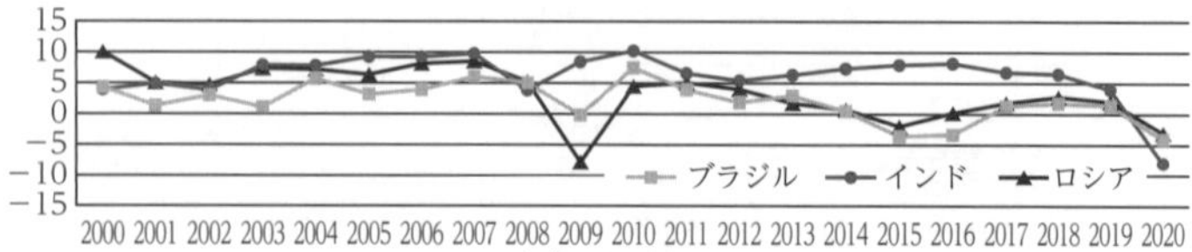

出典：World Economic Outlook Database, April 2021

❼アジア諸国の経済事情

□【　**アジア通貨金融危機**　】…1997年５月，タイの通貨バーツが投機にさらされ，支えきれなくなった同国は７月に変動為替相場制に移行した。結果，**バーツが急落**し，この通貨価値の下落がマレーシア，インドネシア，フィリピン，韓国などにも波及した。これらの国々のうち，**タイ，インドネシア，韓国はIMFの支援を受けることとなった。**

□【　**ASEAN経済共同体**　】…ASEAN加盟10か国は，2015年，政治安全保障共同体，社会文化共同体，経済共同体の３本柱からなるASEAN共同体を創設した。そのうち，**ASEAN経済共同体（AEC）**は地域経済統合を深化させるものである。関税については，ASEANは1993年に域内関税の撤廃を目標とする**ASEAN自由貿易地域（AFTA）**を発足させていたが，2010年にはASEAN物品貿易協定（ATIGA）が発効，**2018年には除外品目を除く関税の撤廃が完了した。**

□【　**近年のASEAN諸国の経済動向**　】…2019年は，米中貿易摩擦の影響を受けて，タイやシンガポールで経済が減速したが，中国の代替先として輸出を伸ばした国もあり，ベトナムやフィリピンは６～７％の成長を維持した。特にベトナムは，ほとんどのASEAN諸国がマイナス成長となる中，2020年も2.9％とプラス成長を維持した。

□【　**近年の東アジア地域の経済動向**　】…韓国および台湾は新型コロナウイルス感染の抑え込みに比較的成功したとみられているが，韓国では消費の落ち込みが大きく，2020年の実質GDP成長率が－1.0％とマイナス成長となった。一方，台湾は3.1％のプラス成長となったが，この要因としては，台湾政府が2020年７月に発行した「振興三倍券」のような消費刺激策に加え，世界的なテレワークの推進に伴う半導体輸出の増加がある。

アジア諸国の実質GDP成長率

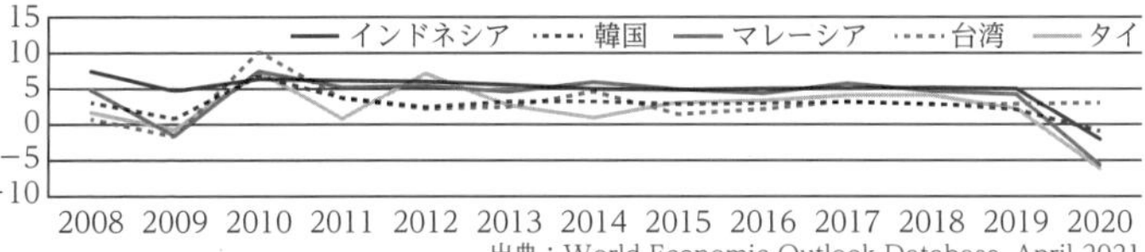

出典：World Economic Outlook Database, April 2021

頻出度 C

経済・経営用語

試験別頻出度

国家総合職 ―――	国家専門職 ★☆☆	地上特別区 ★★☆
国家一般職 ★☆☆	地上全国型 ―――	市役所C ★☆☆
	地上東京都 ★☆☆	

学習のポイント

◎企業形態など基本的なものから最近話題になっている経済・経営用語の概念は，正しく把握しておこう。

◎改正等された法律については，そのポイントを押さえておくこと。

❶ 企業形態の種類とその特徴

企業は，より多くの利潤を獲得するために，次のような形態で結びつくことがある。

□【　カルテル　】…**企業連合**。同一産業内の少数の企業同士が，競争の制限や市場支配を目的として協定を結ぶ，共同行為。

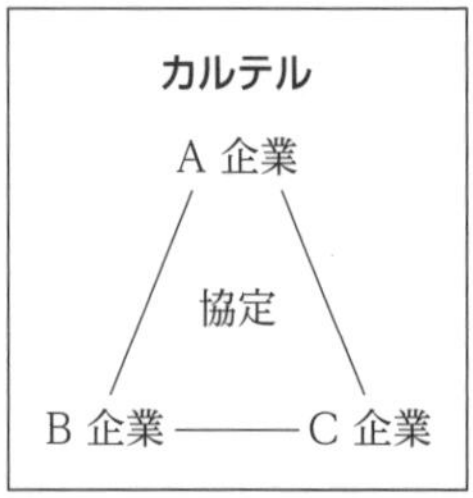

・**購買カルテル**…生産財・原材料などについての協定。

・**価格カルテル**…販売価格についての協定。

・**販路カルテル**…相互の販路についての協定。

・**生産制限カルテル**…生産量についての協定。

・**不況カルテル**…平均生産費を下回り，企業努力では克服が困難なときに，生産量や価格などについて結ばれる協定。

・**合理化カルテル**…技術・生産品種などについての協定。

日本の独占禁止法は原則としてカルテルを禁止しているが，1999年までは不況カルテルおよび合理化カルテルは同法の適用除外とされていた。

□【　トラスト　】…**企業合同**。同一産業内の少数の企業同士が，市場・利潤の独占的確保を目的に資本的に結合した単一企業体，または企業連合体。多くは，合併して，単一新企業の形態をとる。

□【　コンツェルン　】…**日本での財閥**。異種産業にまたがる多数の企業が，その中心企業（持ち株会社＝ホールディングス）による株式保有，役員派遣，融資関係などを通じて支配・統制を受ける形態❶。

・**水平的コンツェルン**…参加企業が同一産業部門。
・**垂直的コンツェルン**…参加企業が他部門にわたる。通常は生産過程の川上から川下にわたることが多い。

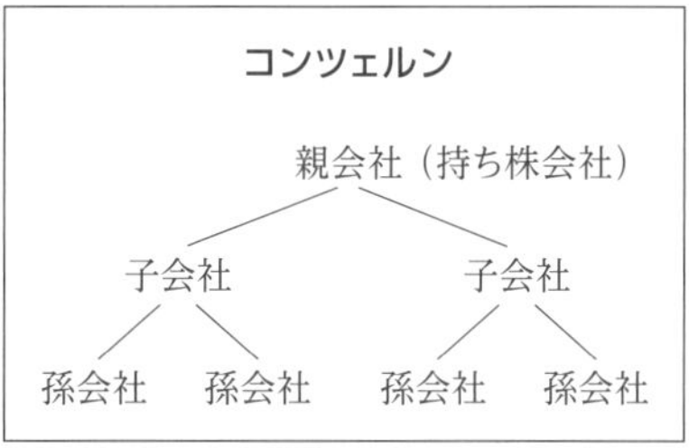

・**金融コンツェルン**…金融資本を中心企業として，融資関係によって多数の企業を参加に収める。
・**物的コンツェルン**…参加企業の生産技術の密接な結合を中心とする。
・**公開コンツェルン**…広く社会的に資本を導入して形成される。
・**封鎖コンツェルン**…個人やその同族の資本を中心とする。

□【　コングロマリット　】…**複合企業**。異種産業間の会社の**合併・買収**（M＆A）による多角化で成立する，複数業種にまたがる企業形態。高収益で将来性のある会社を株式の買占めなどによって吸収していくのが通例。

□【　多国籍企業　】…複数の国家にまたがって，製品・市場・工場・研究開発部門などをもち，世界的視野に立って意思決定や企業活動を展開する大企業。中小国家の財政規模を上回る売上をもつ企業もある。

□【　ベンチャー企業　】…既存の企業が進出していない未開発分野に着手することによって成立していこうとする，開拓型新興小規模企業。

❶ 持株会社は，以前は独占禁止法によって制限されていた。

プラス＋α　中小企業の定義

Question 中小企業法は，資本金の額と従業員の数に関する規定のうち，一方を満たせば中小企業としている。この記述は妥当か。

Answer 正しい。

❷ 独占禁止法とその改正

□【 **独占禁止法** 】…正式名称は「私的独占の禁止及び構成取引の確保に関する法律」。1947年，財閥解体後の経済民主化の柱として制定。その後，必要に応じ改正がなされている。

□【 **独占禁止法のポイント** 】…①**私的独占の禁止**（企業結合の規制）②**不当な取引制限の禁止**（各種カルテル結成の禁止）③**不公正取引方法の禁止**（ボイコット，ダンピングの禁止）を主な内容とする。

□【 **公正取引委員会** 】…内閣府の外局として位置づけられる行政委員会。独占禁止法を運用している。

□【 **1977年改正** 】…独占的状態に対する措置と会社の株式保有総額の制限，カルテル課徴金制度を新設した。

□【 **持ち株会社の解禁** 】…1997年，企業をめぐる国際環境の変化，日米包括協議の結果を受けて，独占禁止法第9条で禁止されていた持ち株会社（**子会社の持ち株比率が50％を超え，その株式取得額が総資産の5割を超える会社**）が解禁された。

□【 **金融持ち株会社の解禁** 】…1998年に金融持ち株会社（**銀行，生命保険，証券会社，信託会社などを傘下に持つ持ち株会社**）が解禁されたことを受けて，99年以降，共同持ち株会社形態の合併がさまざまな組合せで行われている。

□【 **2005年改正** 】…21世紀にふさわしい競争政策の展開をめざし，**課徴金制度の見直し，課徴金減免制度の導入，犯則調査権限の導入，審判手続等の改正**を主とした改正。2006年1月4日より施行された。

❸ 新「会社法」

2005年6月，会社に関する商法や有限会社法などの法律を統合し，新たに「会社法」という独立した法律が制定された。05年12月には「会社法施行令」が公布され，会社法は06年から施行された。

□【 **会社法のポイント** 】…会社法の主な内容は次の4点である。

①**会社の形態**…会社法の下で設立できる会社の形態は，**株式会社**，**合名会社**，**合資会社**および**合同会社**の4つとなる。

・**有限会社**は株式の譲渡制限のある株式会社として扱われ，設立できなくなる。ただし，現存する有限会社は存続できる。

・新たに合同会社（日本版LLC：Limited Liability Company）が設立できるようになった。なお，合同会社では，**有限責任でありながら，役員の権限や利益配分などを持分に関係なく自由に決定でき，取締役や監査役などの設置も不要である。**

②**最低資本金の規制緩和**…最低資本金（株式会社は1,000万円，有限会社は300万円）の規制を撤廃。

③**会計参与制度の創設**…すべての株式会社は**任意**で，会計参与という機関を設置できる。ただし，設置する場合は，定款で設置する旨を規定する必要がある。また，会計参与になれるのは，税理士（税理士法人を含む），公認会計士（監査法人を含む）である。

④**取締役の数と任期**…旧制度では，株式会社は3人以上，有限会社は1人以上の取締役を設ける必要であったが，会社法では1人以上の取締役を設ければよい。また，株式会社は2年，有限会社は無制限とされている取締役の任期は，原則2年（株式譲渡制限会社は最長10年）となった。

❹農地法等改正法

□【　農地法等改正法　】…農地法等は，第二次世界大戦後の農地改革以降，数次の改正等を通じて整備されてきた。食料品の多くを海外に依存している日本においては，国内の食料供給力を強化する必要があり，そのためには農地確保とその有効利用を図っていく必要があるとして，2009年6月に「**農地法等を一部改正する法律**」が制定された。この法律は同年12月に施行された。

プラス+α　課徴金減免制度

Question 独占禁止法の課徴金減免制度では，立入検査前の1番目の申請者は課徴金の50%が減免される。この記述は妥当か。

Answer 誤り。全額減免される。

経済の50問スコアアタック

Question

□1　所得効果が代替効果を上回り，価格が上昇したときに消費が減少する特殊な下級財を何というか。

□2　需要の価格弾力性＝－1×$\dfrac{\text{需要量の変化率}}{\boxed{\quad}\text{の変化率}}$

□3　完全競争市場における需要曲線（D）と供給曲線（S）を示す次の図のXは何か。

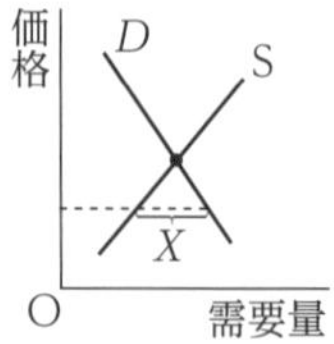

□4　市場の安定理論において，需要曲線と供給曲線の交点の下に水平線を引き，需要曲線上の需要量が供給曲線上の供給量より大きいとき，□的に安定であるという。

□5　一般に，無差別曲線が原点から遠くなるほど，効用（満足度）はどう変わるのか。

□6　一般的な右下がりで原点に対して凸型の無差別曲線のグラフでは，□は逓減する。これを□逓減の法則という。

□7　無差別曲線が次の図のようになる財の組合せとして，最も適したものはA：ビールとワイン，B：パンとバター，C：ラーメンと寿司のうちのどれか。

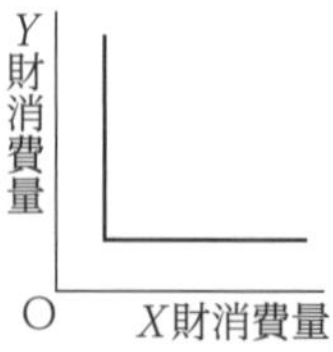

Answer

1　ギッフェン財
需要曲線が右上がり，補償需要曲線が右下がりとなる

2　価格

3　超過需要

4　ワルラス

5　高くなる
地図の等高線と同じ見方

6　限界代替率

7　B
補完財の関係。
パンの消費が増えると，それに塗るバターの消費も増える

□8　大企業が利潤を確保するために価格先導者となって決める価格を何というか。

8　管理価格
プライスリーダーが存在

□9　国民総所得（GNI）は，国内総生産（GDP）に何を加えたものか。

9　海外からの純要素所得

□10　「三面等価の原則」の３つの面とは具体的に何か。

10　分配・支出・生産

□11　投機的動機に基づく貨幣需要は［　　］に依存し，［　　］が上昇すると需要は減少する。

11　利子率
負の依存関係

□12　①～④に当てはまる語句を答えよ。

	周期	要因
キチン循環	約40か月	①
②循環	9～10年	設備投資
クズネッツ循環	③	建設
④循環	50～60年	技術革新

12　①在庫変動
②ジュグラー
③15～20年
④コンドラチェフ

□13　比較生産費説を唱えたのは，ケインズ，リカード，スミスのうちのだれか。

13　リカード

□14　ケインズ経済学を否定的にとらえたマネタリストの代表者はだれか。

14　フリードマン
新自由主義

□15　フェルドシュタインやラッファーが提唱し，アメリカのレーガン政権に採用されたことで有名な経済理論は何か。

15　サプライサイド・エコノミックス
レーガノミックス

□16　中央銀行がマネーストックを増加させると，利子率はどうなるか。

16　下がる

□17　政策金利の引上げが行われると，市中銀行の貸出金利はどうなるか。

17　上がる

□18　日本銀行の最高政策決定機関は何か。

18　日銀政策委員会
政府からの独立強化

□19　2000年7月の金融庁発足に伴い，大蔵省から移管された主な事務は何か。

19　金融政策の企画・立案事務

□20　総需要が総供給を上回ることによって起こるインフレを何というか。

20　ディマンド・プル・インフレ

□21　不況下において物価が上昇し続ける状況を何というか。

21　スタグフレーション

□22　物価上昇率と失業率との間に存在する負の相関関係を示すグラフは何というか。

22　フィリップス曲線

□23　不況期の財政政策として最も効果的とされるものには，公共投資拡大と何があるか。

23　減税

□24　会計年度が始まるまでに本予算が成立しないときに，最低限必要な経費の支出のために決められる［①］は，本予算が成立すると効力を失い，［②］される。

24　①暫定予算
②吸収

□25　予算の単年度主義には２つの例外があるが，継続費と何か。

25　国庫債務負担行為

□26　現行の財政投融資制度において，改革前に同制度の対象であった機関が資金を自主調達する際に発行するものは何か。

26　財投機関債
政府保証がない特殊法人などが発行する債券

□27　国債には財政法第４条の規定に基づいて発行される建設国債と，特別立法に基づいて発行される特例国債(赤字国債)があるが，国債残高の多いのはどちらか。

27　特例国債
建設国債284.9兆円
特例国債676.3兆円
(2021年度末見込)

□28　地方公共団体が国から受ける財政援助には，地方交付税，地方譲与税のほか何があるか。

28　国庫支出金

□29　累進課税制度は，財政の役割のうちの何を果たすことが期待されている政策か。

29　所得再配分

□30　好況期には税収を増大させ，不況期には減少させる累進課税制度など，財政の中で自動的に働く機能のことを何というか。

30　ビルトイン・スタビライザー
フィスカル・ポリシーと比較して効果が速い

□31　戦後の日本の経済的実情を調査し，直接税中心の税制の基礎を築いたのはだれか。

31　シャウプ
2000年死去

□32 税の直間比率で，直接税の割合が先進国の中で最も高い国はどこか。

32 アメリカ
9割以上が直接税。日本は約6割

□33 所得税には，職業によって所得の捕捉率の違いが指摘されているが，この問題を一般に何というか。

33 クロヨン問題
サラリーマン9割，自営業者6割，農業所得者4割

□34 GHQによって進められた経済民主化の3本柱は，財閥解体と労働改革と何か。

34 農地改革

□35 日本の第二次世界大戦直後の猛烈なインフレは，何と呼ばれる政策によって鎮静化されたのか。

35 ドッジ・ライン

□36 実質GNP成長率が2ケタ成長を続けた20世紀最長の好景気は，俗に何と呼ばれているか。

36 いざなぎ景気
1965年10月 ～ 1970年7月の57か月

□37 1973年の第一次石油ショックは，□による原油価格の大幅値上げによって起こった。

37 OPEC
（石油輸出国機構）

□38 IMF（国際通貨基金）の設立目的の一つに為替相場の安定があるが，その目的を達成するためにIMFが加盟各国に義務づけた制度は何か。

38 固定為替相場制

□39 IMFの国際的な役割を大きく後退させる契機となったアメリカの政策転換を一般に何と呼んでいるか。

39 ニクソン・ショック
1971年8月15日

□40 GATTウルグアイ・ラウンドの成果に基づいて1995年に設立された国際貿易機関の□には，160以上の国・地域が加盟している。

40 WTO

□41 日本の戦後の高度経済成長を支えてきたものは，A：物価の安定，B：設備投資の拡大，C：終身雇用制のうちのどれか。

41 B

□**42**　戦後初めて経済成長率がマイナスになったのは，何年度か。

42　1974（昭和49）年度

□**43**　有効求人倍率は企業の雇用意欲を見るうえで重要なもので，［　　］と雇用意欲が高いことを表している。

43　１より大きい

□**44**　円相場と日米貿易の関係では，円高ドル安になるとアメリカの［①］は減少し，［②］は増加する。円安ドル高になると，日本の［①］は減少し，［②］は増加する。

44　①輸入
②輸出

□**45**　アメリカが29年ぶりに財政黒字に転じたのは何年度か。

45　1998年度

□**46**　「ユーロ」は1999年１月からEU加盟国のうちの11か国で銀行間取引などに使われているが，市中で紙幣・硬貨が流通を開始したのはいつからか。

46　2002年1月1日

□**47**　1997年に起こったアジア通貨金融危機はどこが震源地であったか。

47　タイ
東南アジア，香港，韓国などに波及

□**48**　中国経済は，2012年以降，実質GDP成長率が７％台以下の状態が続くようになったが，これを何というか。

48　新常態（ニューノーマル）

□**49**　「独占の最高形態」といわれる企業の市場支配形態は何か。

49　コンツェルン
戦前の財閥など

□**50**　2005年の独禁法改正で導入された，会社にカルテルの自己申告するインセンティブを与えるための制度は何か。

50　課徴金減免制度

経済の50問スコアアタック得点

第１回（　／　）	第2回（　／　）	第3回（　／　）
／50点	／50点	／50点

社会科学

社会

社会科学
社会

重要テーマBEST10

本試験の出題傾向から，重要と思われるテーマをランキングした。学習の優先順位の参考にしよう。

1 国際情勢

P.218

アメリカ，中国，欧州の情勢が特に出題されやすい。アメリカ大統領選挙の翌年には，アメリカ大統領選挙に関する問題が出題されやすい。中国も，香港問題やウイグル問題など，出題可能性が濃厚な話題を多々提供している。また，特に特別区対策では，試験前年に開催された，G20サミットなどの国際会議も押さえておこう。

2 科学技術

P.238

IoT，AI，クラウドコンピューティングなどがどういうものかを理解しておこう。また，デジタル庁の創設など，法制度や，情報化に伴って生じている社会問題も重要である。また，宇宙開発も重要。自動車に関する技術も出題可能性が高い。

3 少子高齢化

P.210

日本の年間出生数や合計特殊出生率，高齢化率の傾向を把握するのが重要なのは，言うまでもない。新型コロナ問題により，今後情勢が変わるかもしれないが，都道府県別の人口増減にも注目しておこう。

4 環境問題

P.230

環境保護のための国際的取り組みに関する知識が重要である。特に，地球温暖化問題と海洋プラスチックごみ問題に注目しておこう。温室効果ガス排出量の推移などもチェックしておこう。

5 エネルギー問題

P.238

日本の発電量に占める石炭火力発電や再生可能エネルギーなどの割合を押さえておこう。日本のエネルギー政策の動向やエネルギー資源の主たる輸入国も要チェックである。

6 世界遺産

P.244

近年に登録に至った日本の世界遺産は頻出の内容なので要注目。国家公務員試験対策では，無形文化遺産やユネスコ世界ジオパークにも視野を広げよう。

7 労働問題

P.204

労働に関しては，特に女性の労働問題が問われやすい。また，働き方改革関連法など，新たに導入された制度に関する知識は，絶対に押さえておこう。

8 社会保障

P.210

年金などの各種社会保険に関しては，法令の改正がよく行われているので，チェックしておきたい。社会保障費の増加抑制のためにどのような施策が実施されているのかも重要である。

9 医療

P.238

新型コロナ問題により，医療も重要な出題テーマとなっている。その他の感染症にも知識を広げておきたい。がん医療についても飛躍的に進歩しており，要チェックである。

10 成年年齢の引き下げ

P.218

成年年齢が2022年４月から18歳に引き下げられるが，それに伴って何が変わって何が変わらないのかを，把握しておこう。

頻出度 C

労働事情

試験別頻出度

国家総合職 ★☆☆	国家専門職 ★☆☆	地上特別区 ★☆☆
国家一般職 ★☆☆	地上全国型 ★☆☆	市役所C ★☆☆
	地上東京都 ★★☆	

学習のポイント

◎労働三法に関する知識は基本。不当労働行為や労働委員会，労働基準法が定める最低限の労働条件を把握しておこう。
◎時事的な話題として，女性，障害者，高齢者の労働に関し，特に注目しておこう。

❶ 労働三法 ― 労働基本権を具体化

日本国憲法は，国民に対して次のような権利を保障している。

□【 勤労権 】…「すべて国民は，勤労の権利を有」する（憲法27条1項）。

□【 法の下の労働条件 】…「賃金，就業時間，休息その他の勤労条件に関する基準は，法律でこれを定める」（同27条2項）。

□【 労働三権 】…「勤労者の団結する権利（**団結権**）及び団体交渉（**団体交渉権**）その他の団体行動をする権利（**団体行動権**）は，これを保障する」（同28条）。

□【 労働三法 】…**労働組合法**（1945年制定，49年全面改定），**労働関係調整法**（1946年制定），**労働基準法**（1947年制定）。

❷ 労働組合法の骨子① ― 労働協約とショップ制

労働組合法は，労働三権の保障とともに，労働者の地位向上，労働条件改善を目的に制定された。この法律の目的に沿った形で労働組合と会社との間には「**労働協約**」が結ばれる。

□【 ショップ制 】…労働者と労働組合の関係を，使用者と労働組合の間で規定する制度。労働協約で，協定が結ばれる。

- **クローズド・ショップ**…労働組合員資格のある者のみを雇用する制度。日本に実例はない。
- **オープン・ショップ**…労働組合加入を労働者の自由意思に任せる制度。国家公務員法には明記されている（同108条の2第3項）。
- **ユニオン・ショップ**…採用後，一定期間内に労働組合員となることを雇用継続の条件とする制度。

❸労働組合法の骨子② — 不当労働行為

労働組合法では，労働組合の結成・運営などに対する使用者側の妨害や干渉を「**不当労働行為**」として，使用者側にさまざまな制約を加えている（同法７条)。その具体的な内容は以下のとおりである。

□【　**不利益取扱いの禁止**　】…労働者が組合員であること，組合に加入したり組合を結成しようとしたこと，組合の正当な活動をしたこと，不当労働行為の救済申立てなど労働委員会の手続きに参加したことなどを理由に，解雇その他労働者に不利益な取扱いをすることは禁止。

□【　**黄犬契約の禁止**　】…使用者は，組合に加入しないこと，組合から脱退することを条件として労働者を雇用してはならない。

□【　**少数組合とのユニオン・ショップ協定締結の禁止**　】…使用者は，工場・事業所に雇用される労働者の過半数を代表しない組合とユニオン・ショップ協定を締結してはならない。

□【　**団交拒否の禁止**　】…使用者は，正当な理由なく労働組合の団体交渉申入れを拒否してはならない。

□【　**支配介入の禁止**　】…使用者は，組合の結成・運営に対して支配介入をしてはならない。また,組合に対して経費援助をしてはならない。ただし，労働者が労働時間中に交渉・協議した場合に賃金を支払うこと，労組の厚生資金，福利基金に寄付すること，最小限の広さの組合事務所を供与することは許される。

●労働組合の役員の地位

□【　**在籍専従制度**　】…労組の役員が従業員としての地位を保持したまま組合業務に専従することを「在籍専従」という。日本の場合，労組の大部分が企業別組合であり，使用者側に対してこの制度を求めることが多い。しかし，認める認めないは使用者側の自由である。

プラス+α　ショップ制

Question 日本の労働組合は，その半数以上が使用者側とオープン・ショップ協定を締結している。この記述は妥当か。

Answer 誤り。ユニオン・ショップが約70%である。

❹ 労働関係調整法 ― 労働委員会が労使間を調整

労働組合法と相まって，労働関係の公正な調整を図り，労働争議の予防・解決によって経済の興隆に寄与することを目的とした法律。

□【 斡旋(あっせん) 】…労働委員会の会長が指名する斡旋員が労使双方の意見を聞き，両者の交渉を取り持つ。**任意斡旋**と**職権斡旋**がある。

□【 調停 】…労働者，使用者，公益を代表する調停委員からなる**調停委員会**が調停案を作成して，労使双方に提示する。この案を受諾するかどうかは労使双方の自由である。

□【 仲裁 】…労使双方が合意する，労働委員会の公益委員３名からなる**仲裁委員会**が労使双方から意見を聞き，**仲裁裁定**を下す。仲裁裁定は，拘束力を持つ。

●争議行為の制限・禁止

正当な争議行為であっても，次のような場合は制限が加えられたり禁止されたりする。

□【 安全保持施設に対する行為 】…工場・事業所の安全保持施設の正常な維持・運行を停廃すること，またはこれらを妨げる行為は禁止。

□【 公益事業の争議予告 】…公益事業の争議は，争議行為をしようとする日の少なくとも10日前までに労働委員会，厚生労働大臣，都道府県知事に通知しなければならない。

□【 緊急調整に伴う争議行為の禁止 】…**緊急調整**[1]の決定がなされた場合には，その公表の日から50日間は争議行為が禁止される。

□【 船員の争議行為制限 】…船舶が外国の港にあるとき，または争議行為によって人命や船舶に危険が及ぶときには禁止される。

□【 電気事業・石炭鉱業従事者の争議行為制限 】…電気の正常な供給を停止，または供給に直接障害をもたらす行為や，鉱山保安法に規定のある保安業務の正常な運営を停廃する行為は禁止（**スト規制法**）。

□【 公務員の争議行為制限 】…ストライキ，サボタージュなど業務の正常な運営を阻害する行為は一切禁止。

---

❶ 公益事業の争議行為でその規模が大きいため，または特別の性質の事業のために国民生活に著しい影響を及ぼすときに，内閣総理大臣が中央労働委員会にはかって決定する労使間の調整

❺労働基準法，その他

労働条件の最低基準を定めた法律。これを下回る内容の労働契約は，たとえ労働者が納得して締結したとしても無効となる。

□【　1日8時間，週40時間　】…労働時間の上限である（32条）。また，使用者は最低週1回または4週に4日の休日を与えなければならない（35条）。

□【　裁量労働制（みなし労働時間制）　】…労働者が労働時間を自由に決められる制度。企画業務型と専門業務型がある（38条）。

□【　フレックスタイム制　】…変形労働時間制の一種で，一定の範囲内で出退勤の時間を労働者が自由に決められる制度（32条の3）。

□【　最低賃金法　】…労働基準法から派生した法律で，この法律に基づき，**地域別最低賃金**と**特定最低賃金**（地域別最低賃金より最低賃金を高く設定する必要のある特定産業の最低賃金）が定められている。近年は東京都や神奈川県の地域別最低賃金が**1,000円**を超えている。

❻日本の労働の諸問題

□【　労働生産性　】…日本生産性本部によると，日本はG7諸国の中で最低，「先進国クラブ」の異名を持つOECD加盟国の中でも低い水準にある。労働時間は減少傾向にあり，有給休暇の取得率も上昇しているが，いまだ欧米の水準に及ばない。

□【　働き方改革関連法　】…2018年制定。時間外労働の上限設定（原則として月45時間，年間360時間まで），時間外労働に対する割増賃金率の引き上げ，③労働者に年次有給休暇を取得させることを企業に義務づけ（10日以上の年休がある労働者は5日以上），同一賃金同一労働の原則導入（正規雇用者と非正規雇用者の間の不合理な賃金格差を解消するため）などがなされた。その一方で，高度な専門職に就く高年収の労働者を一定の条件下で労働時間規制の適用除外とする，高度プロフェッショナル制度が導入された。

□【　パワハラ（パワー・ハラスメント）　】…上司による部下への常軌を逸脱した恫喝など，職場内での地位を利用した嫌がらせ。2019年の改正労働施策総合推進法（パワハラ防止法）により，防止措置が企業に義務づけられた。

❼ 女性と労働

□【　男女雇用機会均等法　】…1985年制定。男女の差別的取り扱いを禁止する法律。ポジティブ・アクション（女性の積極登用などの措置）の奨励やセクシャル・ハラスメントの防止規定もある。

□【　女子保護規定　】…かつての労働基準法には女子保護規定があり，女性労働者の時間外労働は制限され，休日・夜間労働は禁止されていた。だが，1999年に撤廃された。

□【　女性活躍推進法　】…2015年制定。国，地方公共団体，事業主らに，女性の活躍状況の把握や課題分析，数値目標の設定，行動計画の策定・公表などが義務づけられた。

□【　女性管理職30％の目標　】…総務省「労働力調査」によると，管理的職業従事者に占める女性の割合は，2020年の段階で13.3％。欧米諸国よりも大幅に低い。政府は2020年度までに指導的地位に占める女性の割合を30％にするとの目標を掲げていたが，2030年までに実現を目指すと先送りした。

□【　M字カーブ　】…女性の年齢階級別の労働力率のグラフが，30歳代前半で凹んだ形になっていること。出産・育児のために退職し，育児に手がかからなくなると，主に非正規雇用の形で仕事に復帰することが，原因。ただし，解消に向かっている。

□【　育児休業　】…原則として子が１歳に達するまで，一定の条件下で最長２歳に達するまで取得できる。育休取得率は女性が８割台の一方，男性は数％台にとどまっていた。政府は男性の育休取得率を2020年までに**13％**とする目標を掲げ，男性の育休取得を推進してきたが，コロナ禍もあり，2020年度にはほぼその水準に達した。

❽ 障害者雇用

□【　障害者雇用促進法　】…2018年には，身体障害者と知的障害者に加え，精神障害者の雇用義務化が実現した。

□【　法定雇用率　】…障害者雇用促進法で定められた，常用労働者に占めるべき障害者の最低限の割合のこと。2021年に0.1％引き上げられ，民間企業は**2.3％**，国・地方公共団体などは2.6％，都道府県教育委員会は2.6％となった。従業員数が43.5人以上の民間企業は障害者を雇用しなければならない。

□【　障害者雇用納付金　】…法定雇用率を達成していない企業が負担する。これを原資として，法定雇用率の達成企業に調整金を支給。

⑨ 高齢化・人口減少と労働

□【　労働力人口　】…人口減少の反面，高齢者や女性の労働参加が拡大しており，労働力人口（15歳以上の就業者と失業者）は6,800万人台に達し，**横ばいないし緩やかな拡大傾向**にある。

□【　高年齢者雇用安定法　】…2012年改正により，高年齢者雇用確保措置として，**65歳**までの定年引上げ，定年制廃止，希望者全員に対する65歳までの継続雇用制度（再雇用制度など）の導入のいずれかの実施が義務づけられた。さらに，2020年改正により，高年齢者就業確保措置として，**70歳**までの定年引き上げや継続雇用制度の導入などの実施が努力義務とされた。

□【　特定技能　】…労働力が不足する**14分野**の産業のために，2019年より導入された外国人の新たな在留資格。特定技能１号と特定技能２号がある。

⑩ 近年の労働事情 ― 労働組合

労働組合推定組織率は，パートタイム労働者の加入などで一時的に増加することもあるが，長期的には低下している。

労働組合員数の推移

	1980年	1990年	2000年	2010年	2015年	2020年
組合数	72,693	72,202	68,737	55,910	52,768	49,098
組合員数（千人）	12,369	12,265	11,539	10,054	9,882	9,940
パート労働者	…	97	260	726	1,025	1,375
推定組織率（%）	30.8	25.2	21.5	18.5	17.4	17.1

厚生労働省「労働組合基礎調査（2020年）」による。

プラス+α　非正規労働者の割合

Question 近年のわが国の雇用者に占める非正規雇用者の比率はどれくらいか。

Answer 約４割

頻出度 B

少子高齢化・社会保障

試験別頻出度

国家総合職 ★☆☆	国家専門職 ★★☆	地上特別区 ★☆☆
国家一般職 ★☆☆	地上全国型 ★★☆	市役所C ★★☆
	地上東京都 ★☆☆	

学習のポイント

◎人口問題に関しては，合計特殊出生率や高齢化率，都道府県の人口増減などに特に注目しておこう。
◎社会保障に関しては，年金，医療保険，介護保険，生活保護，児童虐待問題を重点的に学習しておく必要がある。

❶ 日本の高齢化の進展 ― 3人に1人が高齢者になる社会

日本の総人口および人口増加率の推移と将来人口
(1947～2065年)

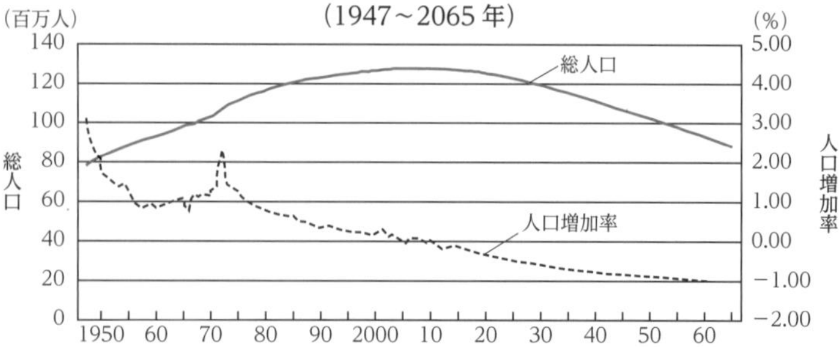

総務省統計局『国勢調査』および国立社会保障・人口問題研究所『日本の将来推計人口』(平成29年推計) による。

□【 **日本の総人口** 】…日本の総人口は戦後増加を続け，2008年の1億2,808万人をピークに減少に転じた。2020年10月現在の総人口は1億2,571万人であった。国立社会保障・人口問題研究所の日本の将来推計人口によると，1億人を割るのは2053年ごろと推計されている。また，2020年の国勢調査の結果を前回（2015年）と比較してみると，人口が増加したのは，東京都，神奈川県，千葉県，埼玉県，沖縄県など，9都県のみ。しかも，この5年間に人口が**自然増加（出生数＞死亡数）していたのは沖縄県だけ**。その他の都県の人口増加は社会増加（流入数＞流出数）によって人口が増加していた（沖縄は移住ブームによって社会増加もしている）。

□【 **高齢者人口の増加** 】…65歳以上の高齢者人口の総人口に占める割合（高齢化率）は1997年に年少人口（0～14歳）を上回ってから

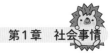

もさらに増え続け，2020年には28.8％に達した。総人口が減少するなか，今後も高齢者人口は増え続けるため高齢化率は上昇を続け，2036年には33.3％となり，**国民の３人に１人が高齢者**になると推計されている。高齢者を生産年齢（15～64歳）人口が支えるという観点からすると，2020年は2.1人で高齢者１人を支えている計算となる。

□【　**国際比較**　】…高齢化は先進国共通の現象だが，日本は他に類を見ないペースで高齢化が進み，今や**日本の高齢化率は世界最高**である。

世界の高齢化率の推移

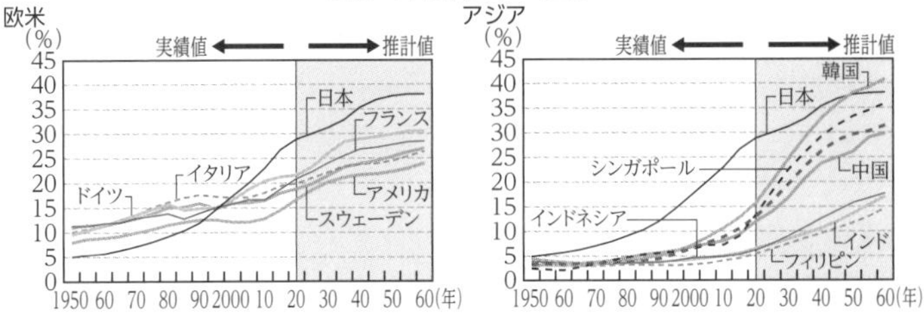

□【　**少子化**　】…年少人口は，1975年以来連続して減少し，2020年には1,493万人（総人口に占める割合は11.9％）となった。この少子化傾向は今後も続き，年少人口は2060年には現在の半分以下になると推計されている。女性が生涯に出産する子どもの数の平均を表す**合計特殊出生率**は2005年に過去最低の1.26となり，それ以降は回復傾向にあったが，近年は再び低下傾向となり，2020年には**1.34**となった。日本人口を維持するのに必要な合計特殊出生率（人口置換率）は2.07であり，それを大きく下回っている。また，年間の出生数も年々減少しており，2020年には**約84万人**にまで落ち込んだ。

□【　**生産年齢人口**　】…生産年齢人口も減少を続け，2020年の総人口に占める割合は59.3％であった。今後は2030年にかけて生産年齢人口の減少が加速すると推測される。

プラス＋α　総人口と合計特殊出生率の推移

Question 日本の合計特殊出生率は1970年代なかば以降，2.0を割り込んでいる。この記述は正しいか。

Answer 正しい。

❷ 社会保障の基本的な枠組み ― 制度の4本柱

社会保障制度は，日本国憲法25条が保障する「国民の生存権，国の社会保障的義務」の下に成り立つ国の基本的な制度である。

□【　社会保険　】…生活上のさまざまな危険に対して相互扶助を行う制度。疾病，労働災害，失業，高齢化などに対して，被保険者による拠出制の各種社会保険制度がある。

□【　公的扶助　】…生活保護法（1946年制定，50年全面改定）により，生活困窮者に対して，生活・教育・住宅・医療・介護・出産・生業・葬祭などに関する援助を公費負担で行う制度。

□【　社会福祉　】…児童・老人・身体障害者・母子家庭などが安定した生活を営めるよう，公費負担を中心に，無償または低額の費用でさまざまな公的サービスを提供する制度。福祉関係八法と呼ばれる法律を中心に制度が運用されてきた。

□【　公衆衛生　】…生活環境の整備などによって，国民の健康の保持・増進を図ろうとする制度。主として保健所がその任に当たっている。

●日本の社会保障制度

社会保険	医療保険　健康保険・共済組合・国民健康保険・船員保険 年金保険　国民年金・厚生年金 雇用保険 労災保険　労働者災害補償保険・公務員災害補償保険 介護保険
公的扶助	生活保護　生活保護法
社会福祉	福祉関係八法　児童福祉法・母子及び寡婦福祉法・知的障害者福祉法・身体障害者福祉法・老人福祉法・高齢者医療確保法・社会福祉法・独立行政法人福祉医療機構法
公衆衛生	疾病予防と治療・上下水道整備・廃棄物処理・生活環境の整備と保全・薬害対策・公害対策・自然保護

❸ 医療保険 ― 7,000万人以上が加入する健康保険

□【　健康保険　】…民間企業に働く者およびその家族の疾病・負傷・出産・死亡などに関して，医療サービスや現金給付（傷病手当金や出産手当金の給付）を行う医療保険制度。全国健康保険協会が保険者とな

る**全国健康保険協会（協会けんぽ）管掌健康保険**と企業の健康保険組合が保険者となる**組合管掌健康保険**がある。

□【 **共済組合** 】…国・地方の公務員や私立学校教職員およびその家族に対して医療サービスや現金給付を行う医療保険制度。保険者はそれぞれの共済組合で，**医療給付，保険料などは健康保険と同じ**である。

□【 **船員保険** 】…船員およびその家族を対象とする社会保険。**健康保険，雇用保険・年金保険，労災保険が一元化されたもの**であったが，労災保険相当部分と雇用保険・年金保険相当部分（独自給付を除く）は，2010年1月に一般の労災保険制度，雇用保険制度に統合された。

□【 **国民健康保険** 】…自営業者，農業者，定年退職者とその家族などに加入が義務づけられている医療保険制度。医療サービスと現金給付（任意給付）を行う。保険者は市町村が中心だが，都道府県知事の認可を受けて同業者が組織する**国民健康保険組合**もある。保険料は，所得や資産で評価する**応能割**と世帯人員で評価する**応益割**を組み合わせて保険税（料）が決定される。

□【 **高額療養費制度** 】…**患者負担**を超えた金額が保険から払い戻される制度。

□【 **後期高齢者医療制度** 】…**老人保健法**に基づいて運営されてきた老人保健制度を改正したもので，75歳以上の高齢者等を対象とする医療保険制度。2008年4月施行。

□【 **自己負担割合** 】…医療保険の加入者が，医療機関の窓口などで自己負担する医療費の割合は，次のとおり。ただし，後期高齢者医療制度については，2021年に**一定の所得のある者の負担割合を2割**とする医療制度改革関連法が成立し，導入時期が検討されている。

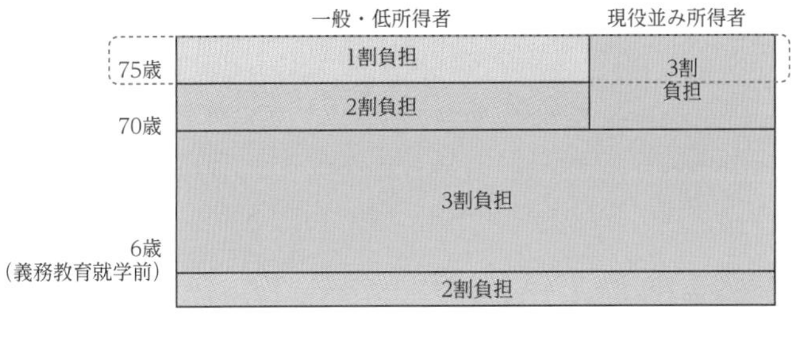

❹ 年金保険 — 1986年に全国民共通の基礎年金制度を導入

□【　**国民年金**　】…自営業者や農業者など，それまで公的年金の対象でなかった人を加入者として1961年に発足した年金制度。1985年の年金改正ですべての国民を対象とすることとなり，全国民共通の基礎年金を支給する制度となった。加入者は自営業者・農業者などの**第１号被保険者**，厚生年金の加入者の**第２号被保険者**，第２号被保険者の配偶者などの**第３号被保険者**からなり，**20歳以上の学生**も第１号被保険者として**加入が義務づけられた**。老齢，障害，死亡について，定額年金が給付される。老齢基礎年金は**原則65歳から支給**。

□【　**厚生年金**　】…主として民間企業の被用者を対象とする公的年金制度。1985年の年金改正で，定額部分と報酬比例部分に分かれていた年金額のうちの定額部分が国民年金の基礎年金となり，**報酬比例部分のみを給付する制度**に変わった。老齢，障害，死亡について，基礎年金（国民年金）に上乗せして支給される。老齢厚生年金は**原則65歳から支給**。報酬比例部分の支給開始年齢は，男性は2013年度から，女性は2018年度より60歳から65歳へと段階的に引き上げられる。なお，公務員や私学教職員等対象の**共済年金**は被用者年金一元化法（2015年10月施行）で廃止となり，厚生年金に統合された。

□【　**国民年金基金**　】…自営業者など国民年金の第１号被保険者が任意で加入する年金。都道府県ごとと職種別の２種類がある。

□【　**企業年金**　】…企業が従業員のために設ける私的年金制度。厚生年金基金，確定拠出年金，確定給付企業年金などがある。

□【　**確定拠出年金**　】…企業や加入者が決められた保険料を拠出し，それを運用した結果に応じて受け取る年金のこと。企業型（企業型DC）と個人型（iDeCo）とがある。「個人型」の加入者の対象範囲が拡大する方向で，改革が進められてきた。

□【　**年金の受給資格期間の短縮**　】…改正年金機能強化法により，**年金の受給資格期間が25年から10年に短縮**。10年以上保険料を納付すれば（免除期間を含む）老齢基礎年金・老齢厚生年金を受け取れることとなった（2017年８月施行）。

❺ 雇用保険 ― 失業を補償し，求職をサポート

雇用保険は，1974年成立の雇用保険法に基づいて運用されている。保険者は政府で，公務員などを除くすべての企業の労働者に適用される。保険料は事業主と雇用者が負担する。

□【　**求職者給付**　】…離職前1年間における被保険者期間が6か月以上の一般被保険者は，前職賃金の5～8割の基本手当が支給される。支給期間は年齢と被保険者期間によって異なる。

□【　**雇用保険事業**　】…事業主の全額負担で**雇用安定事業**，**能力開発事業**，**雇用福祉事業**が実施されている。

□【　**育児休業給付**　】…育児休業期間中の給付金も雇用保険から支払われる。

❻ 労災保険 ― 仕事でケガをしたときなどの損失を補償

1947年制定の労災保険法に基づく労災補償のための保険制度。給付には，療養補償給付，休業補償給付，障害補償給付，遺族補償給付などがある。保険料は，事業主が全額負担する。

❼ 介護保険 ― 2000年からスタートした高齢者支援

2000年4月から介護保険制度がスタートした。寝たきりや認知症の老人の急増に対して，少子化，核家族化がすすみ，その結果，高齢者が高齢者を介護する（「老老介護」）状況に対処しようとするものである。

□【　**保険者**　】…自治体（市区町村）

□【　**被保険者**　】…第1号被保険者65歳以上，第2号被保険者40～65歳未満

□【　**自己負担割合は原則1割**　】…一定の所得のある人は費用の2割，現役並み所得者は3割を負担する。ただし，限度額あり。

□【　**サービス**　】…要介護者には訪問介護などの**居宅サービス**，介護保険施設での**施設サービス**，住み慣れた地域で介護を受ける**地域密着型サービス**がある。要支援者向けに**介護予防サービス**がある。

□【　**要介護認定**　】…申請による認定。原則として30日以内に認定。

・調査員，介護認定審査会による2段階審査。

・要介護度は要介護1～5，要支援1～2の7段階に区分される。

⑧生活保護 ― 最低限度の生活を保障

生活に困窮するすべての国民に最低限度の生活を保障し，その自立を助長することを目的とする生活保護法（1950年制定）に基づく社会保障制度である。

生活保護の被保護世帯の推移（単位：千人）

	2015	2016	2017	2018	2019
高齢者世帯	803	837	867	884	898
母子世帯	100	94	88	83	77
障害者・疾病者世帯	422	409	414	405	408
その他の世帯	278	269	249	244	231
計	1,602	1,609	1,618	1,615	1,615

百の位で四捨五入
厚生労働省「被保護者調査」より作成

□【 **基準均衡方式** 】
…保護水準は賃金・物価の上昇率を上回る率でたびたび改定が行われてきたが，1984年からは一般消費水準の伸び率を基に算定する基準均衡方式が採用されている。

□【 **生活扶助基準** 】…保護には，生活扶助のほか教育扶助，住宅扶助など8種類があるが，被保護人員の9割弱が生活扶助を受給している。その生活扶助は，地域による生活様式や物価の違いを考慮して一級地（大都市地域），二級地（地方中核都市地域），三級地（その他の市町村）に区分したのちさらに2ランクに分け，計6ランクで支給基準を決めている。

⑨社会福祉 ― 障害者などを特別視しない社会をめざして

日本の社会福祉は，児童福祉法，老人福祉法ほか福祉関係八法を中心に展開されてきた。そうした社会福祉の現場で，近年，次の2つの考え方が特に重要視されてきた。

□【 **ノーマライゼーション** 】…本来，障害のある人もない人もともに生活するのが人間らしい社会である，という考え方。

□【 **バリアフリー** 】…高齢者や障害者にも過ごしやすい環境を整えていこう，という考え方。2006年に**高齢者障害者等移動円滑化促進法（バリアフリー法）**成立。

⑩日本の社会保障制度の問題点

日本の社会保障制度は，1950年のイギリスの社会保障の影響を受けた「社会保障制度に関する勧告」以降，61年には国民皆保険・皆年金が実現し，現在まで整備・拡充が図られている。総合的な制度としての社会保障が施行されているのは他に，欧米先進諸国，アジア新興工業経済群（NIEs），オセアニア州の先進国などに限定される。

□【　**社会保障費用の増大**　】…2018年度の社会保障給付費は121兆5,408億円（対前年度比1.1％増，国民1人当たり96万1,200円，1世帯当たり234万3,800円）にのぼる。対GDP比は22.6％である。社会保障給付費のうち，人口高齢化の進行を受け，年金給付費が45.5％を占め，81年に医療給付費（2018年度の社会保障給付費に占める割合は32.7％）と逆転して以来，特に「高齢者関係給付費」は増加している。高齢化の進行に伴い，今後も社会保障費用の増加は不可避だが，その増加を抑制するため，**健康寿命**（日常生活に支障なく生き続けられる期間）の延伸や，新薬（先発医薬品）よりも安価な**ジェネリック医薬品**（後発医薬品）の普及が促進されている。

□【　**高齢者福祉**　】…すでに総人口の約4人に1人が65歳以上の高齢者であり，要介護認定者は2018年度末には645万人。要介護者・要支援者の大半は軽度者で，転倒や骨折などで徐々に生活機能が低下していく「廃用症候群（生活不活発病）」の例が多いので，**介護予防**を重視しなければならない。

□【　**障害者福祉**　】　障害者差別解消法などにより，障害者への「**合理的配慮**」の提供が義務づけられている。また，発達障害者支援法により，自閉症，アスペルガー症候群，学習障害（LD），注意欠陥多動性障害（ADHD）などの**発達障害**を持つ人々の支援も進められている。

□【　**児童福祉**　】…児童福祉の内容は，出産・子育て支援，養育，非行児童の指導など多様。近年は児童虐待への対応が大きな課題となっている。全国の児童相談所が対応した児童虐待の相談件数は長期にわたり増加傾向にあり，**近年は20万人近く**に達している。2020年施行の改正児童虐待防止法と改正児童福祉法により，親権者による体罰の禁止や児童相談所において一時保護などの介入を行う職員と親権者支援を行う職員を分離するなどの改革が実施された。また，親の懲戒権の見直しも検討されることになった。

頻出度 A

政治・経済・国際事情

試験別頻出度		
国家総合職 ★★★	国家専門職 ★★★	地上特別区 ★★★
国家一般職 ★★★	地上全国型 ★★★	市役所C ★★★
	地上東京都 ★★★	

学習のポイント

◎政治や経済では，安全保障，地方自治，災害対応，国家予算など，日頃のニュースをチェックしながら確実に理解しておくこと。

◎アメリカと中国を中心に国際情勢をしっかり押さえること。

❶ わが国の平和と安全

□【　日本国憲法第９条　】…第１項で，**国際平和**を希求し，戦争を放棄すること，第２項で，陸海空軍その他の**戦力の不保持**と，**交戦権の否認**を定めている。

□【　自衛隊　】…**主権国家**には自衛権があり，持つことを憲法が禁止していないと政府が説明している，自衛のための「**必要最小限度**」の実力部隊。最高裁砂川事件大法廷判決では，「自国の平和と安全を維持しその存立を全うするために必要な自衛のための措置」とされた。

□【　集団的自衛権　】…自国の同盟国への武力攻撃を自国への攻撃と見なして反撃する権利のこと。国際法では認められているが，日本政府は長らく違憲としてきた。だが，2015年の平和安全法制の整備により，解禁された。

□【　存立危機事態　】…「わが国と密接な関係にある他国に対する武力攻撃が発生し，これによりわが国の存立が脅かされ，国民の生命，自由及び幸福追求の権利が根底から覆される明白な危険がある事態」のこと。平和安全法制の整備の一環で，事態対処法に規定された。

□【　重要影響事態　】…平和安全法制の整備の一環で，周辺事態法も改正され，重要影響事態法に改称された。これにより，日本周辺以外の地域でも，自衛隊による米軍の後方支援が可能となった。

□【　積極的平和主義　】…集団的自衛権の行使によって，国際社会で平和を守るための積極的な役割を果たそうとする考え方。

□【　自由で開かれたインド太平洋　】…インド太平洋地域全体の平和と繁栄のために，自由で開かれたインド太平洋地域を国際公共財として発展させる構想。日本が提唱し，アメリカも同調した。

❷ 地方創生

□【　**地方創生法**　】…「まち・ひと・しごと創生法」と「改正地域再生法」を合わせた総称。

□【　**「まち・ひと・しごと創生総合戦略」**　】…2014年12月。2020年までの数値目標を設定。地方で**若者の雇用**を30万人分創出。第一子出産後の**女性の就業率**を55%にする。サービス産業の**労働生産性**を2%にする。**本社機能**を地方に移した企業は法人税控除を認める。消費を喚起するために**地方創生交付金**を新設し，購入金額より多い金額の買い物ができる**プレミアム付き商品券**の発行を認める。

□【　**「まち・ひと・しごと創生基本方針2015」**　】…地域の観光・ブランド戦略を担う官民組織である「**日本版DMO**」を創設する。高齢者が元気なうちに移住する共同体である「**日本版CCRC**」構想を推進する。市町村長の補佐役として国家公務員を派遣する「**地方創生人材支援制度**」を実施する。

□【　**文化庁移転**　】…文部科学省の外局。地方創生の一環で政府機関の移転が検討された結果，**京都市**に移転することに（2022年度予定）。

❸ わが国の地方活性化

□【　**整備新幹線**　】…北陸新幹線の金沢―敦賀間，九州新幹線の武雄温泉―長崎間，北海道新幹線の新函館北斗―札幌間は2012年に着工。北陸新幹線の敦賀―大阪間は未着工。

□【　**マイナンバー**　】…住民票をもとに，日本国内に在住している人（外国人も）に市町村長が付番する12ケタの番号。本人確認を効率的に行って，社会保障，税，災害対策などの行政分野の運営を迅速かつ効率よく進めるためのもの。マイナンバーカードとキャッシュレス決済の普及を目指し，2020年9月から，**マイナポイント事業**が開始された。また，マイナンバーカードの健康保険証や運転免許との一体化も進められることになっている。

□【　**ふるさと納税制度**　】…任意の地方自治体に寄付をすると，住民税や所得税の控除が受けられる制度。返礼品は寄付額の**3割**までの地場産品とされている。

❹ 刑事司法改革

2016年5月成立の刑事司法改革関連法で以下のことが導入された。

□【　取り調べの可視化　】…**裁判員裁判事件**と**検察独自捜査事件**を対象とする。取調室での容疑者と取調官のやりとりのすべてを，**容疑者の同意を得てDVDに記録**する。公判で必要が生じた場合，検察はDVDの**証拠調べを請求**することが義務となる。

□【　通信傍受の適用範囲の拡大　】…殺人，放火，児童買春・児童ポルノ禁止法違反をはじめとする9類型を追加。録音データを改変することができない機器を使用する場合は通信事業者の立ち合い不要とする。

□【　司法取引の導入　】…**経済事犯，薬物犯罪，銃器犯罪を対象**とする。他人の犯罪について供述したり，証拠を提出したりした容疑者等に，検察が処分の軽減などの見返りを与える。**検察官，本人，弁護人が合意文書を作成**し，連署する。虚偽の供述や証拠の提出には5年以下の懲役を科す。

□【　証拠開示の拡充　】…検察側は弁護側から請求があった場合，集めたすべての**証拠の一覧票**を必ず開示しなければならない。

❺ 災害への対応

□【　自衛隊の災害派遣　】…災害に際して人命・財産の保護のために必要があると認められるとき,「**都道府県知事**その他政令で定める者」(自衛隊法83条1項）の要請を受けて行われる。2項によって緊急を要するなどの条件があるときは，要請を待たずに**防衛大臣**またはその指定する者が行うことができる。

□【　原子力規制委員会　】…2012年，原子力利用における安全の確保を図ることを任務とし，環境省の外局として設置された。国家行政組織法3条に基づく独立性の高い委員会（**三条委員会**）である。

□【　全国瞬時警報システム（Jアラート）　】…消防庁が2007年2月に4市町村で運用を開始したシステム。緊急地震速報，津波警報などだけでなく，弾道ミサイル攻撃に関する情報なども，人工衛星等を通じて市町村に伝達される。

□【　復興庁　】…**内閣総理大臣が長**で，**国務大臣として復興大臣**が置かれた。所管する事務は，東日本大震災からの復興に関する施策の企画立案や調整，必要な予算の一括要求，予算の関係行政機関への配分などである。**復興債**の発行は管轄外。当初，復興庁の設置期限は2020年度末とされていたが，10年延長された。

□【　**パンデミック**　】…感染症の世界的流行のこと。WHOは新型コロナウイルス感染症（COVID-19）のパンデミックを認めた。

□【　**新型インフルエンザ等対策特別措置法**　】…新型コロナウイルス問題を受け，2021年に改正。緊急事態宣言下でなくても飲食店に対する営業時間短縮などが可能となるよう，「**まん延防止等重点措置**」を創設。都道府県知事による営業時間の短縮などの命令に従わない事業者に対し，**過料**（緊急事態宣言下では30万円以下，まん延防止等重点措置の場合は20万円以下）を科すことができる。

□【　**2020東京オリ・パラ**　】…新型コロナ問題で2020東京オリンピック・パラリンピック大会は1年延期され，原則として無観客で開催。**バブル方式**により選手らは外部との接触を断たれるとされたが，効果は疑問視された。大会期間中，全国および東京都の1日の新型コロナウイルスの新規感染者報告数は，当時の**過去最多**を更新した。

❻成年年齢の引下げ

□【　**18歳成人**　】…民法改正により，2022年4月から成年年齢が18歳に引下げられる。未成年者は親権者など法定代理人の同意がなければ契約を締結できないが，成年年齢の引下げにより，18歳になればローン契約なども単独で可能となる。ただし，飲酒や喫煙，馬券（勝馬投票券）の購入などは20歳にならないと認められない。

□【　**婚姻適齢**　】…従来は男性が18歳，女性は16歳とされていたが，男女とも**18歳に統一**された。成年年齢も18歳となったので，原則的には20歳未満でも親らの同意は不要。ただし，2022年4月の時点で16歳の女性は，16歳での結婚は可能である。

□【　**少年法改正**　】…成年年齢の引下げに合わせ，少年法も改正された。18，19歳の者は「**特定少年**」とされ，引き続き保護下に置かれるが，「死刑，無期，法定刑の下限が1年以上の懲役・禁錮に当たる事件」で20歳以上の者と同様に刑事裁判で裁かれるようになる。また，**起訴後には実名報道も可能**になる。

❼アメリカ情勢

□【　**トランプ政権**　】…アメリカ・ファーストな外交政策で，TPP（環太平洋パートナーシップ協定）や地球温暖化対策に関するパリ協定，イラン核合意，ユネスコ（国連教育科学機関）などから次々と離脱した。また，不法移民の流入防止のため，メキシコとの国境に壁の建設をはじめた。

□【　**USMCA**　】…トランプ政権の下，アメリカ・カナダ・メキシコのNAFTA（北米自由貿易協定）に代わる新たな貿易協定として締結。

□【　**CPTPP**　】…アメリカが離脱したことで，残るTPP参加国が合意に至った経済連携協定。TPP11ともいう。2018年に一部の国々で発効した。現在は，イギリスが加入に向けて交渉中。また，2021年には中国と台湾が加盟申請。

□【　**INF全廃条約失効**　】…中距離核戦力（INF）全廃条約は，冷戦末期の1987年にソ連（ロシア）と締結した二国間条約だったが，ロシア側の条約違反を理由に離脱。2019年に失効した。

□【　**米中対立**　】…トランプ政権時より，貿易問題をはじめとして，米中間の対立が激化した。

□【　**2020アメリカ大統領選挙**　】…国民の関心は高く，120年ぶりの高投票率となった。結果は民主党のバイデン氏の勝利。副大統領には女性初，有色人種初となる**カマラ・ハリス**氏が就任することに。

□【　**バイデン政権**　】…2021年に大統領に就任すると，パリ協定への復帰やWHO（世界保健機関）からの脱退撤回，メキシコとの間の壁建設の中止などの大統領令に署名し，トランプ路線を否定した。ただし，TPPへの復帰は難しい情勢。米中対立も激化している。

❽中国情勢

□【　**一帯一路**　】…習近平政権による，アジア，アフリカ，ヨーロッパの巨大経済圏構想。対象地域のインフラ整備を資金面から支えるため，2014年にはアジアインフラ投資銀行（AIIB）が設立された。

□【　**南シナ海問題**　】…南沙諸島海域に人工島を建設，南シナ海に九段線を設定し，一方的に海域の領有権を主張している。2016年，常設仲裁裁判所は中国の主張には法的根拠がないとする判決を下したが，中国は無視して南シナ海の実効支配を進めている。これに対抗して，アメリカなどは「**航行の自由**」**作戦**を実施している。

□【　**香港国家安全維持法**　】…2020年制定。「一国二制度」のもと，香港では1997年に中国復帰後も高度な自治が実施されていたが，近年は中国政府の干渉が強まっており，民主派による抵抗運動が高まっていた。こうした運動を弾圧するために制定された法律である。

□【　**人民元**　】…米ドル，ユーロ，円，英ポンドとともに，国際通貨基金（IMF）の特別引出権の構成通貨となっている。現在は法定デジタル通貨である**デジタル人民元**の発行を目指している。

□【　**少子高齢化**　】…**一人っ子政策**による人口抑制により，急激な少子高齢化が進んでいる。2014年には一人っ子政策が廃止され，2021年には1夫婦につき3人までの子どもを容認することになった。

❾イギリスのEU離脱

□【　**国民投票**　】…2016年の国民投票の結果，僅差でEU離脱派が勝利した。イングランドとウェールズでは離脱派が勝利した。だが，**スコットランドと北アイルランド**では残留派が勝利しており，両地域のイギリスからの離脱問題が再燃することとなった。

□【　**ジョンソン首相**　】…国民投票時は離脱派のリーダーだった。ジョンソン首相のもと，離脱協定法案が可決。2020年1月にEUからの離脱実現に至った。移行期間を経て，2020年末にイギリスはEUから完全離脱した。

□【　**北アイルランド**　】…自由貿易協定により，イギリス・EU間の無関税貿易は維持されたが，通関業務は復活した。また，北アイルランドは引き続きEUの関税同盟などに部分的にとどまり，アイルランドとの間の往来の自由は今後も続くことになったが，グレートブリテン島との間で通関業務が実施されることになった。

プラス+α　アフガニスタン

Question　2021年のアメリカ軍撤退に伴い，再びアフガニスタンの実権を掌握したイスラム主義組織を何というか。

Answer　タリバン

テーマ 4

頻出度 C

消費者問題・食料事情

試験別頻出度

国家総合職 ★☆☆　国家一般職 ★★☆　国家専門職 ★☆☆　地上全国型 ★☆☆　地上東京都 ★☆☆　地上特別区 ★★☆　市役所 C ★☆☆

学習のポイント

◎消費者主権を実現するうえで，どのような問題が起きてきたのか，どのような法整備がなされてきたのか，ていねいに理解しておくこと。

◎わが国の食料自給率はどんな状況に置かれているかを押さえること。

❶ 消費者の保護政策

□【　**消費者基本法**　】…2004年，**消費者保護基本法**（1968年施行）の全面改正に伴い，消費者基本法と改称した。消費者の権利の尊重や自立支援を基本理念とした法律。

□【　**消費者庁・消費者委員会**　】…いずれも2009年に設置。消費者庁は消費者行政の一元化のために設置された。消費者委員会は10人以内の有識者からなり，消費者行政全般につき，監視を行う。

□【　**製造物責任法（PL法）**　】…消費者が受けた欠陥製品による被害に対し，製造業者はたとえ**無過失**でも損害賠償責任を負うことを定めた法律。

□【　**消費者安全調査委員会**　】…2012年に改正消費者安全法に基づき，消費者の生命や身体被害にかかわる事故の原因究明や再発・拡大防止

消費者行政のしくみ

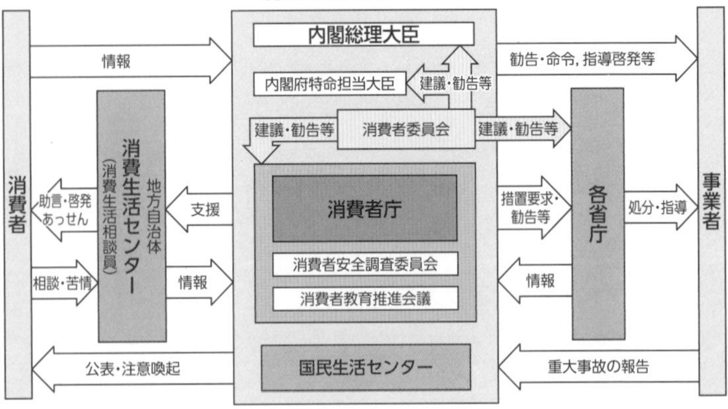

消費者庁資料による

を図るために設置された。**消費者事故調**ともいう。

□【　消費生活センター　】…地方公共団体が消費者相談や情報提供を行う行政機関。都道府県は設置義務，市町村の設置は努力義務である。

□【　消費者契約法　】…2000年制定。情報や交渉力で優位にある事業者に対し，弱い立場の消費者を保護することを目的とする。なお，未成年者は親の同意を得ていない契約を取り消せるが，2022年4月より成年年齢が18歳に引下げられると，18，19歳の者はこの「未成年者取消権」による保護の対象から外れる。ゆえに，消費者契約法が2018年に改正され，取消しの対象となる不当な勧誘行為の対象が拡大した。

□【　クーリング・オフ制度　】…特定の取引について，消費者が契約の書面を受け取った日から一定期間内であれば，違約金なしに契約申し込みを撤回または契約解除ができる制度。特定商取引法や割賦販売法などいくつもの法律で定められている。

□【　特定商取引法　】…1971年制定の**訪問販売法**を2000年に改称。2009年12月施行の**改正特定商取引法**では，一度断った消費者に勧誘を続ける（**再勧誘**）ことを禁止し，クーリング・オフ対象外の通信販売の場合でも業者が広告に返品の可否や条件などを記載していなければ商品到着後8日間以内なら消費者が送料負担して返品できるようになった。特定商取引法と預託法の改正により，2021年には業者に勝手に送り付けられた商品（こうした悪質商法を送り付け商法やネガティブオプションという）につき，受領から14日経過しなければ処分できなかったのが，**即日処分**できることになった。

特定商取引法の対象となる取引形態

①訪問販売　②通信販売
③電話勧誘販売　④連鎖販売取引
⑤特定継続的役務提供(エステティック，語学教室，家庭教師，学習塾，結婚相手紹介サービス，パソコン教室を対象とした長期・継続的なサービスの提供等の取引)
⑥業務提供誘引販売取引（仕事を提供するとして消費者を引きつけ，仕事に必要な商品等の金銭負担を負わせる取引）
⑦訪問購入（消費者の家を訪問して物品の購入を行う取引）

□【　国民生活センター　】…独立行政法人国民生活センター法によって設置されている。全国レベルでの消費者行政を担う。**消費生活センター**に寄せられた消費者からの相談や苦情は，**PIO-NETシステム**によってここに提供される。消費者紛争のうち，全国的に重要な紛争について解決を図る。裁判外紛争解決の手続きを実施している。

□【　消費者団体訴訟　】…内閣総理大臣が認定した適格消費者団体が，消費者に代わって悪質商法を営む事業者に対して訴訟などができる制度のこと。被害額が少額ではあるが，多くの被害者がいる場合に，事業者の事業活動を差し止めたり，被害の救済をさせたりする目的で，導入された。

❷ 消費者の多重債務問題

□【　改正資金業法　】…2010年に完全施行された。多重債務問題の深刻化に対処するため，貸金業者に対して顧客の返済能力を調査する義務を課した。**個人の総借入残高を年収の3分の1以下に抑える総量規制**が導入された。貸付金額が50万円を超える場合や，他社との合計貸付総額が100万円を超える場合は，源泉徴収票の提出を受けることを義務付けている。また，**出資法**の上限金利が20%に引き下げられ，これを超える場合は刑事罰が科されることになった。

❸ 近年の消費生活相談の傾向

全国の消費生活センター等に寄せられている相談を集計した消費生活相談件数には傾向が読み取れる。

□【　消費生活相談　】…消費生活相談件数の合計は2004年192万件をピークに年々減少したものの，2020年は約93.4万件と依然と高水準である。

2020年の相談を商品・サービス別に見ると，最も多かったのは「通信サービス（デジタルコンテンツ）」で約15万件と突出しており，幅広い年齢層で大きな割合を占めた。次に架空請求に関する相談を含む「商品一般」の相談が多かった。販売購入形態別では，「店舗購入」に関する相談は減少しているが，「通信販売」が全体の約4割を占め，拡大している。

❹ わが国の食料事情

□【　食料自給率　】…食料全体の自給率を示す指標として，重量をカロリー（供給熱量）に換算して算出される**カロリーベース**と，重量を金額に換算して算出される**生産額ベース**がある。

□【　食料国産率　】…2020年の食料・農業・農村基本計画で新たに導入された指標。飼料自給率を反映せず，国内生産の状況を把握するもの。2018年はカロリーベースで46%，生産額ベースで69%だが，これを2030年までにそれぞれ53%，79%に引き上げるとしている。

□【　日本の食料事情　】…日本の食料自給率は，食生活の変化に伴って自給率の高い米の消費が減少し，肉類や油脂類の消費が増加しているため，長期に渡って低下傾向で推移してきた。1965年の食料自給率はカロリーベースで73%であったが，2019年には**38**%と大きく低下。生産額ベースでも86%から66%となった。

わが国と諸外国の食料自給率

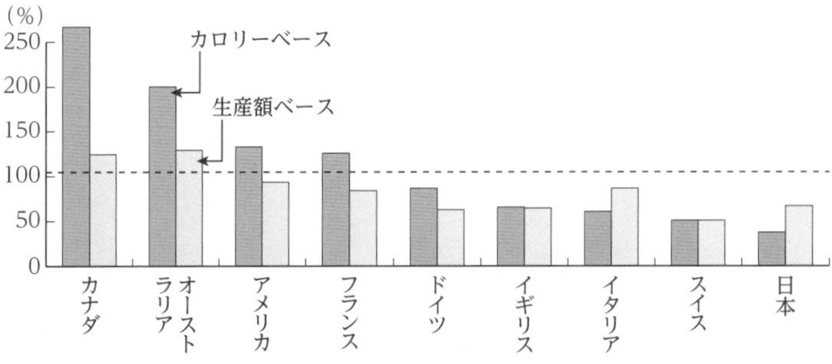

資料：農林水産省『食料需給表』

❺ 食料政策の転換

□【　食料・農業・農村基本計画　】…日本の農業政策の基本指針となるもの。食料自給率の目標として，2030年までに**カロリーベースで45%**，**生産額ベースで75%**に引き上げるとしている。

□【　コメ政策の変遷　】…戦後の食糧不足解消のために政府が農家からコメを買い取り，消費者に安定的に供給してきた（**食糧管理制度**）。1960年代には食の変化によりコメが余るようになり，1970年からコメの生産量を制限（減反）する生産調整を開始。1995年の**食糧管理**

制度の廃止後も，減反政策は継続した。だが，政府は2014年度から減反補助金を半減し，2018年度には**コメの減反政策を廃止**した。

❻ 農政改革

□【　**農政改革**　】…日本の農業の競争力を高めるための構造改革のことで，「**プロの農家**」の後押しをする。**認定農業者**に農協や**農業委員会**の運営を担わせる。改革としては，**農業生産法人**の出資規制の緩和，企業の農地運営の拡張，**耕作放棄地**の有効活用を行う。

□【　**農地中間管理機構（農地バンク）**　】…都道府県ごとに設置している。所有者から狭い農地や耕作放棄地を借り入れ，農業法人などに貸し出している。

□【　**全国農業協同組合中央会（JA全中）**　】…農協の上部組織である。2016年4月に改正農協法が施行され，地域農協に対する監査・指導権をなくす。2019年3月末で**一般社団法人**に転換し，位置づけは「**地域農協のサポート**」となる。

□【　**全国農業協同組合連合会（JA全農）**　】…農産物の販売を請け負っている。株式会社化して，農家に割安なサービスの提供に努める。

□【　**農林水産業の6次産業化（6次化）**　】…本来は1次産業である農林水産業者が，食品加工業や販売業，外食産業，観光業など，2次産業や3次産業にも進出すること。政府もその取組みを推進している。

□【　**グローバルマーケットの開拓**　】…日本の農林水産物・食品の輸出額は増加傾向が続き，近年は9,000億円を超えている。

❼ 商品の表示の適正化

□【　**食品表示法**　】…食品の栄養表示を義務化するために，2013年に公布した法律。具体的な表示基準は消費者庁が策定。健康増進法，食品衛生法，**日本農林規格**（JAS）法で表示ルールを統一する。

□【　**有機JAS制度**　】…国に登録された第三者機関が，JAS法が定める「有機」の生産基準を満たしている，と認めた食品だけが「有機食品」「オーガニック食品」と表示できる制度。不正表示には，1年以下の懲役，または100万円以下の罰金が科される。

□【　**改正景品表示法**　】…2016年に施行された。実際よりも優れていると誤解される「優良誤認表示」や，実際より得だと誤解される「有利誤認表示」などを規制する。不当表示があった商品やサービスには消費者庁が**課徴金**を命じる。これは，商品やサービスの最長3年分の売上額に3％をかけて算出するもので，事業者が自主的に消費者に返金すれば課徴金額から返金額が差し引かれる。

❽ 健康な食生活と地域ブランド

□【　**食育基本法**　】…2005年制定。生きる上での基本となる食について，国民がその知識と選択する力を習得し，健全な食生活を送るために制定された法律である。

□【　**「健康な食事」**　】…厚生労働省が認証し，マークで表示する。2015年4月から実施。対象は市販される調理済みの食品で，弁当1食単位。1品目ごとも可。主食，主菜，副菜ごとに条件があり，合計で650カロリー未満，食塩3g未満。

□【　**機能性表示食品**　】…食品の安全性や機能性を示す資料を事業者が消費者庁に届け出て受理されると表示できる。2015年4月から実施。ヒトを対象にした臨床試験が必要な「**特定保健用食品（トクホ）**」や，ビタミンとミネラルに限定された「**栄養機能食品**」よりも，幅広く健康効果を食品に表示しやすいメリットがある。

□【　**地域ブランド：地理的表示（GI）**　】…国内の特定の産地で，こだわった製法や原料でつくられた農林水産物や食品が対象で，生産・加工業者の団体が国に申請する。偽物は国が取り締まる。2015年12月から実施。2016年7月現在で，夕張メロン，市田柿，三輪素麺，神戸ビーフなど，14品目を認定。

□【　**改正種苗法**　】…2020年成立。国内で開発したブランド品種の海外流出を防ぐため，開発者が種や苗の輸出国や栽培地域を指定可能に。それ以外の国に故意に持ち出すなどした場合は罰則が科される。

プラス α　ゲノム編集食品

Question 日本では，遺伝子組換え食品とは異なり，ゲノム編集食品にはその旨の表示を義務づけられていない。この記述は正しいか。

Answer 正しい。

頻出度 B

環境・資源問題

試験別頻出度		
国家総合職 ★☆☆	国家専門職 ★★☆	地上特別区 ★★☆
国家一般職 ★★☆	地上全国型 ★★☆	市役所C ★☆☆
	地上東京都 ★☆☆	

学習のポイント

◎地球環境問題にはどのようなものがあり，どのような国際的な取組みが行われているか整理しておくこと。

◎近年の日本における廃棄物処理対策について，具体的に把握する。

❶ 地球環境問題 ── 解決には国際的な取組みが必要

文明の進歩は地球上の人類に多大の恩恵をもたらしているが，一方において地球環境に後戻りの難しい重大な影響を与えている。地球環境の問題は，人類の生存にかかわる人間環境の問題である。

●全体的な問題点

□【 **被害・影響が広範囲** 】…被害や影響が国境を越えて広範囲に及ぶ。→国際的な取組みが必要。

□【 **将来に発現** 】…現在は直接的に影響がなくても，後になって被害・影響が出てくる。→未然に防止する必要性。

□【 **問題群を形成** 】…一つ一つの問題にとどまらず，個々の問題が結びついてまとまりのある問題群を形成する。

❷ 具体的な地球環境問題①

□【 **オゾン層の破壊** 】…成層圏以高にあるオゾン層がある種の化学反応によって破壊され，地球上が宇宙からの紫外線に直接さらされる。

原因…フロン，ハロンなどが成層圏に拡散し，オゾンを破壊する。

被害・影響…皮膚がんや白内障の増加，免疫力の低下，農作物の育成阻害，浅海域のプランクトンの減少，光化学スモッグの悪性化など。

□【 **地球温暖化** 】…地球から熱を逃がす働きをする赤外線をさえぎってしまうガス（**温室効果ガス**）の濃度が高まり，地表面の温度が上昇。

近年の国別に見たエネルギー起源二酸化炭素排出量…１位は中国。さらに，２位アメリカ，３位インド，４位ロシア，５位日本の順。

原因…二酸化炭素，**メタン**，亜酸化窒素，フロンなどの高濃度化。

被害・影響…海面上昇による国土減少，食糧減産，環境難民の発生。

IPCCの2021年の報告書によると，地球温暖化がこのまま進行すれば，21世紀末には最大3.3～5.7度上昇し，平均海面水位が最大0.63～1.01m上昇するという。

□【　酸性雨　】…水素イオン指数（pH）5.6以下の酸性の雨や雪，霧が降る現象。1960年代後半以降，ヨーロッパ全域，北アメリカ東部・中部で特に問題となっている。中国大陸でも観測されるようになり，日本列島への影響が心配されている。

原因…化石燃料の燃焼のときに生ずる硫黄酸化物（SO_X）・窒素酸化物（NO_X）などが大気中で酸化して雨などに混じる。

被害・影響…森林の枯死，農作物の減少，遺跡・石造建築物の劣化，湖沼の生物の死滅，地下水の酸性化など。

□【　熱帯林の減少　】…野生生物の生息地であるほか，**環境調整機能**（土壌の保全，水源涵養，二酸化炭素の吸収・固定作用など）を持つ地域，木材や医薬品原料の供給源などでもある。こうした人類にとって貴重な熱帯林が減少している。

原因…非伝統的な焼畑移動耕作，過度の薪炭材採取，過剰な放牧，不適切な商業伐採など。

被害・影響…大気中の二酸化炭素増加→地球温暖化→異常気候，野生生物の減少など。

□【　砂漠化　】…陸地の**約４分の１**に当たる3,600万km^2の地域で土地の劣化・不毛化が進行し，世界人口の約６分の１がそれによって大きな影響を受けている。特にサハラ以南アフリカで深刻。

原因…過剰な放牧，過度の薪炭材採取，不適切なかんがい（→農地の塩分濃度上昇）など。

被害・影響…食糧生産減少→難民増加→都市への人口集中，砂嵐による気候変動など。

❸具体的な地球環境問題②

□【　海洋汚染　】…大型タンカー事故による大量の油流出その他で，地球の表面積の**約７割**を占める海洋が汚染されている。

原因…陸からの汚染物質の流入，廃棄物の海洋投棄，タンカー事故を含む船舶の油流出など。

被害・影響…海鳥や魚などの海洋生物の生態系変化, 遺伝子への影響, 漁業への影響など。

□【　海洋プラスチックごみ　】…マイクロプラスチック（直径5 mm以下にまで細かくなったプラスチックごみのほか，洗顔料や歯磨き粉の研磨剤などに使用されているマイクロビーズ）による海洋汚染が問題となっている。

□【　野生生物種の減少　】…地球上には無数の生物がいるが，確認されている種だけでも, 哺乳類の約2割, 鳥類の約1割が絶滅の危機にある。

原因…商業的な取引のための乱獲，生息地の開発・破壊，熱帯雨林の減少などに伴う生息環境の悪化など。

被害・影響…文化的・学術的価値の喪失, 遺伝子の喪失, 生態系の変化。

世界の主な絶滅のおそれのある野生生物種の割合

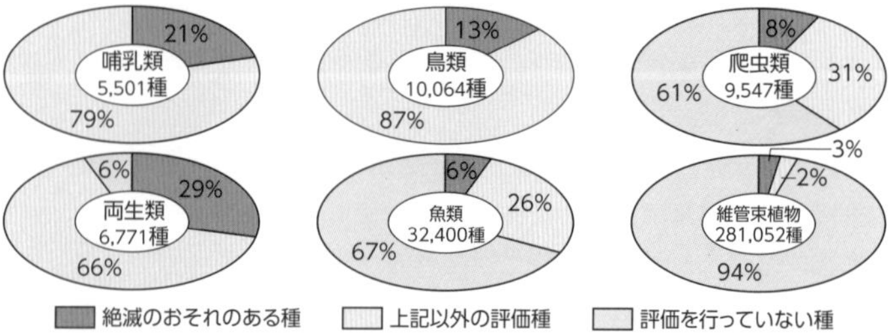

国際自然保護連合（2012年）資料より

□【　有害廃棄物の越境移動　】…有毒性が極めて高い有害廃棄物を，自国で処理すると高い費用がかかるため他国に送って処理する問題。

原因…廃棄物を出す国の有害廃棄物処理の規制が強化されたこと，処理費用の高額化など。

被害・影響…廃棄物を受け取った国およびその周辺の環境汚染，輸送・処分段階での爆発事故とそれに伴う環境汚染など。

□【　開発途上国における公害問題　】…近代化･工業化を急いだ国で深刻化。

原因…化石燃料燃焼の不適切処理，人口の増大と都市化の進展によって起こる公害，先進国の安易な投資など。

被害・影響…大気汚染・水質汚濁，地盤沈下，廃棄物未処理など。

❹ 地球環境問題への国際的な取組み ― 国連を中心に共同歩調

□【　ローマクラブ　】…世界的シンクタンク。1972年に報告書「成長の限界」を発表し，話題となった。

□【　国連人間環境会議　】…1972年6月にストックホルムで開催。地球環境問題が討議された初めての国際会議。環境問題を人類に対する脅威ととらえ，国際的に取り組むことをうたった「**人間環境宣言**」を採択。採択された宣言などを実施に移すため，同年に国連環境開発計画（UNEP）が設立された。

□【　国連環境と開発に関する世界委員会　】…**ブルントラント委員会**。1984年に日本の提案で設置。将来の世代が享受する経済的・社会的利益を損なわない形で現在の世代が環境を利用していくという基本的な考え方「**持続可能な開発**」がまとめられた。→「我ら共有の未来」。

□【　気候変動に関する政府間パネル　】…**IPCC**。地球温暖化に関して政府間レベルで検討を行う国際組織。2018年に特別報告書『1.5度の地球温暖化』を発表した。

□【　地球サミット　】…**環境と開発に関する国連会議**。1992年6月にリオデジャネイロで開催。世界から約180か国が参加して，環境と開発に関する**リオ宣言**，21世紀に向けた行動計画「**アジェンダ21**」（97年6月に新アジェンダ採択），森林保全等に関する原則声明を採択した。気候変動枠組み条約，生物多様性条約の署名式も同時に行われた。

□【　気候変動枠組み条約締約国会議　】…大気中の温室効果ガスの排出削減に向けた国際会議で，1995年から毎年開催されている。97年の第3回締約国会議（**COP3**）では先進国の排出削減目標を定めた**京都議定書**が採択され，2012年までの約束期間に排出削減が実施された。2013年のCOP19で各国の「自発的な目標や貢献策」の提出を約束することで合意。2015年の第21回締約国会議（**COP21**）では新たな枠組みとなる**パリ協定**が採択された。

□【　持続可能な開発目標（SDGs）　】…ミレニアム開発目標（MDGs）の後継として，2015年の国連サミットで策定に至った国際目標。2030年までの達成を目指す。環境保護だけでなく，貧困削減やジェンダー平等などの17の目標と169のターゲットからなる。

□【　国連気候行動サミット　】…2019年開催。「環境少女」**グレタ・トゥンベリ**の演説が話題となった。

❺問題克服へ向けての条約・協定

□【　ウィーン条約／モントリオール議定書　】…オゾン層保護のための国際的な取決め。近年には，代替フロン（HFC）を規制対象に加える，モントリオール議定書のキガリ改正が発効した。

□【　気候変動枠組み条約　】…地球温暖化防止条約。気候変動などがもたらす悪影響を防止するための取組みの原則，措置などを定めたもの。

□【　京都議定書　】…1997年12月に京都で開催された気候変動枠組み条約第３回締約国会議（**COP3**）で採択された。温室効果ガスについて，2008～12年の間に先進締約国全体で1990年比５％以上削減が定められた。

□【　パリ協定　】…2015年12月，パリで開催された**COP21**で採択。京都議定書以来の新たな枠組みで，産業革命前からの気温上昇を２度未満に保ち，1.5度未満に抑えるよう努力するとの目標が設定された。

□【　大阪ブルーオーシャンビジョン　】…2019年のＧ20大阪サミットで首脳間が共有するに至った，2050年までに海洋プラスチックごみによる追加的な汚染をゼロにまで削減する目標のこと。さらに，海洋プラスチックごみ問題に関し，条約締結に向けた動きも見られる。

□【　ロンドン条約／マルポール条約　】…ロンドン条約は，陸上で発生した廃棄物の海洋投棄や洋上での焼却を規制。マルポール条約は，積荷の各種有害物質の海洋への排出や漏出を規制。

□【　生物多様性条約　】…生態系，生物種，遺伝子の３レベルの生物の多様性保全，生物資源の持続的な利用などを目的とした条約。遺伝資源へのアクセスとその利用によって得られる利益の公正・衡平な分配の実現を目指して，**名古屋議定書**が締結された。

□【　ワシントン条約　】…絶滅のおそれのある野生動植物の国際取引を規制する条約。

□【　ラムサール条約　】…水鳥の生息地として重要な湿地を登録・保護する条約。

□【　バーゼル条約　】…有害廃棄物の越境移動を規制する条約。近年には，リサイクルに適さないプラスチックを規制対象に加える改正附属書が発効した。

❻日本の環境問題対策 ― 総合的・計画的に課題に対応

□【　環境基本法　】…**公害対策基本法**，**自然環境保全法**に代わる法律として1993年11月に成立，施行。環境行政を総合的に推進していくための法律で，その第15条に基づき「**環境基本計画**」が94年に策定され，21世紀初頭までの諸施策が方向づけられた。

□【　カーボンニュートラル　】…二酸化炭素の排出量が実質ゼロになること。2020年，菅首相が所信表明演説にて，**2050年**までにカーボンニュートラルを目指すことを宣言。翌年に地球温暖化対策推進法が改正され，この目標が明記された。

CO_2 国別排出量

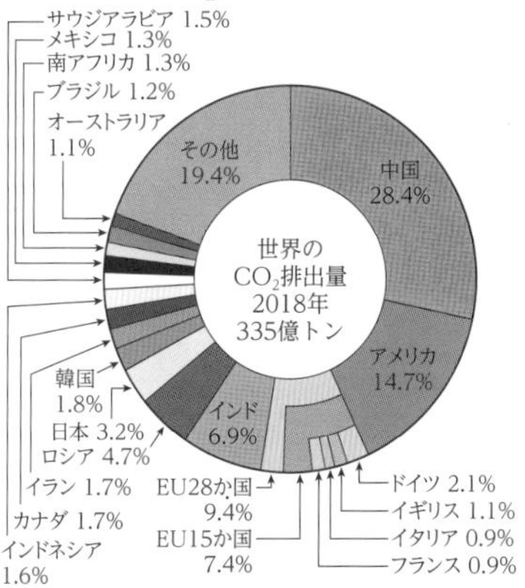

（注1）EU15か国は、COP3（京都会議）開催時点での加盟国数である。
（注2）EU28か国には、イギリスが含まれる。
資料：IEA「CO_2 EMISSIONS FROM FUEL COMBUSTION」2020 EDITIONを基に環境省作成

□【　環境税　】…二酸化炭素排出量を基準に課税する方式をとる税。すでに北欧３国のほかデンマーク，オランダなどが実施している。日本でも，2012年から地球温暖化対策税が課税されている。

□【　環境影響評価法　】…**環境アセスメント法**。1997年６月成立，99年６月施行。大規模公共事業などの開発行為が自然環境にどのような影響を及ぼすかを調査・予測・評価し，環境の悪化を防止するための法律。生態系の保全や産業廃棄物なども調査対象に入る。

□【　生物多様性基本法　】…生物多様性条約（1992年採択）の締約国として国内では生物多様性の保全と持続可能な利用に関する基本方針などが定められた。2008年成立。この法律に基づき，政府は2010年に**生物多様性国家戦略2010**を，2012年には**生物多様性国家戦略2012－2020**を策定した。

❼日本の公害問題―苦情が最も多い大気汚染

□【 足尾銅山鉱毒事件 】…日本最初の公害問題。1880年代後半以降，足尾銅山の鉱毒流出が渡良瀬川を汚染し，流域の田畑を荒廃させた事件。谷中村を廃村にし，遊水池とすることで決着が図られた。

□【 戦後の四大公害病 】…**熊本水俣病**（水俣湾で獲れた魚介類を食べた人に発症した有機水銀中毒症），**新潟水俣病**（阿賀野川流域の住民に発症した有機水銀中毒症），**イタイイタイ病**（富山県神通川流域の住民に発症したカドミウム中毒症），**四日市ぜんそく**（工場から排出されるばい煙などによるぜんそく症状）。

□【 典型７公害 】…**大気汚染・水質汚濁・土壌汚染・騒音・振動・地盤沈下・悪臭**。工場や自動車から排出される二酸化窒素や，呼吸器に悪影響を及ぼす浮遊粒子状物質の大気中存在量が依然として高いこと，有機化合物や重金属による地下水汚染が改善されていないことなど，課題は多い。

□【 PM2.5 】…粒径2.5μm（マイクロメートル）以下の微小粒子状物質の総称。肺の奥にまで達する。

□【 環境ホルモン 】…外因性内分泌攪乱化学物質。あたかもホルモンのように，生体に働きかける環境中の化学物質。**ダイオキシン**やPCB（ポリ塩化ビフェニール）など，現在70種ほどが疑われている。

□【 環境汚染物質排出・移動登録制度 】…環境ホルモンやダイオキシンなどの化学物質の排出量や廃棄物としての移動量を工場や事業所が正確に把握し，それを行政機関に報告し，行政機関が公表する制度。1999年に**特定化学物質の管理促進法**（PRTR法）が制定され，2001年4月施行。対象物質は200～300種類。

□【 アスベストの全面禁止 】…建材として広く使用されていたアスベストは，人が吸収して悪性中皮腫や肺がんを引き起こすことが明らかになった。1975年に吹き付けアスベストの使用が禁止されたが，輸入，製造，使用など全面禁止となったのは2006年である。

□【 脱プラスチック化 】…2020年からプラスチック製の買い物袋（レジ袋）が有料化された。ただし，厚さ0.05mm以上の袋やバイオマス素材が25%以上含まれている袋などは，例外とされている。

❽ 資源循環型社会を目指して ― リデュース・リユース・リサイクル

□【　ゼロエミッション　】…社会全体の廃棄物の量をなるべくゼロに近づけようという取組みのこと。

□【　3R　】…ごみの排出削減（reduce），再使用（reuse），再生利用（recycle）のこと。ごみになるものをもらわない（refuse），壊れても修理すること（repair）を加えて，**5R**ということもある。

□【　拡大生産者責任　】…生産者は，生産した製品の廃棄・リサイクルにも責任を負うとする考えのこと。

□【　循環型社会形成推進基本法　】…2000年6月施行。資源循環の視点から廃棄物をとらえ，その処理・再利用をどう進めるかの基本的枠組みを示した法律。この法律に基づき政府は5年ごとに循環型社会基本計画を作成。廃棄物適正処理のための**廃棄物処理法**（2003年12月改正），リサイクル推進のための**資源有効利用促進法**（1991年施行の再生資源利用促進法が改正され，2001年4月施行）を定めて法律が体系化され，さまざまな取り組みを強化している。

□【　資源有効利用促進法　】…同法に関連して個別リサイクル法が制定された。包装・容器の消費者の分別排出や市町村の分別収集等を義務づけた**容器包装リサイクル法**（2000年4月施行），使用済み家電について消費者による回収費用負担やメーカーによる再商品化等を義務づけた**家電リサイクル法**（2001年4月施行），食品の製造・加工・販売業者に対する食品廃棄物の再資源化を義務づけた**食品リサイクル法**（2001年5月施行），建築物の解体や新築等する際の特定資材の分別解体や資材ごとの再利用を義務づけた**建設リサイクル法**（2002年5月施行），自動車の所有者によるリサイクル料金の負担や製造業者による再資源化を義務づけた**自動車リサイクル法**（2005年1月施行）などがある。

プラス+α　食料の廃棄問題

Question 日本では，年間600万トン以上の食料がまだ食べられるのに廃棄されているという。この問題に対処するために制定された法律は何か。

Answer 食品ロス削減推進法

頻出度 A

科学技術・医療

試験別頻出度
国家総合職 ★★★　国家専門職 ★★★　地上特別区 ★★☆
国家一般職 ★★☆　地上全国型 ★★☆　市役所C ★☆☆
地上東京都 ★★☆

学習のポイント
◎医療，情報通信技術，宇宙開発について，最新の技術について，知識を広げよう。
◎エネルギー資源については，地球温暖化の問題とリンクさせて理解を進めよう。

❶ 医療 ― 技術的発展と倫理

□【　インフォームド・コンセント　】…患者らに病状や治療方針を丁寧に説明し，同意を得ること。現代では，患者らの自己決定権やクオリティ・オブ・ライフ（QOL）を重視した医療が求められている。

□【　オンライン診療　】…2020年に特例で初診の段階でのオンライン診療が解禁されている。2022年度には恒久化する見通しである。

□【　クローン動物　】…イギリスで，1996年に世界初のクローン羊ドリーを作るのに成功した。人間のクローン作製は，日本ではクローン技術規制法によって禁止されている。

□【　再生医療　】…欠損，あるいは機能不全となった組織や臓器を回復させる医療のこと。その切り札が，あらゆる組織・器官に分化する能力を持つ多能性幹細胞（万能細胞）。ES細胞（胚性幹細胞）は作製に受精卵を用いるのに対し，iPS細胞（人工多能性幹細胞）は皮膚などの体細胞を再び未分化の状態に戻して作製される。

□【　代理母出産　】…夫婦とは別の女性の子宮に夫の精子を注入したり，夫婦の受精卵を着床したりして，出産させること。日本では法的には禁止されていないが，夫婦の実子としては認められない。

□【　デザイナーベビー　】…受精卵の遺伝子を改変されて生まれてくる子どものこと。倫理的に問題となっている。2018年には中国でゲノム編集されたベビーが誕生し，騒動となった。

□【　トランスジェニック動物　】…**遺伝子導入動物**。胚に対する遺伝子操作で作られる実験動物のこと。マウスを宿主とするものが多い。免疫，がん，遺伝病などの発生過程の解明などに成果を挙げている。

□【　ヒトゲノム計画　】…人間の持つ遺伝子情報の総体である**ヒトゲノム**（約10万個の遺伝子が約30億塩基対の染色体DNAに記録されているとされる）**の塩基配列**をすべて解読する計画。その成功は遺伝病やがんなどの診断・治療，脳・神経・免疫などの機能や人類の進化過程の解明などに画期的な進歩をもたらした。

□【　ヒト血清アルブミン　】…遺伝子組換えによって，火傷などの治療に効果のある血清アルブミンがすでに開発されている。

□【　mRNAワクチン　】…遺伝子ワクチンの一種。人工作成したウイルスの伝令RNA（mRNA）を接種するワクチン。ファイザー社やモデルナ社製の新型コロナウイルスワクチンで初めて実用化された。これに対し，アストラゼネカ社の新型コロナウイルスワクチンはウイルスベクターワクチンで，これも遺伝子ワクチン。従来のワクチンは体内で抗体を作らせるために無毒化・弱毒化したウイルスを抗原として接種するものだが，遺伝子ワクチンではウイルスの遺伝情報の一部を接種することで，抗体のもとになる抗原も体内でつくらせる。

□【　PCR　】…「ポリメラーゼ連鎖反応」の略。ウイルスなどの遺伝子を特定の部位を増幅させて検出する技術のこと。

□【　がんゲノム医療　】…個々の患者のがんの性質を遺伝子検査で調べて，その情報を抗がん剤の選択などに活用するがん治療のこと。一定の条件のもと，一部が保険診療として実施されている。

□【　がん免疫療法　】…人間の免疫力を利用したがん治療も進歩している。がん細胞を攻撃する免疫力を守る「**免疫チェックポイント阻害薬**」による治療がその一例。

□【　臓器移植法　】…現行の臓器移植法では，本人の意思が不明でも，家族の承認があれば臓器提供は可能。ゆえに，法的に有効な遺言ができない15歳未満の者でも臓器提供者となり得る。

プラス+ α　**新型コロナ問題**

Question レムデシビルは，抗寄生虫薬の一種だが，新型コロナウイルスにも効果があるか否かで論議が巻き起こった。この記述は正しいか。

Answer 正しくない。イベルメクチンに関する記述である。

❷ 新技術 ― Society5.0に向かって

□【　Society5.0　】…情報社会に続く，超スマート社会のこと。IoT，ビッグデータ，AI，ロボットなどの発展によって実現する。また，これらの技術による産業革命を**第４次産業革命**，これらの技術で効率化された都市を**スマートシティ**と呼ぶこともある。

□【　ビッグデータ　】…SNSの投稿やICカードの使用履歴，GPSの位置情報，気象情報など，各種の膨大なデータのこと。

□【　匿名加工情報　】…個人情報を特定の個人を識別できないように加工し，また復元もできないようにした情報のこと。個人情報保護法により，**第三者提供に本人の同意は不要だが，その旨の公表・明示義務がある**とされている。

□【　IoT（Internet of Thing）　】…モノのインターネット。家電や自動車,工場の設備など,あらゆるモノをインターネットにつなげてデータを蓄積してその情報を管理・活用することをいう。

□【　シンギュラリティ　】…人工知能（AI）が人間の知能を超える転換点のこと。「技術的特異点」と訳される。人工知能の分野では，人間の脳神経細胞を模した**ニューラルネットワーク**を多層化した**ディープラーニング（深層学習）**の技術開発が行われている。

□【　５Ｇ　】…第５世代移動通信システムのこと。日本では2020年に商用サービス開始。通信事業者以外の企業や自治体が特定の施設・エリア内で構築する５Ｇネットワークを，**ローカル５Ｇ**という。

□【　自動運転　】…安全運転を補助する最初歩のレベル１から完全自動運転であるレベル５にレベル分けされており，現在は高速道路など限定的な場面での自動運転であるレベル３が実用化されつつある。

□【　DX　】…デジタルトランスフォーメーションの略。デジタル化による生活やビジネスの変革のことである。

□【　クラウドコンピューティング　】…従来はUSBメモリなどに保存していたファイルをインターネット上に保管(オンラインストレージ)したり，インターネット上のサービスとして文書作成や表計算が行えたりする技術のこと。

□【　テレワーク　】…ICTを利活用することによる，場所にとらわれない働き方のこと。テレワークによって各地を点々としながら働くことを**デジタルノマド（ノマドワーク）**という。

□【　電子商取引（eコマース）　】…企業間取引をBtoB，オンラインショッピングである企業と消費者の取引をBtoC，メルカリやヤフオクのような消費者どうしの取引をCtoCという。

□【　フィンテック　】…ICTと結び付いた金融サービスの革新的な動きのこと。フィンテックにより金融包摂（すべての人が金融サービスを利用できるようになること）も進むと期待されている。

□【　暗号資産（仮想通貨）　】…ビットコインが代表例だが，ネット上で取引される電子的な資産のこと。**ブロックチェーン**と呼ばれる技術によって可能となった。事業者が暗号資産と法定通貨の交換サービスを行うには，金融庁の登録を要する。

□【　マルウェア　】…コンピュータに侵入し害を及ぼすプログラムの総称。コンピュータウイルスが代表例。近年は，パソコン内のデータを勝手に暗号化したりするなどして，解除の見返りに身代金を要求する**ランサムウェア**の被害が拡大している。

□【　GIGAスクール構想　】…**児童・生徒1人につき1台**の端末を整備しようという構想。学習者用の**デジタル教科書**も，2024年度に本格導入される予定である。

□【　デジタル庁　】…2021年，デジタル後進国と揶揄される日本のデジタル化を推進するために設置された内閣直属の機関。**主任の大臣は内閣総理大臣**で，その下に**デジタル大臣**が置かれている。また，デジタル大臣を補佐する**デジタル監**も置かれている。

□【　不正アクセス禁止法　】…正式名称は「不正アクセス行為の禁止等に関する法律」。1999年8月成立，2000年2月施行。他人のIDやパスワードを無断使用したり，セキュリティー・ホールを利用して侵入するなどの不正アクセス行為はすべて罰則の対象になる。

□【　サイバーセキュリティ基本法　】…2015年1月施行。この基本法に基づき，内閣にサイバーセキュリティ戦略本部を設置。

□【　デジタル改革関連法　】…2021年制定。IT基本法に代わり，デジタル社会形成基本法などが制定された。

❸ エネルギー問題

□【 脱炭素化 】…石炭火力発電は安価で安定的に電力を供給できるので，主要な電源（**ベースロード電源**）の一つとされている。日本では石炭火力発電は発電量の３割を占め，天然ガス火力発電（４割弱）に次ぐ。だが，クリーンエネルギーである天然ガスに比べ，石炭は膨大な量の二酸化炭素を排出する。ゆえに,日本も石炭火力発電所のうち,旧式で非効率なものを９割削減する方針である。

□【 脱ガソリン化 】…わが国の成長戦略では，2030年代半ばまでに乗用車新車販売で電動車100％を実現できるよう，包括的措置を講じることに。なお，世界的には**ハイブリッド車**も含めてガソリン車が廃止され，**電気自動車（EV）**にシフトする方向にある。

□【 水素エネルギー 】…水素と酸素の化学反応によるエネルギーで,クリーンエネルギーの一つとされている。東京2020オリンピック・パラリンピックの「聖火」の燃料には，水素が用いられた。

□【 シェール革命 】…頁岩層（シェール層）から採掘される石油をシェールオイル,天然ガスをシェールガスという。採掘技術が発達し,アメリカを中心に生産が進んでおり，今やアメリカはエネルギー資源の純輸出国。ちなみに，日本の周辺海域には大量の「燃える氷」**メタンハイドレート**があり，その採掘の実現が待たれる。

□【 再生可能エネルギー 】…枯渇する心配のないエネルギーで，太陽光，太陽熱，風力，波力，地熱などがある。バイオエタノールなど,生物由来のバイオマスもその一つである。その活用は，地球温暖化の抑止にもつながる。ただし,日本の発電量に占める再生可能エネルギーの割合は**１割**程度，水力発電を含めても２割に満たない。

□【 再生可能エネルギー固定価格買取制度（FIT） 】…再生可能エネルギーの普及促進のため，再生可能エネルギーで発電した電気を，国が定めた価格で電力会社が一定期間買い取る制度のこと。

□【 原子力発電 】…2011年の福島第一原発事故以降，日本の発電量に占める原子力発電の割合は低いが，再稼働が進んでいる。なお，**イタリアやドイツ**は脱原発の方向にある一方で，**フランス**は原発大国であり，電力の７割以上を原子力発電で調達している。

❹ 宇宙開発

□【　**宇宙資源法**　】…2021年成立。宇宙天体で採掘した天然資源に対する所有権を認める法律。なお，宇宙条約は天体の領有権主張を禁止してるが，宇宙資源の所有を明確に禁止する規定はない。

□【　**はやぶさ２**　】…小惑星探査機。小惑星「**リュウグウ**」から試料を採取し，2020年に帰還。地球に試料カプセルを投下した後，拡張ミッションのために再び地球圏外に。

□【　**宇宙ビジネス**　】…2020年，テスラ社の創業者であるイーロン・マスク氏のスペースX社が，民間初の有人宇宙船の打ち上げに成功。2021年にはアマゾン創業者であるジェフ・ベゾス氏のブルーオリジン社が**初の宇宙観光旅行**を実施。日本では，堀江貴文氏が出資したベンチャー企業が，2019年にロケットの宇宙空間への打ち上げに国内で初めて成功している。

□【　**スペースデブリ**　】…ロケットや人工衛星の残骸などの宇宙ごみのこと。スペースデブリ監視のため，アメリカの宇宙軍創設に引き続き，航空自衛隊に宇宙作戦隊が設置されている。

□【　**火星探査**　】…2020年，アメリカ，中国，アラブ首長国連邦連邦（UAE）が相次いで火星探査機を打ち上げた。UAEの探査機は日本のロケットで種子島宇宙センターから打ち上げ。

□【　**GPS**　】…全地球測位システム。アメリカの人工衛星が提供するサービス。日本もGPSを補助する準天頂衛星システム「みちびき」を運用。中国は中国版GPSの「北斗」を運用。

□【　**月面着陸**　】…2021年８月現在，成功したのはアメリカ，旧ソ連，中国の３か国のみ。中国は史上初めて月の裏側に着陸した。過去に有人着陸に成功したのはアメリカだけで，2024年までに再び有人月面着陸を行う計画（**アルテミス計画**）に取り組んでいる。

プラス+α　国際宇宙ステーション

Question 国際宇宙ステーション（ISS）の日本の実験棟の名称は何か。

Answer きぼう

頻出度 **A**

その他の社会問題

試験別頻出度

国家総合職 ★★☆　国家専門職 ★★★　地上特別区 ★★★
国家一般職 ★★★　地上全国型 ★★☆　市 役 所 C ―――
地上東京都 ★☆☆

学習のポイント

◎家族，家庭生活，結婚・出産，共働きなど，生活の身近な問題に興味を持ち，現代日本の家族・個人を巡る状況を数字的に把握しておく。
◎『日本国勢図会』『世界国勢図会』に親しんでおこう。

❶ 国民生活の現状① ― 高齢者世帯は急増

□【　**世帯数と家族構成**　】…2020年の国勢調査によると，人口が減少局面にある一方で，世帯数は増加傾向が続いており，5,572万世帯となっている。そして，1世帯あたりの世帯人員は減少傾向が続いており，2020年には2.27人となっている。また，『高齢社会白書』によると，高齢者のいる世帯が5割近くに達している。特に，高齢者の単身世帯や高齢夫婦のみの世帯，高齢者の親と未婚の子による世帯が増加している。

□【　**婚姻件数の減少**　】…右図によると，2019年の婚姻件数は60万件弱で，婚姻件数は減少傾向にある。その一方，離婚件数は5割近くに達している約20万件で，近年は減少傾向にあるもの，50年以上前と比べれば，離婚件数は増加している。なお，結婚する者に占める再婚者の割合も上昇傾向にある。

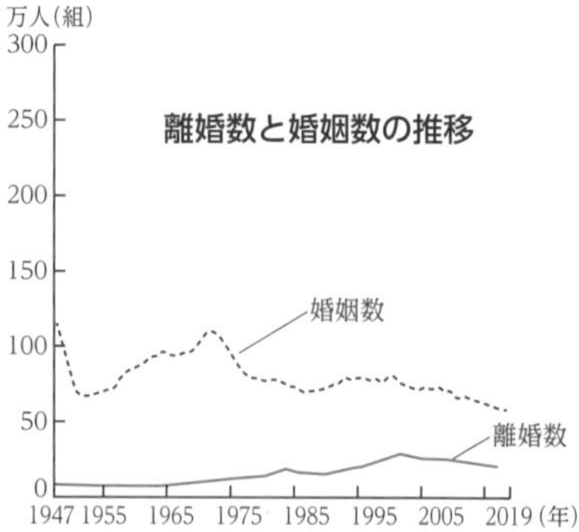

出典：厚生労働省「2019 年人口動態統計」

□【　**晩婚化の進行**　】…仕事を持つ女性が増加し，女性の経済力・自立性が高まったこと，独身でいるほうが自由といった結婚に対する意識の変化などから，ここ20年来，男女ともに晩婚化が進んでいる。2019年の厚生労働省「人口動態統計」による平均初婚年齢では，男性は31.2歳で女性は29.6歳と年々上昇している。また，生涯未婚率も急速に上昇している。

□【　**孤独・孤立**　】…核家族化や未婚化，地域のつながりの希薄化などにより，孤独・孤立が社会問題化している。ゆえに，孤独死・孤立死に至る高齢者も増えている。新型コロナ問題はこの傾向に拍車をかけているものと思われる。2021年，政府は内閣官房に孤独・孤立対策室を設置し，**孤独・孤立対策担当大臣**を任命した。

□【　**日本人の死因**　】…**悪性新生物（がん）**による死者が最も多く，死者のおよそ3人に1人はがんによって死亡している。次いで心疾患の死者が多い。また，近年は高齢人口の増加に伴い**老衰**の死者数が脳疾患や肺炎を上回り，3位となっている。

□【　**自殺**　】…自殺者は2004年以降減少傾向にあるが，新型コロナ問題が発生した2020年には前年よりも増加した。自殺の傾向としては，男性の方が自殺者は多い。また，自殺者の多くは60歳以上だが，年代別の死因を見ると，自殺が1位なのは15 ～ 39歳の年齢階層である。

□【　**道路交通事故**　】…道路交通事故の発生件数や死者数は長期減少傾向にあり，2020年には統計開始以来過去最少を記録した。

□【　**不妊治療への保険適用拡大**　】…晩婚化で高齢出産が多くなったこともあり，不妊に悩む夫婦も少なくない。政府は不妊治療への助成や公的医療保険の適用拡大を進めている。

□【　**選択的夫婦別姓**　】…夫婦同姓の制度を婚姻率低下の要因の一つとする見解もある。ただし，2015年と2021年，最高裁判所は夫婦同姓を定めた民法や戸籍法の規定を合憲と判断している。

□【　**子育て支援**　】…2019年より**幼児教育・保育の原則無償化**が実現した。また，東京圏を中心に多くの保育所待機児童がおり，保育所待機児童ゼロを目指して保育の受け皿整備を進めた。2020年には4年で14万人分の保育の受け皿整備を目指す，**新子育て安心プラン**が策定されている。保育所待機児童の数は，2021年には統計開始以来最少の5,634人となったが，いまだゼロには至っていない。

□【　**こども庁創設構想**　】…子ども関連政策を一元的に実施するために，創設が提言されている。政府の「骨太の方針2021」でも早急に検討に着手するとされた。

❷ 国民生活の現状② ― 私生活の平穏

□【 デジタルタトゥ 】…インターネット上に拡散した個人情報は完全には消しがたいことを，タトゥ（入れ墨）になぞらえた言葉。近年は「**忘れられる権利**」も主張されている。

□【 リベンジポルノ 】…プライベートで撮影した交際相手の性的な画像を，復讐目的でインターネット上に晒すこと。速やかな削除が可能となるよう，2014年にはリベンジポルノ防止法が制定されている。

□【 プロバイダ責任制限法 】…SNSやネット掲示板への投稿で中傷された被害者に対するプロバイダらの損害賠償責任の制限と，発信者情報の開示を請求する権利を定めた法律。2021年には，発信者の特定がより速やかに行えるよう，改正された。

□【 LGBTQ 】…レズビアン，ゲイ，バイセクシャル，トランスジェンダー，クイアないしクエスチョニング（性的指向や性自認が定まらない人）の総称。近年は，女子大学がトランスジェンダーの入学を受け入れたり，中学・高校ではそういう生徒に配慮した制服を導入したりと，教育の場でも取組みが進められている。

□【 アウティング 】…本人の同意を得ずに，性的指向や性自認(SOGI)を暴露する行為のこと。東京都国立市や三重県では，アウティングを禁止する条例が制定された。

□【 同性パートナーシップ制度 】…同性カップルに対し，法的な夫婦と同様の関係にあるとする証明書を発行する制度。2015年に東京都渋谷区で導入されたのが初の例で，2021年現在，100を超える地方公共団体で導入されるに至っている。

□【 **道路交通法改正** 】…運転中にスマホなどを操作する「ながら運転」が厳罰化される一方で，本格的な自動運転の実現を見越した改正も実施されている。また，あおり運転の社会問題化に対処して，妨害運転罪も新設された。妨害運転は車間距離不保持など10に類型化され，妨害運転を行った者は，3年以下の懲役または50万円以下の罰金，違反点数は25点で免停（欠格期間2年）となる。また，妨害運転で著しい交通の危険を生じさせた者は，5年以下の懲役または100万円以下の罰金，違反点数は35点で免停（欠格期間3年）となる。

❸ 国民生活の現状③ ― 市民参加型社会

□【　裁判員制度　】…裁判員法に基づき，2009年5月から開始。

裁判員候補者名簿：裁判所が衆院選の有権者である**20歳以上**の国民の中からくじ引きで選んで作成

↓　国会議員，警察官，70歳以上の人，学生，重病人などは裁判員になれない。

無作為抽出された6人の裁判員が3人の裁判官とともに，殺人や強盗致傷など，重大な**刑事事件**の**一審**の**審理**に参加

↓

公判前審理（裁判官，検察官，弁護人が争点を整理し，証拠を事前開示）

↓

裁判員の呼び出し（質問票を送付し，辞退の希望などの回答を得る）

↓

選任手続き（質問票の回答，裁判官による面接で裁判員と補充裁判員を選ぶ）

↓

公判参加→評議（非公開）→判決の言い渡し

□【　検察審査会　】…検察官が不起訴処分とした事案の適否を市民がチェック。11人の審査員の3分の2以上が「**起訴相当**」と議決した場合で，検察官が再捜査してもその判断を変えないとき→審査員は補佐人である弁護士の審査補助を受け，担当検察官の意見を聴取→再び「起訴相当」と議決→裁判所が指定する弁護士により強制的に起訴する。

□【　裁判外紛争解決　】…裁判外紛争解決手続の利用の促進に関する法律（**ADR法**）に基づき，**法務大臣が認証**した機関が当事者間の調停や斡旋を行う。機関は国民生活センターなどの行政機関，消費者問題を担当する民間組織，弁護士会の紛争解決機関など。行政機関や弁護士会の相談窓口を通じてADRを活用する。

プラス+α　裁判員

Question 兄弟の結婚式へ出席しなければならないとき，裁判員の呼び出しを辞退できるか。

Answer できる。社会生活上の重要な用務なら辞退可能。

❹ 世界遺産など

□【 **世界遺産** 】…ユネスコ（国連教育科学文化機関）の世界遺産委員会によって登録されている。自然遺産と文化遺産，そして両者の要素をあわせ持つ複合遺産がある。近年，登録に至った日本の世界遺産は次の表のとおり。

近年登録された日本の世界遺産	登録年
富士山 - 信仰の対象と芸術の源泉 -	2013
富岡製糸場と絹産業遺産群	2014
明治日本の産業革命遺産　製鉄・製鋼, 造船, 石炭産業	2015
ル・コルビュジエの建築作品 - 近代建築運動への顕著な貢献 -	2016
「神宿る島」宗像・沖ノ島と関連遺産群	2017
長崎と天草地方の潜伏キリシタン関連遺産	2018
百舌鳥・古市古墳群 - 古代日本の墳墓群 -	2019
奄美大島, 徳之島, 沖縄島北部及び西表島	2021
北海道・北東北の縄文遺跡群	

「奄美大島，徳之島，沖縄島北部及び西表島」は，2011年の小笠原諸島以来10年ぶりとなる，５件目の自然遺産登録である。また，三内丸山遺跡などで構成される**「北海道・北東北の縄文遺跡群」**の登録により，日本の文化遺産は全部で20件となった。複合遺産は，世界的に見ても数少なく，日本には登録された物件はない。

□【 **日本遺産** 】…2015年に文化庁が創設。「地域の歴史的魅力や特色を通じてわが国の文化・伝統を語るストーリー」を日本遺産として認定。2015年４月認定の茨城県水戸市や栃木県足利市ほか２自治体の「近世日本の教育遺産群 - 学ぶ心・礼節の本源」を含め2017年度までに54件が認定されていて，2020東京オリンピック・パラリンピックまでに100件程度を認定することとし，2020年末の時点で，104件が認定されている。

□【 **無形文化遺産** 】…2006年発効のユネスコの無形文化遺産条約に基づき，無形文化財が無形文化遺産として登録されている。日本では，能楽，人形浄瑠璃文楽，歌舞伎，アイヌ古式舞踏，和食などが登録されている。2020年には，**伝統建築工匠の技**も登録に至った。

□【　ジオパーク　】…地質学的に見て価値のある「大地の遺産」のこと。2021年８月現在，日本ではフォッサマグナで知られる糸魚川や，世界有数の巨大カルデラのある阿蘇山など，９地域がユネスコ世界ジオパークに認定されている。2020年には白山手取川ジオパークのユネスコ世界ジオパーク推薦が決定した。また，日本ジオパークとして43地域が認定されている。

□【　ノーベル賞　】…2021年には**眞鍋淑郎**博士（現在は米国籍）が，**地球温暖化問題研究の先駆者**として，ノーベル物理学賞を受賞した。近年は，日本人や日本出身者によるノーベル賞の受賞が相次いでいるが，経済学賞（正式なノーベル賞とはされていないが）だけは過去に受賞例がない。ちなみに，ノーベル賞は，平和賞のみがノルウェー政府で，他部門はスウェーデン政府が授与主体となる。

社会の50問スコアアタック

Question

□1　労働組合法，[　]，労働基準法をまとめて労働三法という。

□2　使用者が正当な理由なく労働組合の団体交渉を拒否したり，組合員であることを理由に労働者を解雇したりすることは何に当たるか。

□3　公務員には労働三権に制限が加えられている。一般職の公務員に保障されている権利は何か。

□4　日本の労働組合では，使用者側と[　]協定を結ぶ組合が圧倒的に多い。

□5　専門性の高い業務や企画，調査，分析などの業務で，勤務時間とは無関係に働くことが認められる制度を何というか。

□6　年齢階級別に日本の女性の労働力率を見てみると，[①]を底として[②]を描く。

□7　2021年に[①]が0.1％引き上げられ，民間企業は常用労働者の2.3％以上の[②]を雇用する義務を負った。

□8　高年齢者雇用安定法により，[①]までの定年引き上げなどの高年齢者就業確保措置が，企業の[②]とされている。

□9　都道府県別人口について，2020年の人口が前年よりも自然増加したのは[　]だけであった。

□10　2020年の合計特殊出生率は[①]であり，出生数は[②]だった。

□11　日本で皆保険・皆年金体制が実現したのは何年か。

Answer

1　労働関係調整法

2　不当労働行為
労働組合法７条に禁止規定

3　団結権
団体行動権（争議権）はすべての公務員に認められていない

4　ユニオン・ショップ

5　みなし労働時間制（裁量労働制）

6　①30代前半
②M字型曲線

7　①法定雇用率
②障害者

8　①70歳
②努力義務

9　沖縄県

10　①1.34
②約84万人

11　1961年

□12 自営業者・農業者は，国民年金の第何号被保険者となるか。	12 第1号被保険者 20歳以上の学生も第1号被保険者
□13 年金制度において，あらかじめ掛金の算定式が決まっていて，資産運用のリスクは加入者が負い，給付額が運用の結果次第で変動するものを何というか。	13 確定拠出型年金 俗に「日本版401k制度」とも呼ばれる
□14 介護保険の保険者は［　　］である。	14 市区町村
□15 障害のある人もない人も，ともに生活するのが人間らしい社会であるという考え方を何というか。	15 ノーマライゼーション
□16 2015年，平和安全法制が整備され，［　　］の限定的行使が可能となった。	16 集団的自衛権
□17 2020年から，マイナンバーカードや［①］の普及促進や消費喚起などのために，［②］が実施された。	17 ①キャッシュレス決済 ②マイナポイント事業
□18 2012年，原子力利用の安全性確保のために，［①］の外局として［②］が設置された。	18 ①環境省 ②原子力規制委員会
□19 2021年の新型インフル等特措法の改正により，緊急事態宣言や［①］が発出された地域で営業時間の短縮などの命令に従わない場合，［②］が科されることがある。	19 ①まん延防止等重点措置 ②過料
□20 2021年，犯罪を犯した18，19歳の［①］の［②］後の実名報道を可能とする旨の少年法改正が実現した。	20 ①特定少年 ②起訴
□21 ［①］条約は，米ソ間で締結された初の核軍縮条約だったが，2018年に［②］が離脱を表明し，翌年に失効した。	21 ①中距離核戦力(INF）全廃 ②アメリカ

□22 中国は九段線を設定し，[①]の実効支配を強めているが，それに対抗してアメリカなどは海上で「[②]」作戦を実施している。	22 ①南シナ海 ②航行の自由
□23 [①]政権の下，イギリスはEUから完全に離脱したが，[②]は今後もEUの関税同盟などに部分的にとどまることになった。	23 ①ジョンソン ②北アイルランド
□24 [①]は，欠陥製品によって消費者が受けた被害に対し，製造業者は[②]でも損害賠償責任を負うことを定めた法律である。	24 ①製造物責任法 ②無過失
□25 2009年，消費者行政の一元化を目指して，[①]が設置された。これと同時に，消費者行政を監視するために[②]も設置された。	25 ①消費者庁 ②消費者委員会
□26 一定の期間内ならば無条件で商品購入契約を取り消せる制度を，[　]という。	26 クーリングオフ
□27 近年，日本のカロリーベースでの[①]は，4割弱を推移しているが，政府はこれを2030年までに[②]に引き上げるとしている。	27 ①食料自給率 ②45%
□28 農林水産業者が食品加工や飲食店の経営などに進出することを，農林水産業の[　]という。	28 6次産業化
□29 近年，わが国の農林水産物・食品の[　]は増加傾向が続き，9,000億円を超えている。	29 輸出額
□30 国内で開発したブランド品種の海外流出を防ぐため，2020年に[　]が改正された。	30 種苗法
□31 1992年，ブラジルのリオデジャネイロにて，[　]（国連環境開発会議）が開催された。	31 地球サミット
□32 [①]は，2015年の国連サミットで策定に至った国際目標で，[②]年までに達成することが目指されている。	32 ①持続可能な開発目標（SDGs） ②2030

□**33**　洗顔料や歯磨き粉の研磨剤などに使用されているプラスチックを，［　　］という。

33　マイクロビーズ

□**34**　オゾン層の破壊物質である［①］の生産などを規制するために，［②］議定書が締結されている。

34　①フロン
②モントリオール

□**35**　［①］条約第10回締約国会議（COP10）で採択された名古屋議定書は，［②］へのアクセスとその利用から得られる利益の公正・衡平な配分の実現を目指すものである。

35　①生物多様性
②遺伝資源

□**36**　地球温暖化対策推進法には，［①］年までに［②］を目指すことが明記されている。

36　①2050
②カーボンニュートラル

□**37**　［①］責任は，生産者の責任は生産物の廃棄やリサイクルにも及ぶとする考え方であり，［②］形成推進基本法にも導入されている。

37　①拡大生産者
②循環型社会

□**38**　［　　］ワクチンは，ファイザー社やモデルナ社製の新型コロナウイルスワクチンで実用化された。

38　mRNA

□**39**　［　　］では，遺伝子検査によって個々の患者のがんの性質にあった治療が可能になる。

39　がんゲノム医療

□**40**　「モノのインターネット（［①］）」や人工知能，ビッグデータ，ロボットによって実現する超スマート社会を，［②］という。

40　①IoT
②Society5.0

□**41**　人工知能が人間の知能を追い越す転換点を［　　］（技術的特異点）という。

41　シンギュラリティ

□**42**　［　　］は，特定の個人を識別できないように個人情報を加工し，また当該個人情報を復元できないようにしてある。

42　匿名加工情報

□**43**　［①］革命によって，アメリカがエネルギー資源の純輸出国となった。また，日本近海には大量の［②］がある。

43　①シェール　②メタンハイドレート

□**44**　2021年，［①］は小惑星［②］から採取した試料カプセルを地球に投下後，新たなミッションに向かった。

44　①はやぶさ２　②リュウグウ

□**45**　2015年と2021年，最高裁判所は［①］を定めた［②］や戸籍法の規定を合憲とする判決を下した。

45　①夫婦同姓　②民法

□**46**　［　］の問題が深刻化しており，2021年に［　］対策担当大臣が任命された。

46　孤独・孤立

□**47**　2021年，［　］は統計開始以来最少となる5,634人となった。

47　保育所待機児童

□**48**　SNSでの誹謗中傷の問題に対応して，2021年に［　］が改正され，発信者情報の開示が従来よりも容易となった。

48　プロバイダ責任制限法

□**49**　ネット上に自己の個人情報が［①］となって残り，苦しんでいる人たちなどによって，［②］が主張されている。

49　①デジタルタトゥ　②忘れられる権利

□**50**　2021年，「奄美大島，徳之島，沖縄島北部及び西表島」が日本で５件目となる［　］に登録された。

50　世界自然遺産

社会の50問スコアアタック得点

第１回（　／　）	第２回（　／　）	第３回（　／　）
／50点	／50点	／50点

●本書の内容に関するお問合せについて

本書の内容に誤りと思われるところがありましたら，まずは小社ブックスサイト（jitsumu. hondana. jp）中の本書ページ内にある正誤表・訂正表をご確認ください。正誤表・訂正表がない場合や訂正表に該当箇所が掲載されていない場合は，書名，発行年月日，お客様の名前・連絡先，該当箇所のページ番号と具体的な誤りの内容・理由等をご記入のうえ，郵便，FAX，メールにてお問合せください。

〒163-8671　東京都新宿区新宿 1-1-12　実務教育出版　第二編集部問合せ窓口
FAX：03-5369-2237　　E-mail：jitsumu_2hen@jitsumu.co.jp

【ご注意】
※電話でのお問合せは，一切受け付けておりません。
※内容の正誤以外のお問合せ（詳しい解説・受験指導のご要望等）には対応できません。

上・中級公務員試験
新・光速マスター　社会科学［改訂第2版］

2012年11月30日　初版第1刷発行　〈検印省略〉
2017年12月15日　改訂初版第1刷発行
2021年12月20日　改訂第2版第1刷発行

編　者　資格試験研究会
発行者　小山隆之

発行所　株式会社　実務教育出版
〒163-8671　東京都新宿区新宿 1-1-12
☎編集 03-3355-1812　販売 03-3355-1951
振替　00160-0-78270

組　版　明昌堂
印　刷　精興社
製　本　ブックアート

編集協力・制作（株）大知

ISBN 978-4-7889-4646-0　C0030　Printed in Japan